旅游策划

从新手到行家

崔光辉/著

燕山大学出版社
·秦皇岛·

图书在版编目（CIP）数据

旅游策划：从新手到行家 / 崔光辉著. — 2 版.—秦皇岛：燕山大学出版社，2023.2
ISBN 978-7-5761-0476-9

Ⅰ. ①旅… Ⅱ. ①崔… Ⅲ. ①旅游业—策划 Ⅳ.①F590.1

中国版本图书馆 CIP 数据核字（2022）第 255471 号

旅游策划：从新手到行家
崔光辉 著

出 版 人：陈 玉
责任编辑：王 宁
责任印制：吴 波
出版发行：燕山大学出版社 YANSHAN UNIVERSITY PRESS
地 址：河北省秦皇岛市河北大街西段 438 号
印 刷：涿州市般润文化传播有限公司
策划编辑：刘韦希
封面设计：刘韦希
电 话：0335-8387555
邮政编码：066004
经 销：全国新华书店

开 本：700 mm×1000 mm 1/16
版 次：2023 年 2 月第 2 版
书 号：ISBN 978-7-5761-0476-9
定 价：68.00 元
印 张：19.75
印 次：2023 年 2 月第 1 次印刷
字 数：311 千字

自　序

相传，天地初开的时候并没有人类，只有神居住在大地之上。那时，女娲便用五色土依据自己水中的倒影捏出人形，有男有女，捏好后，往泥人身上吹了一口气，泥人就变成了真人。

“天地万物都造齐了。上帝用地上的尘土造人，将生气吹在他鼻孔里，他就成了有灵的活人，名叫亚当。”[1]

东西方神话谱系中的造人，都不约而同地提到了“气”，只有当女娲和上帝（耶和华）往泥人身上“吹了一口气”后，泥人才有了生命。这“一口气”传承至今，尤其在中国，是中国哲学的核心链条——不管是练气、养气、浩然正气、元气、真气等，无不如是。

《管子·内业》篇说：“气者，身之充也。凡物之精，比则为生。下生五谷，上为列星；流于天地之间，谓之鬼神；藏于胸中，谓之圣人；是故名气。”《庄子·知北游》亦云：“人之生，气之聚也，聚则为生，散则为死……故曰通天下一气耳 。”中国风水学里的“藏风聚气”也着重强调了“气”的重要性。老北京有门绝活，叫“吹糖人”，老师傅们挑着扁担，吆喝着走街串巷。扁担两边各挑一个带架的长形柜子，柜子下面有一个半圆形开口的木头圆笼，里面装着小炭炉，炉上的一个大勺里是融化了的糖稀。孩子们围着、雀跃着，只有你想不到的形状，没有他一口气吹不出来的形状。

策划人，从新手到行家，就差这一口气。所以，不要小看了这“一口气”。宇宙万有之生命，都少不了这“一口气”。在策划行业，尤其旅游策划，更注重对这“一口气”的拿捏。拿捏得好，拿捏得巧，拿捏得妙，才有可能成为旅游策划之行家。

中国大地，物华天宝，五千年以降，大自然鬼斧神工，加上国人的心灵手巧，造就了成千上万个旅游目的地（景区 / 景点）。它们千差万别，形形色色，各有各的特色与实际，有的知名，有的不知名，有的发展得好，有的发展得差，参差不齐……然而，从自然的角度讲，旅游目的地本身并无太大的差别。老子云：“天地不仁以万物为刍狗。”只是多了人的作用后，才显现出差别来。在这里，就需要结合旅游目的地自身，研究人（旅游消费者）的诉求，让每一个旅游目的地都有自己的看点、亮点与卖点。众所周知，先天的东西无法改变，怎样才能在后天帮助旅游目的地焕发出极致的生命力？又如何让旅游目的地彰显出自身魅力，从而能在体验经济快速发展的今天，在信息飞速发展的当下，与万千游客相亲近、水乳交融，实现知名度、美誉度与经济效益的共赢？这就需要用到“策划”的功夫了。何谓策划？策划，便是为旅游目的地（景区 / 景点）这条“龙”画上眼睛，让其破壁而飞，一飞冲天，一鸣惊人。

颜成子游向其师南郭子綦请教什么是天籁，南郭子綦说：“夫吹万不同，而使其自己也。咸其自取，怒者其谁邪？”[2]。形形色色的旅游目的地究其本质都是一样的，用庄子的话来讲，是“齐物”的、平等不二的。为什么我们看它们良莠不齐？不外乎是我们“咸其自取”，有了利益心、是非心、差别心、分别心，于是它们就被区分出了三六九等。如果没有分别呢？用佛家的话来讲，即无眼耳鼻舌身意，那就是“齐物”了。旅游目的地的本来面目是什么？呜呼，本来无一物，怒者其谁邪？策划也！

策划，策者，从竹束声，讲究的是文攻，偏重于理论锋芒而富有独创；划者，从戈从刀，讲究的是武略，着重于实践。因此，一个成功的策划，就需要具备两大要素，即理论上没问题，实践上行得通，如此方能“指点江山”“江山入划”，策划的这口气才能“吹”得好、“吹”得妙。所以，一个成功的旅游目的地，绝不是“吹牛”吹出来的，而是基于成功地“吹”出了那一口“气”，即“策划”。

旅游策划，长路漫漫，从新手到行家，个中艰辛唯有亲历之后方能明了。十年来，我实施或参与了诸多旅游目的地的策划，积累了大量方案素材，其中“水货”居多，“干货”甚少。而今有幸整理成册，以飨读者。在此特向我大学时期赋予我旅游策划思维的诸位师者表示感谢；感谢提供了践行自我策划思路的平台；感谢在工作期间给予我帮助和鼓励的亲友、领导、同事和客户；感谢燕山大学出版社对本书的精心编校。人间岁月百转千回，最难是不知今夕何夕。最后，我要特别感谢邢建美女士，在本书创作期间给予了我生活与工作上最悉心的照顾和支持。希望读完本书，能对有志于从事旅游策划的朋友们起到积极的引导作用。

因个人经验不足、资历尚浅、阅历欠缺，难免有疏漏与不妥之处，还望同业专家、学者及读者诸君多多指正。

权以为序。

目录 CONTENTS

给你一个江湖

——策划山东省水浒故里

一、水浒故里的问题浅析

从2015年开始协调规划到2018年，三年的时间，水浒故里四县（郓城、梁山、阳谷、东平）虽然都打出了“水浒故里”的品牌旗号，但依旧存在以下几个方面的问题：

（一）利益牵扯，步伐紊乱，不能齐心协力

作为一个整体的区域性文化旅游目的地品牌，在策划、营销和传播的层面上，需要具有协调性与一致性，但规划三年以来，大部分的时候，水浒故里四县的步调依旧紊乱，力不能往一处使，方向不能统一。诚然，这里面牵扯到了各市（县）之间多方面的核心利益问题。2018年度的水浒故里整体营销，东平最后没有加入进来，这很明显地说明了水浒故里四县之间还有很多工作需要去做、去协调。但既然祭出了“水浒故里”的大旗，就应该明白合作共赢的好处，去齐心协力统筹好水浒故里四县的旅游资源、旅游产品、旅游人才，三位一体，协调一致。

（二）你打你的，我打我的，消解了水浒故里品牌力

作为水浒故里，梁山、郓城、阳谷、东平四县各有侧重，形成了“忠义梁山，好汉郓城，水韵东平，英雄阳谷”的品牌格局。其中，梁山打的旗号是“水浒故里·忠义梁山”；郓城打的旗号是“宋江故里·好汉郓城”；阳谷打的旗号是“打虎故地·英雄阳谷”。虽然从各自的利益立场出发提出各自的旗号无可厚非，但旗号多了，难免会消解水浒故里的品牌号召力，也就很难形成合力。这种各自为政、各自为战的局面，必然导致水浒故里的品牌形象过于模糊，游客不知何谓水浒故里。当然，四县也多次聚拢，共同推介。按照规划中的“打破区域界限，统一规划、统一包装、统一招商、全面开发”的原则，喊出“将梁山的山、阳谷的城、东平的水、郓城的好汉有机结合，共同打造‘上梁山看兄弟大义，来阳谷尝试三碗不过冈，去水韵东平览水浒豪情，到郓城品读武术之乡’的水浒文化旅游精品线路”[3]的旗号，但随着时间的推移，这种热情在利益的考量中也逐渐消解了。

因此，从水浒故里的品牌传播出发，从把四县凝结起来给广大旅游消费者一种整体的水浒文化感觉出发，从打响“水浒故里”这一区域性文化旅游目的地品牌的角度出发，需要一个能够长期发展的既满足游客消费需求又符合市场发展规律的统一的水浒故里的旗号。

（三）核心内容散乱，没有形成焦点

任何时代，内容都是重中之重。水浒故里的内涵多年来一直在“水浒故里”中打转，而对“故里”一词的使用，又带着语法和语义上的“暧昧”，容易让人产生疑惑，导致核心内容零零散散，不能形成焦点。

早在十年前，《咬文嚼字》就将“故里”定为中国人十大常犯语文差错之一。“故里”指的是故乡、家乡，是自己或者父辈以上出生并长期生活的地方，而住过的地方应称“故地”，住过的居室应称“故居”，都与“故里”无关。水浒故里，是指《水浒传》中主要人物的故（家）乡。但是《水浒传》一百单八将，大部分人物都是艺术化了的形象，虽然其中也有几位在北宋历史上确有其人，像宋江、杨志、武松、关胜、史进等人，但是史书所载是否就是小说中的人物原型，至今依旧没有定论。如此一来，“水浒故里”之“故里”就显得有些站不住脚。将水浒故里四县说成是《水浒传》故事发生的“策源地”更合理一些。但肉食者谋，既成事实，也就将错就错，变错位为一种美学上的存在。所以，我们需要给“水浒故里”这个主品牌进行赋能，这就好比要给“水泊梁山”或者“梁山好汉”赋予一个“替天行道”的能量旗号，继而带来符合旅游市场需求的营销焦点，弱化人们对“故里”的疑惑。

（四）营销手段单一，媒介策略苍白

以往的传播手段比较偏向于传统，与当前及未来的市场需求有一定程度的脱节；传播流于形式主义而忽略了以市场为导向、以游客为中心、以创意为灵魂的内容层面的深度挖掘；媒介选择上过于强调规模化却忽略了效率和质量，只有媒介资源而无媒介策略，陷入发 100 篇新闻通稿就是做了营销传播的泥淖里；在互联网时代，在旅游文化越来越凸显的时代，传播的内容没有跟上游客的真实需求，缺乏故事与情感属性。

二、水浒故里的受众人群分析

（一）国内人群定位

1. 80 后为中心点

一方面，《水浒传》是 80 后的集体记忆。80 后作为社会中坚，是中国文化的重要传承和参与者，他们集体见证了电视剧《水浒传》的火热。水浒故里的传播受众，80 后是最大焦点。

另一方面，水浒故里的品牌营销主要还是基于互联网传递正能量、弘扬民族精神，而 80 后作为社会中坚，扛起了中国传统文化传承与发扬的旗帜，是老中青结合中的中青年一代，他们进入社会独当一面已经至少十年，基本上已经扛起了文化传承的旗子，并做好了启迪后辈的准备。除了肩负传承与弘扬中国传统文化的扛旗大任，他们还是家庭和单位的中流砥柱，责任之大、之艰、之难、之苦，是最负重前行的一代，内心对江湖、对快意恩仇有着迫切的需求以进行精神上的释放。对水浒故里而言，他们是最主要的受众群，形成了一个中心点。

2. 90 后与 00 后为两个基本面

90 后中，学生群体居多，他们就读于大中专院校，有专科生、本科生、研究生和博士生，他们对中国文化已经有了一定程度的了解和认知，四大名著在他们的心中扎了根，是水浒故里传播在学校层面的发力。

随着时间的推移，大部分 90 后以其鲜明的个性成为互联网的宠儿，在张扬中学会了沉淀，在沉淀中逐渐抛弃了二次元时代的癫狂，心智与智慧处于成熟的黄金时代。在一定程度上，他们是水浒故里的受众群，同时也是中国传统经典文化创造、传承与弘扬的传递者。

可以说，90 后正是对中国传统经典文化产生迫切需求的一代人，他们将加入中国传统经典文化的创造、传承与弘扬的大潮里，上承 80 后，下启 00 后，扮演着很关键的传承者角色，他们是水浒故里传播的关照面。

00 后作为大部分 80 后的子女辈，正值青春叛逆期，也是思想塑造、价值观确立的关键阶段，《水浒传》之于他们，恰逢其时，通过正确的引导，让这个群体对中国传统经典名著有一个正确的认知。

中国传统文化的持续发展、深入、强化、传承与弘扬都离不开 00 后，对他们进行塑造与教育，是传播水浒故里的核心目标之一。水浒里的江湖，远比古惑仔的江湖更具教育意义，更应让 00 后对江湖有正确的认知。

90 后与 00 后两代人围绕水浒故里，便形成了传播受众的两个基本面。

3. 三代人的薪火相传

80 后的承前启后。

他们是中国传统文化的扛旗者，是最受水浒文化熏陶的群体，也是中国江湖文化的引领者。

90 后的入局身份。

他们代表了广大大专院校学生群体，对水浒文化等中国传统文化有着迫切需求。

00 后是未来之星。

他们是传承中国文化的后备军和接班人，百年树人，对 00 后的塑造与教育，是水浒故里传播的一大特色。

（二）海外人群定位

《水浒传》作为中国四大名著之一，早在 19 世纪就被翻译成法文，在西方进行传播。1850 年，巴黎出版的《亚洲杂志》第 57 ～ 58 期，刊有巴赞的《水浒传摘译》，内容为《水浒传》前六回鲁智深的故事及第二十三至三十一回中的武松故事，为西方刊物中发表最早的《水浒传》片段译文[4]。水浒故里作为中国名著文化的延展，不仅仅要在国内叫得响、叫得好，还要在海外基于 YouTube、Facebook、Twitter 等平台进行传播，让海外的年轻受众正确认知中国，感受中国文化的魅力，实现文化输出的目标，更是彰显文化自信、讲好中国故事的一种方式。

综上所述，我赋予了水浒故里两个字——江湖。

三、水浒故里的江湖赋能

江湖一词在中国文化的语境里，历来占有不可忽视的地位。它既是国家层面的正史记载中的江湖文化，也是民间层面诸如唐传奇、演义小说、武侠小说等记载的江湖文化。可以说，《水浒传》便是朝、野两个层面交融而成的江湖文化的代表。

（一）中国人的江湖文化情结

相濡以沫，不如相忘于江湖。

“江湖”一词最早见于《庄子》，是中国文化里影响深重的一个词。庄子以降，中国的文化里，无论是官方还是民间，都散发出对“江湖”的“暧昧”气息。居庙堂之高，处江湖之远，基于民族性格与个体性情，产生了不同的追求标准和同样的价值归宿——为国为民。

中国武侠（义）美学源远流长，至清末民初、20 世纪六七十年代，并最终在 20 世纪 90 年代达到了一个前所未有的高潮。武侠电影，更是成了汉语文化中独特的存在，全世界，只此一家，别无分店。

基于中国文化里的江湖情结，衍生出了众多的文艺作品，无论是代表官方的《史记·刺客列传》，基于“士”的唐传奇、历史演义，包括《水浒传》在内的系列经典名著，还是“民”的武侠小说，如以金庸、古龙、梁羽生、温瑞安、冯骥才、残墨、凤歌、沧月等为代表的正派武侠，以及以当下互联网众多网文写手为代表的二次元武侠等，都从“官、士、民”三个维度，共同建构了中国文化中的江湖美学世界。

（二）《水浒传》的江湖美学

《水浒传》中的江湖指的是游民生活圈子，或是游民性格和游民意识，也就是今天我们所要讲的“江湖气”，《水浒传》的江湖，它是游民觅食求生的场所，游民脱离了宗法网络一无所有，他们为最基本需求与生存而奔走奋斗。[5]

从国家主义叙事层面来看，江湖有朝野之分。从士和民的层面来看，江湖有黑道与白道之别。黑道是绿林好汉，打家劫舍，他们讲义气有原则；白道，是僧人势力。东汉时期，佛教传入中国，初期的寺院势力比较单薄，直到唐朝时期形成了禅宗气候，一花五叶，尤其自百丈怀海禅师开创禅林制度后，寺院经济得到了真正的独立，有了自己的僧兵团。一般而言，犯了事儿，出家便可逃脱朝廷的律法制裁（鲁智深打死镇关西后，官府派人去捉拿他，发了全国缉拿文书。金翠莲的丈夫赵员外，感其恩情，为让他逃避官兵的追捕，将他介绍到五台山做和尚）。自古逃亡之人，不是走黑道便是入白道。黑白两道，构成了中国社会丰富与复杂的浮世，充满了思想的魂和文化的骨。

《水浒传》之江湖，是中国文化中江湖美学的一次集中再现。它给了我们三种不同的江湖美学基因：

一种是有形的江湖——梁山泊、二龙山、少华山、清风山、对影山等物理层面的造景。

一种是无形的江湖——一百零八个好汉，每一个都代表着一个江湖、一种性情、一种美学基因。

第三种是神性的江湖——每个人内心深处在对有形与有型的江湖的解构与建构后形成的具有自我特色的江湖意识。

《水浒传》第九十回，鲁智深回五台山参拜师父智真长老，智真长老看着一别多年的鲁智深，说道："徒弟一去数年，杀人放火不易。"鲁智深默然无言。鲁智深圆寂前为自己写了一首偈语：

> "平生不修善果，只爱杀人放火。忽地顿开金绳，这里扯断玉锁。咦！钱塘江上潮信来，今日方知我是我。"

佛云："放下屠刀，立地成佛。"没有拿起过屠刀，又如何成佛？然而拿起了屠刀，又有几人放得下去？我们谁人不是屠刀无数，放下一把都是难。因而，只有吃透《水浒传》的江湖，才能把水浒故里的神形更透彻地传播给广大受众。

（三）受众群对江湖的期待

神仙眷侣，不如江湖百年。

有人的地方就有江湖。

相对于西方人更多地重视"做事"，中国人则更注重"先做人，后做事"。在做人与做事的交错里，江湖便诞生了。

水浒故里的客源市场，从根本上说，全国任何一个地方，都是水浒故里的客源市场，更进一步，凡是有华人的地方，就是水浒故里的客源市场。

近一点来看，结合前文所述，水浒故里的主要受众群还是70后、80后、90后这三大群体，并辐射00后，其中，又属80后为最重要的受众群。80后深受《水浒传》小说和影视剧的影响，深受武侠小说和武侠电影的熏陶，是最具备江湖期待的一个群体，再加上80后独特的社会属性以及人群画像，他们，最渴望江湖。

我作为水浒故里这一品牌的总策划，也是深受江湖文化影响的一位80后。

宕开一笔。

2013年，我去了一趟九江，考察庐山西海，期间登临浔阳楼，想起了宋江。《水浒传》第二十一回“虔婆醉打唐牛儿，宋江怒杀阎婆惜”载，宋江杀了阎婆惜，被发配到江州，于浔阳楼题写反诗，云：

自幼曾攻经史，长成亦有权谋。
恰如猛虎卧荒丘，潜伏爪牙忍受。
不幸刺文双颊，那堪配在江州。
他年若得报冤仇，血染浔阳江口。[6]

我在浔阳楼，找来笔墨纸砚，将宋江这首诗写了下来。临江而立，眼前是滚滚长江东逝水，恍惚有了一种江湖的悲壮与豪迈，这种神性的自我江湖，充满可意会而不可言传之妙。

宋江作为《水浒传》里的核心人物，还曾给大宋第一美人李师师写过一首词——“念奴娇•天南地北”：

天南地北，问乾坤、何处可容狂客？借得山东烟水寨，来买凤城春色。翠袖围香，绛绡笼雪，一笑千金值。神仙体态，薄幸如何消得！ 回想芦叶滩头，蓼花汀畔，皓月空凝碧。六六雁行连八九，只等金鸡消息。义胆包天，忠肝盖地，四海无人识。闲愁万种，醉乡一夜头白。

此词与其同时代的贺铸词作“六州歌头•少年侠气”都是宋词中难得一见的写出了中国人心中对江湖的一种热血体悟。

这里要说明的是，关于《水浒传》中宋江的诗词，到底是出自他之手还是出自施耐庵，学术界至今没有明确的定论，我们不必过多纠结，我更倾向认为《水浒传》中的七首诗词都是宋江手笔。宋词研究集大成者的唐圭璋先生，在其编选的《全宋词》中就收入了宋江的作品；张璋选编、古典诗词家黄畲笺注的《历代词萃》也收录了《水浒传》中提到的宋江的诗词作品。从这点看，宋江诗词出自其手，可信度还是有的。要注意的是，《水浒传》中的诗词和《红楼梦》中的诗词，他们的性质不太一样。

四、给你一个江湖

很多年前，我听朋友说过这么一句话：

洗干净你的脖子，带着你的剑来，给你一个江湖，一起走好不好。

这句话带给我一种深入骨髓的对江湖的向往。

于是，2018 年，水浒故里的营销主题也就定在了“给你一个江湖”上。定了这个基调，结合郓城、梁山和阳谷各自的特色，写下了它的定调文。

三十六天罡，七十二地煞，一百零八好汉。

天地定位，因缘际会。

大风扬起替天行道，波涛荡开水泊梁山。

八万四千劫波度尽家事国事天下事。

水浒故里，给你一个江湖。

（一）好汉郓城 · 天大地大人亦大

大碗喝酒，大口吃肉，大声呐喊，大笑江湖，大侠风范，大伙聚义。

天大地大人亦大。

易云：夫大人者，与天地合其德，与日月合其明，与四时合其序，与鬼神合其吉凶。先天下而天弗违，后天而奉天时。天且弗违，而况于人乎？况于鬼神乎？

天罡地煞，一百零八好汉，无不如斯言。

郓城人浩然大哉，好汉城巍然大哉，宋江武校凛然大哉，宋江湖渺然大哉，遍观其风情习俗亦廓然大哉，原始反终，无一不大。

郓城的江湖，于千年的光阴里吼出一个“大”字。

（二）忠义梁山 · 诸事皆宜

古人释“义”（義），从“羊”、从“我”，前者是“羊大为美”，后者是

“幼吾幼以及人之幼，老吾老以及人之老”。

文天祥云：“孔曰成仁，孟曰取义，唯其义尽，所以仁至。读圣贤书，所学何事？而今而后，庶几无愧。”

古人注解：义者，宜也。也当是费孝通所提“各美其美，美人之美，美美与共，天下大同”的诸事皆宜。

一百零八好汉，聚义江湖，一山一水一寨一杆旗，其言，其行，无有羞愧与悔恨，不以狐媚取天下。无不忠于其心，忠于其志，而义于其宜。

梁山的江湖，聚义之中啸出一个“宜”字来。

（三）英雄阳谷·虎！虎！虎！

景阳冈上夕阳红，他是打虎英雄。

阳谷县里吆喝忙，他是炊饼大郎。

狮子楼上宴宾朋，他是药业巨子。

掀起帘子抛秋波，她是妩媚娇娘。

爱恨情仇，恩怨往来。

打山中虎，易；破心中贼，难。

有人的地方就有江湖；

没人的地方，你就是江湖。

三人成众，众口铄金。

阳谷的江湖，风尘仆仆中杀出一个“虎”字来。

五、给你一个这样的江湖

水浒故里，给你一个江湖，给你一个这样的江湖。

（一）一杯酒一场醉的江湖

没有酒，何必长寿。

没有酒的江湖，不成其为江湖。

没有酒的水浒，不成其为水浒。

没有酒的水浒故里，不成其为水浒故里。

水浒故里，给你一个江湖，一杯酒的江湖。当然，这里的一杯只是虚指。

酒里乾坤大，普天之下，唯独中国人的一切皆可入酒，且又入得美极了、妙极了。

你不信？

只白乐天一首小诗：

绿蚁新醅酒，红泥小火炉。

晚来天欲雪，能饮一杯无？

就足以秒杀任何国度任何民族的任何文明。

是的，中国的文明散发着酒香。每一幅书画，每一首诗词歌赋，每一部文学作品……无不从酒中而来。

也正因了酒的浸润，中国的文明方才历千年而不衰，并将永世不竭。

关羽温酒斩华雄，没了曹操的那一杯酒，没了那一句“其酒尚温”，就没了文学史上的精彩一笔。无论三国、红楼还是水浒，它的每一个汉字，无不浸润着酒的芬芳。

中国人爱酒，是因了骨子里的天生骄傲。

这天生骄傲，是大雁单飞的形单影只，亦是鹤立鸡群的落落寡合，带着风华绝代的寂寞与孤独。

关公曰：“如不胜，请斩某头。”

操教酾热酒一杯，与关公饮了上马。

关公曰：“酒且斟下，某去便来。”

只因了骨子里的天生骄傲才有这一句“如不胜，请斩某头”，亦有了“酒且斟下，某去便来”的敞亮与辽阔。

无酒不水浒，酒贯穿了水浒传的始终，在水浒好汉中间可谓是无酒不欢。以酒来抒发情怀，以酒来谋划大事，也因酒而坏了很多的关键事情。

水浒好汉不骄傲，但是他们又天生骄傲。

酒中乾坤大。

英雄酒，美人酒，悲情酒……

花和尚鲁智深酒后大闹五台山，砸倒文殊院的菩萨，搅得寺庙不得安宁。文中写他饮酒之壮美：头重脚轻，眼红面赤，前合后仰，东倒西歪。踉踉跄跄上山来，似当风之鹤；摆摆摇摇回寺去，如出水之蛇。指定天宫，叫骂天蓬元帅；踏开地府，要拿催命判官。裸形赤体醉魔君，放火杀人花和尚。

三碗不过冈，武松醉打蒋门神，血溅鸳鸯楼，武行者醉打孔亮。

卢俊义喝了御酒，坠水而死。

宋江长期喝皇帝御酒，最后惨死。死之前，还不忘用御酒将最敬爱自己的李逵一起带走。

酒浸润着水浒，散发出英雄的豪迈、色彩、悲情、孤独与苍凉。

李白诗云："古来圣贤皆寂寞，惟有饮者留其名。"

中国人的寂寞与孤独、悲欢离合与喜怒哀乐，都带着酒的敞亮与辽阔。

古书《酒谕》有云："非酒无以成礼，非酒无以成欢。"

让我们举起这杯酒，干了这杯酒。这杯酒里，可以见天地，可以见众生，亦可以见中国的文明。

凡是不爱酒的人，都没有资格读《三国演义》《水浒传》和《红楼梦》。

如果没有酒，天下儿女就都没了颜色。

如果没有酒，又何必长寿？又何必江湖？

孔融在他的《难曹公表制酒禁书》里写道：

"酒之为德久矣。古先哲王，类帝禋宗，和神定人，以济万国。

非酒莫以也。

故天垂酒星之耀，地列酒泉之郡，人著旨酒之德。

尧非千钟，无以建太平。

孔非百觚，无以堪上圣。

樊哙解厄鸿门，非豕肩钟酒，无以奋其怒。

赵之厮养，东迎其王，非引酒，无以激其气。

高祖非醉斩白蛇，无以畅其灵。

景帝非醉幸唐姬，无以开中兴。

袁盎非醇醪之力，无以脱其命。

定国不酣饮一斛，无以决其法。

故郦生以高阳酒徒，著功于汉；

屈原不铺糟歠醨，取困于楚。

由是观之，酒何负于治者哉！"

水浒故里，给你的江湖，有酒。无论是阳谷的景阳冈酒、郓城的水浒酒、梁山的义酒，都是给你的酒，江湖的酒。

无论你是什么样的境遇，什么样的心情，什么样的感受，到了水浒故里，一切便都在酒里了。

有酒，就一定有醉。

酒逢知己千杯少。古龙先生有云："喝酒，就一定要和有意思的人喝，而且一定要喝醉，要不就会没意思。"

水浒故里，你所到的每一个地方，一抬手就有酒，一见面就有酒。然后醉倒，像鲜花凋零一般醉倒，放下这俗世中的种种烦恼。

（二）一段情一生一世的江湖

人非草木，孰能无情。和有情人做有情事，夫复何求。

《水浒传》要和《三国演义》一起来读。

《三国演义》第二十四回"张翼德大闹长坂桥，刘豫州败走汉津口"写道：

> 张飞圆睁环眼，隐隐见后军青罗伞盖、旄钺旌旗来到，料得是曹操心疑，亲自来看。飞乃厉声大喝曰："我乃燕人张翼德也！谁敢与我决一死战？"声如巨雷。曹军闻之，尽皆股栗。曹操急令去其伞盖，回顾左右曰："我向曾闻云长言：翼德于百万军中，取上将之首，如探囊取物。今日相逢，不可轻敌。"言未已，张飞睁目又喝曰："燕人张翼德在此！谁敢来决死战？"曹操见张飞如此气概，颇有退心。飞望见曹操后军阵脚移动，乃挺矛又喝曰："战又不战，退又不退，却是何故！"喊声未绝，曹操身边夏侯杰惊得肝胆碎裂，倒撞于马下。操便回马而走。于是诸军众将一齐望西逃奔。

张飞三喝，一喝比一喝妙，绝对是三国中的妙笔。

《水浒传》第三回"史大郎夜走华阴市，鲁提辖拳打镇关西"写道：

> 郑屠右手拿刀，左手便来要揪鲁达；被这鲁提辖就势按住左手，赶将入去，望小腹上只一脚，腾地踢倒在当街上。鲁达再入一步，踏住胸脯，提起那醋钵儿大小拳头，看着这郑屠道："洒家始投老种经略相公，做到关西五路廉访使，也不枉了叫作'镇关西'！你是个卖肉的操刀屠

户，狗一般的人，也叫作‘镇关西’！你如何强骗了金翠莲？”噗的只一拳，正打在鼻子上，打得鲜血迸流，鼻子歪在半边，却便似开了个油酱铺，咸的、酸的、辣的一发都滚出来。郑屠挣不起来，那把尖刀也丢在一边，口里只叫：“打得好！”鲁达骂道：“直娘贼！还敢应口！”提起拳头来就眼眶际眉梢只一拳，打得眼棱缝裂，乌珠迸出，也似开了个彩帛铺，红的、黑的、紫的都绽将出来。

两边看的人惧怕鲁提辖，谁敢向前来劝。郑屠当不过，讨饶。鲁达喝道：“咄！你是个破落户！若只和俺硬到底，洒家倒饶了你！你如今对俺讨饶，洒家偏不饶你！”又只一拳，太阳上正着，却似做了一个全堂水陆的道场，磬儿、钹儿、铙儿一齐响。鲁达看时，只见郑屠挺在地上，口里只有出的气，没了入的气，动弹不得。

从张飞的三喝到鲁智深的三拳，无不都是有情人做有情事，是中国文化里不可多得的点睛之笔。

水浒故里，给你一个江湖，便是这样的一种和有情人一起做有情事的江湖。而此江湖，是你的一生一世。

从增量扩张到存量改革

——策划北京顺义区舞彩浅山

2018 年年初，我开始接触顺义舞彩浅山的旅游策划工作，一年的时间，多番实地走访与考察，与顺义文旅局进行了多轮沟通座谈，提出了打造“舞彩浅山”的基本构想：从增量扩张到存量改革。

子曰：“仁者乐山，智者乐水。”

舞彩浅山——由系列曼妙婀娜的群山组成，连绵不绝。除了冬天，其山上树木葱郁，鸟儿穿梭；山涧水流淙淙，静谧幽邃；更有十里樱桃、瓜果飘香、蜂舞蝶阵。登高望远，只见一条条木栈道翻山越岭、蜿蜒盘旋，仿佛随风起舞的红丝带萦绕在群山之间，正是“青山一脉舞彩绸”，说不出的袅娜翩跹。舞彩浅山作为国家级登山健身步道，全长 125 千米，2013 年始建成。一期包括 1 条主线和 10 条环线，囊括 3.8 万亩山林、9000 余亩果林和 15 万亩农田。唐指山水库、安利隆生态庄园、欧斐堡酒庄等人文自然景观和 20 个民俗村落点缀在沿线，形成了一个顺义文旅交融的汇聚点。

自 2015 年起，顺义区文化和旅游局在市、区两级政府和其他有关部门的支持下，利用舞彩浅山国家级登山健身步道的山地旅游优势，结合雾喷景观、油菜花田等区域特色资源，已经连续举办过四届旅游登山文化节。回顾这四届旅游登山文化节，可以鲜明地发现有以下几个方面的特点：

1. 过于偏重体育元素

体育虽然大众化，但一味偏重体育，反而会损害作为“旅游”登山文化节在广大旅游消费者心目中的品牌调性，必然导致越来越多的旅游消费者对舞彩浅山旅游登山文化节品牌属性的认知偏差，即不知道这到底是一项（专业）体育赛事，还是一个文旅盛会。

2. 缺乏符合当下流行趋势的传播策略

纵观四届舞彩浅山旅游文化登山节，在传播策略方面，忽视了当下最流行、最贴近受众的传播渠道，而这些传播渠道，才是真正吸引广大旅游消费者的渠道。常理而言，旅游登山文化节最核心的传播点不在电视、报刊杂志，不在各大门户网站新闻通稿，而在参与者主动的分享传播。

3. 内容、交互与口碑层面的系统化有待加强

旅游登山文化节是一个以“内容为王”“交互为魂”“口碑为准”的文旅盛会。纵观前四届顺义舞彩浅山旅游登山文化节，我们在内容的沉淀上有待完善：四届盛会所产出的精品内容，没有得到一个系统化的提炼与递进；交互上，也只是停留在专业体育运动员及部分业余体验爱好者之上。无论是登山本身还是依托于登山开展的推介会，都是交互的大好环节，如果让众多的旅游消费者成了看看热闹的过客，必将导致口碑传播层面群众基础的不牢靠局面。

4. 旅游与文化的失位

舞彩浅山旅游登山文化节，首先是旅游与文化的，其次才是体育的。

它是“旅游 +”的模式，而不是“体育 +”的模式。从人的本性来看，谁都爱加法，但加法最不好做。加得好了，皆大欢喜，事半功倍；加得不好了，只会臃肿冗余，事倍功半。

近些年来，我们热衷于“旅游 +”的提法，却很少在“+”上做对文章，不得不说，这值得我们深思。

回顾前四届舞彩浅山旅游登山文化节，无论是从宏观层面还是微观层面来看，都在渐渐远离广大的旅游受众而越来越接近“半专业”的体育受众。

文化旅游的融合是大势所趋，也是大局已定。

舞彩浅山旅游登山文化节，归根结底，它是旅游和文化的，体育只是一个抓手。营销传播顺义的旅游，（文化）旅游才是终极目标。

5. “舞彩浅山”四个字的消失

纵观四届顺义舞彩浅山旅游登山文化节，可以发现，“舞彩浅山”这四个字消失了。

四届登山节下来，舞彩浅山这四个字完全可以拿掉，变成“顺义旅游文

化登山节”，加之体育的一意孤行、旅游和文化的简配，最终成了“顺义登山节”。第一届的中韩明星对抗赛，第二届的城际赛，第三届的女性穿越赛，第四届的山地马拉松赛，乍一看，旗号都打得很大，仔细一琢磨，问题就来了：系列体育赛事都各有其名，不见“舞彩浅山”，严重弱化了“舞彩浅山”的存在感，导致受众既对体育赛事没有多大印象，又对舞彩浅山没有多少认知（不就是一个栈道吗？）

多年来，我们没有将舞彩浅山作为一个休闲旅游目的地去运营，放弃了“舞彩浅山”这块真正的金字招牌。

舞彩浅山，此四个字，才是这一文化节庆盛会的灵魂所在。

不管你借的是什么风，东风西风还是马拉松风，都不能脱离“舞彩浅山”。既往登山文化节，只见浅山步道，不见山体、水系、田园，不见在浅山区构建的五种色彩，从而让“舞彩浅山”区域整体品牌形象的塑造变得脆弱不堪。

旅游登山文化节只是一个节，舞彩浅山才是一个品牌。我们的终极目标不是为了登山，也不是为了要一个专业的体育赛事，而是为了打造一个经典的旅游文化盛会，带动顺义文旅产业的融合发展。

鉴于此，我们必须要将一切行动都拉回到“舞彩浅山”的区域整体品牌形象上来，回到旅游和文化本身的诉求上来，让体育只做体育的事情。

6. 营销的不可持续性

每年一届的舞彩浅山旅游登山文化节，做完就完了，仿佛一锤子买卖，热闹几天，随即偃旗息鼓，没有形成基于舞彩浅山（节庆活动）而持续性发散的效应。

多年来，对舞彩浅山，我们最大的问题是没有形成可持续性的运营/营销规划。

我们只是一味地给舞彩浅山做着加法，在增量上一股脑地扩张，拉虎皮做大旗，看似热闹辉煌，实则后继乏力。

7. 资源优势没有转化为产品优势

舞彩浅山是一个区域性的文旅品牌，是京津冀一体化的一颗具有十足潜力的文旅明珠。其自身具有丰富的资源优势，但多年来，我们居然没有为它设计开发出任何一条旅游产品。这实在值得我们文旅人深思。

8. 没有专业化的运营团队

中国旅游的发展要资金有资金，要资源有资源，要什么有什么，什么都不缺，但就是缺乏人才，缺乏能在时代浪潮中真正解决旅游问题、真正带动的旅游发展的人才。

舞彩浅山多年来积累的问题，正是缺乏人才、缺乏专业运作团队的要命体现。

舞彩浅山，一年四季，风采多姿。它有极大的潜力成为京津冀几千万人周末休闲、体验、度假、探险、猎奇、露营、徒步的一个重要的旅游目的地。

舞彩浅山必须要有一个专业的团队从运营与营销两个维度去操盘。这个团队还必须要具备广告行业意识、旅游行业意识和体育意识。只懂旅游，不懂体育和广告，或者只懂体育不懂旅游和广告，抑或只是纯粹的广告，都无法将舞彩浅山运营到媲美甚至超过怀柔水长城的地步。

这也给当今我们高校旅游人才的培养提了个醒，旅游人才只顾本专业已经很难立足，我们需要培养出具备各种行业素养的综合性人才。

……

综上这些问题的探讨，舞彩浅山必须要进行存量上的改革。于是2019年，第五届北京顺义舞彩浅山旅游登山文化节也就有了它的安身立命之本。最终，我们接手操刀第五届舞彩浅山旅游登山文化节。

2019年5月25日，第五届北京顺义舞彩浅山旅游登山文化节在舞彩浅山木林段成功举办。

本届舞彩浅山旅游登山文化节携——

2019舞彩浅山越野挑战赛、企业家友谊赛、企业家考察顺义高精尖企业、企业家参与顺义文旅发展与投资座谈四大活动，掀起了一股推介顺义国际人才社区、顺义“3+4+1”产业政策的风潮，并最终得到了社会各界各行业的一致认可与好评。

与以往四届旅游登山文化节相比较，我们着力在四个方面打造舞彩浅山：

首先，不再分散兵力，而是集中优势兵力，围绕共同打造“舞彩浅山”这一品牌，旅体结合，推出了“2019舞彩浅山越野挑战赛”，让赛事回归到

"舞彩浅山"，为"舞彩浅山越野挑战赛"这一赛事在未来形成专业的 IP 奠定了坚实的群众基础和舆论基础。

其次，在文旅融合、顺义"3+4+1"产业布局与顺义国际化人才社区建设的关键年份，首次引入了企业家参赛，并另辟蹊径，通过赛事、考察与座谈的三位一体，不仅实现了节庆活动的"引进来"，还进一步发挥了"用得了"的效益，为在接下来的顺义招商引资行动吹响了号角。

再次，首次基于"舞彩浅山"这一文旅品牌推出了五条精品旅游线路（产品），实现了舞彩浅山从"资源优势"到"产品优势"的转变。

1. 舞彩浅山牵手之旅

主要面向家庭亲子、情侣等受众，聚焦京津冀环渤海周边游、短途游和自驾游。

2. 舞彩浅山深呼吸之旅

舞彩浅山具有优越的植被覆盖率，尤其是木林段的山、树木、水系的良好组合，非常适合京津冀都市白领人群。推出深呼吸的号召，切合这一受众群长期深受雾霾困扰、工作压力大、生活节奏快而急需释放压抑的需求痛点。

3. 舞彩浅山闻香之旅

通过"旅游 + 农业"的双向结合，充分发挥舞彩浅山 9000 余亩果林优势和 15 万亩农田种植瓜果优势，并借助北京（顺义）国际鲜花港的赋能，延伸并呼应"顺义樱桃采摘节"，让广大游客朋友都可以来舞彩浅山参与到诸如樱桃、桃子、苹果等果香体验、鲜花之花香体验、蔬菜瓜果清香体验中来，感受舞彩浅山这一芬芳的旅程。

4. 舞彩浅山撒野之旅

通过"旅游 + 体育"的双向结合，充分发挥已经举办了四届的登山赛事的存量影响力，借助舞彩浅山作为国家级登山健身步道的优势，结合舞彩浅山得天独厚的山、林、花草、水系等资源，吸引广大爱好户外登山、探险、越野、露营的游客进行一场"撒野"之旅。

5. 舞彩浅山色彩之旅

舞彩浅山一年四季变换着不同的色彩，五彩缤纷，尤其到了秋天的时候，漫山金黄、赤橙青绿、层林尽染，是喜欢摄影，喜欢看不同的色彩、感受色彩魅力的群体的一个上佳目的地。

一起手牵手，一起深呼吸，一起闻香，一起登山、越野、探险，尽情撒野，一起感受着舞彩浅山的多彩多姿！

用五条旅游产品线路，打通舞彩浅山的奇经八脉。

最后，本届舞彩浅山旅游登山文化节首次联动了顺义多个 A 级景区，实现了“一花开五叶”的经济效应。

在节庆基础上，纳入了多家 A 级景区，共同推出了顺义景区联动优惠活动。

其中，河北村民俗园、奥林匹克水上公园、北京国际鲜花港景区此三家知名 A 级景区，向第五届北京顺义舞彩浅山旅游登山文化节的参赛者提供以下优惠活动：

（1）参赛运动员可持大号码布到景区免费游览一次；

（2）每名运动员可同时带领 1 至 2 名亲友享受以上任意景区半价门票优惠政策游览景区。

在活动期间，参赛者及其亲属凭借参赛号码牌在意大利农场自营区域可享受餐饮、住宿 9 折优惠，享受非遗体验活动 8 折优惠（马场、游乐场等非自营区域除外）。

之所以要推出如此力度的惠民举措，其原因有两个：

第一，是独乐乐不如众乐乐的集中体现。办好一场节庆活动，盘活的不仅仅是一座山，还要实现整个顺义文旅的协同发展。文旅融合的时代背景下，只有协同化作战才能以小博大，立于不败之地。

第二，每年的舞彩浅山旅游登山文化节在线下吸引了来自全国、全世界多个国家和地区的专业运动员和京津冀广大的旅游消费者；在线上，其曝光量更是达到了百万千万级别。

如何让顺义更多的景区而不仅仅是舞彩浅山享受到节庆人气的好处？

如何让成千上万的运动员和游客朋友留下来，更多地参与到顺义不同的景区活动进而提高他们的旅游人均消费水平？

因此，以舞彩浅山旅游登山文化节为依托，联动顺义众多 A 级景区共同协作，进行联动优惠行动，也就势在必行了。

最后，这也是最重要的一点，以往四届舞彩浅山旅游登山文化节已经为顺义带来了增量上的扩张，到如今，是时候进行存量上的改革了。

从增量上的扩张到存量上的改革，是第五届北京顺义舞彩浅山旅游登山文化节的一个显著特点。只注重增量的扩张而不进行存量的改革，往往很容易走进死胡同，也就无法进一步开拓顺义文旅发展更大更广阔的空间。这也就不难理解第五届北京顺义舞彩浅山旅游登山文化节为何要在企业家参赛、考察、座谈和景区联动上实行这样的举措了。

可以预见的是，未来舞彩浅山的文旅发展，除了进一步的增量扩张外，存量改革也将得到进一步的深化。

“她经济”的旅游风潮

——策划福鼎太姥山

一、策划缘起

太姥山在福建省东北部，于东海之滨，背山而临海，北望雁荡，西眺武夷，呈三足鼎立之势。传说尧时，其母种兰于山中，遇道士而羽化，故名“太母”，后改称“太姥”，闽人称太姥、武夷为“双绝”，浙人则视太姥、雁荡为“昆仲”。[7]

2013 年 2 月，福鼎市太姥山风景名胜区管委会将其全年营销策划及宣传推广委托乐途旅游网全权负责，任务艰巨，由我牵头的乐途旅游营销研究中心随即展开行动。通过一段时间的考察、走访与综合分析，我们提出了第一稿策划方案。以“我知女人心”为切入点，把女性旅游消费者作为太姥山的主抓受众，主打“她经济”，并在此基础上，提炼太姥山的 DNA 为：“太姥山，一座女人的山”。

二、女性是家庭消费的 CFO

据万事达国际组织（Master Card International）调查显示：“她经济”在现实生活中变得越来越重要：92% 的度假计划由女人拍板；87% 的旅行由女人做主；50% 的旅行支出由女人承担；98% 的消费决策由女人直接做出；80% 的商品被女人购买；80% 的女人旅游回来会与朋友分享旅游体验（女人似乎天性爱八卦，她们仿佛是天生的社交好手）；中国女性的消费能力从 2005 年的 3300 亿美元增长到 2015 年的 5250 亿美元；未来 5 ～ 10 年内，中国女性可支配的消费金额将达到全球消费总金额的 1/60。

在家庭消费的方方面面，女性都占据着绝对的主导权，可以说，女性是整个家庭消费的 CFO。

鉴于女性的消费权力与消费需求正在不断地快速增长，以女性为主要客户群的服务项目日渐增多，全世界各行各业都在想方设法“讨好”女人。太姥山作为一家旅游景区，怎样在移动互联、旅游互联的时代背景下打好“她经济”的牌，以实现经济、社会和生态的三效益就显得十分重要了。

三、“她经济”下的太姥山

我走访太姥山后，大笔一挥就给太姥山定了一个调：太姥山，是一座女人的山。

太姥山的旅游营销策划，综合其图腾崇拜、民族传统，我们发现，太姥山景区的 DNA 及文化内涵极具丰富的女性文化，很适合打出一副“她经济”牌。

（一）女神图腾崇拜

自古以来，中国东南百越民族的图腾崇拜中，除了鸟图腾、蛇图腾及蛟龙图腾崇拜（福建简称闽，声旁门内之虫字念作 huǐ 虺，是蛇的意思，蛇为古闽人之图腾），还有鲜明的女神信仰崇拜。尤其福建，更是一个崇尚女神信仰的地方，以太姥山的太姥娘娘、湄洲岛的妈祖娘娘、临水宫的陈靖姑最为著名。而蛇，古往今来，甚至整个人类文明的因子里，蛇都与女人有关，如《圣经》里的亚当夏娃被逐出伊甸园是因夏娃遭受了蛇的诱惑偷吃了智慧树上的果实，中国传奇志怪小说里的各类美女蛇，中国四大爱情悲剧之《白娘子》里的白蛇、青蛇等，都反映了蛇与女人的关系。

（二）太姥山景区 DNA

太姥山隶属福鼎市。福鼎，有福之鼎，可寓意福星高照，五福临门，福满多多。太姥，是上古女神圣母，是东南民族的始祖母，是西王母，是唐尧之母。以上四种诠释，都集中指明了太姥的性质，即上古女神、德高望重、本领强大、赐福呈祥、指点迷津。

太姥山，一座女人的山，一座母亲之山、母性之山。

其一，太姥山之洞，形状似女性生殖器，寓意多子多福。稍做诠释与包装，即可吸引珠三角、港澳台乃至全国女性旅游消费者前来求子、求夫（爱情）、求健康。

其二，太姥山之奇异怪石，形状似男性生殖器，寓意在女神的赐福下，男性将会变得阳刚，会让男人事业有成、仕途平坦、家庭和睦。稍做装饰、讲解，可吸引众多男性旅游消费者前来求子、求爱情、求赐福、求健康。

其三，太姥山之水、花草树木皆可象征女性之水、女性之强大生命力。稍加阐释，便可推出圣水洗浴、圣水洒净、圣水祈福等旅游产品。

其四，太姥山三面环海，大海，寓意女性的包容与柔情似水。中国文化语境里便有“女儿家是水做的”（《红楼梦》）这一指寓。

太姥山之“太”，可寓意太太、老婆、媳妇、妻子。有关于“太”的妻子属性，最早可追溯到周朝时期。古公有贤妃曰“太姜”，季历有贤妃曰“太任”，文王又有贤妃曰“太姒”。周王室由古公亶父到季历、文王，祖孙三代，都有贤妃良母助兴，故而能成姬周王室800年国运。后世尊称别人妻子叫“太太”，便是从周室有三位“太”字辈贤妻母仪天下之典故而来。《诗经》云：“桃之夭夭，其叶蓁蓁。之子于归，宜其家人。”华夏5000年文明璀璨，无不功出于历史上女性伟大的牺牲与奉献。当然，从尧舜禹汤之后，中国文化迈入了父系社会，女性逐渐在男权的笔触下成了“红颜祸水”，诸如夏桀娶了妹喜，商纣娶了妲己，周厉王娶了褒姒，唐玄宗之杨贵妃，吴三桂之陈圆圆等不一而足，加之人们对儒家女性“三从四德”的曲解，更是加剧了如今女权主义的过犹不及。

太姥山之“姥”，可寓意母亲、母爱、母性。姥者，在华夏文明里，除了是老年女性的谦称外，更与女娲娘娘有着莫大的关系。在陕西（骊山）一带的民间传说里，有女神叫骊山老姥，每年农历六月十三是老姥的诞辰日，家家户户做面饼来纪念老姥炼石补天之大功。由此可见，老姥是上古三皇（女娲、伏羲、神农）之一的女娲娘娘。“女娲，古之神圣女，化万物者也。”[8]；“女娲功烈，非仅造人，又兼补天”[9]；“往古之时，四极废，九州裂，天不兼覆，地不周载，火爁焱而不灭，水浩洋而不息，猛兽食颛民，鸷鸟攫老弱。于是女娲炼五色石以补苍天，断鳌足以立四极，杀黑龙以济冀州，积芦灰以止淫水”[10]。正是女娲炼石补天，才能实现“苍天补，四极正，淫水固，冀州平，狡虫死，颛民生”的美好局面。由此可见，源于母系时代的母性崇拜，更是为太姥山这一女性之山增色不少。它不是孤立的，而是发散于整个华夏文明的神话谱系与传说。

最后，太姥山上的寺庙，为受洗（圣水洗浴、迎取圣水、圣水赐福、圣水洒净等）、祈福、许愿等交互体验活动提供了文化的与物理的载体。

（三）太姥山文化内涵

太姥山，一座女人的山，它以女性游客为主又包容一切男人。游客到太姥山受洗、祈福、许愿，不仅切合中国几千年传统文化中的阴阳协调、万物生长的理念，更切合当今党和国家倡导的和谐文化（国和、家和、人和、自然和）理念。因此，太姥山是“和文化”的代表地，是家庭旅游的代表地，是女性游客的圣地，亦是男性游客的福地。

太姥山身在福鼎，而福鼎的白茶全国知名。白茶又是众多女性喜欢的一款茶叶。

南有乔木，茶是木之精魂。茶树于青山绿谷之间，汲取天地精华，犹如庄子笔下的姑射山的神人，吸风饮露，风情万种。

《苏轼诗集·卷三十二》里有一首诗《次韵曹辅寄壑源试焙新芽》写道：

仙山灵草湿行云，洗遍香肌粉未匀。
明月来投玉川子，清风吹破武林春。
要知冰雪心肠好，不是膏油首面新。
戏作小诗君一笑，从来佳茗似佳人。

一句“从来佳茗似佳人”，让茶与女性之间发生了奇妙的文学想象和生命联系。

太姥山上有白茶，高山白茶是白茶中的上品，而生长于太姥山荒野中的白茶，更是上品中的上品。春天的太姥山，荒野白茶的“米针”成了爱茶之人的圭臬。一年四季、春夏秋冬，太姥山之白茶，犹如姑射仙子，令人心旷神怡。

白茶有“女人茶”的美称，因其美容养颜、延缓衰老的功效，成了精英女性、都市白领办公桌上的标配。

联动太姥山既有的山、水、石、洞、海、寺、茶，整合太姥山现有产品，结合女性文化，主打女性牌，走女性经济的路，将太姥山打造成中国第一家、唯一一家，专一、专业的女人之山、女性之山。借助互联网营销，将“一座女人的山”这一特立独行的营销点推向全国旅游消费者，聚焦媒体舆论，引爆口碑传播，形成事件营销，最终达到提升太姥山的社会知名度、美誉度和收益度的战略目标。

景区宣传时可针对不同性别游客设计宣传语。

针对女性旅游消费者：

做健康女人，到太姥山。

做幸福女人，到太姥山。

做美丽女人，到太姥山。

针对男性旅游消费者：

去过太姥山的男人有福了。

在去太姥山路上的男人有福了。

打算去太姥山的男人有福了。

四、策划谋略

依托互联网，整合各方优势资源，从内容、口碑到交互，紧扣太姥山文化内涵及现有旅游产品，围绕“我知女人心——太姥山，一座女人的山”这一营销“奇点”，按节庆推出系列活动，引发消费者关注、媒体热议，实现太姥山旅游营销宣传推广的目的。

于是，我提出太姥山的策划谋略，即“轻事件，重感情”。一轻一重之间，推动太姥山的旅游营销传播。

（一）轻事件——十大“女神”游太姥

信息大爆炸的今天，注意力经济是体验经济的硬通货，而美女经济永不过时，比如扬州美女、重庆美女、海南岛选美、维多利亚的秘密秀等，无不都是美女经济的集中体现。美女经济，也是女人经济中的一部分。如果选取十位女性（身材好、漂亮、有视觉冲击力），身着古装（汉服），扮作神话中的“女神”前往太姥山游览，并同期拍摄写真、短视频，再通过网络专题、微博、社区等平台进行传播，是不是会引起舆论的关注与惊叫？

女神游太姥，从 2013 年三八妇女节开始，逢节庆，全国女性游客都可享受优惠。节庆期间，免费游览，非节庆，则实行门票 5 折优惠。

从前期的女神招募到中期的女神游太姥直至后期的“最美女神”的产生，紧紧围绕“太姥山，一座女性的山”的主旨，设计整个方案的方方面面。其中，女神游太姥是关键环节，怎么游才能更好地切合太姥山旅游品牌诉求、旅游产品特质，最终很好地吸引舆论的关注，是要解决的重要问题。

为此，我们把女神游太姥的日期定在 2013 年 3 月 8 日妇女节这一天，具体细节如下：

女神现身。各式古装打扮的女性出现在太姥山，分别代表中国神话体系中的女神形象，如女娲娘娘、汉水女神、洛水女神、巫山女神、王母、精卫、娥皇、女英，妈祖等。且 2013 年是蛇年，结合十二生肖，可以将《白娘子》中的青蛇、白蛇也纳入进来。在营销开展过程中，所有生肖属蛇的游客都可以半价游览太姥山，参与互动活动。

女神赐福。女神手持净瓶，净瓶中装有圣水，巡游太姥山。女神用柳枝蘸上圣水，对现场游客进行洒净、赐福。太姥娘娘、嫦娥和王母娘娘赐福女性游客幸福、健康、美丽、长寿，成为“四有女人”；妈祖和圣母赐福事业有成、升官发财；巫山神女、洛神宓妃、织女赐福游客爱情有成、家庭和谐；白蛇青蛇两位女神赐福蛇年吉祥、万事如意。

女神沐浴。女神进行圣水沐浴（非裸浴），可供游客拍照。

游客祈愿。游客将自己的愿望写在专门准备好的纸上，交于女神。

女神送愿。女神将游客愿望礼送入太姥山某个寺庙或太姥娘娘庙的“福鼎”里。福鼎纳愿，太姥成全。另外，互联网上的网友可以写下自己的愿望、祝福语，并在活动当天随机选出 66 位网友的愿望和祝福语交给女神，送入太姥山庙宇的福鼎中。这样势必能够吸引游客前往太姥山游览。

在女神游太姥的体验活动中，要充分发挥互联网 O2O（online and offline，即线上线下）的传播效应。在整个活动进行期间，女神通过微博、微信等平台，用精彩的图片、文字和短视频，与网友进行实时互动，随时随地分享太姥山见闻，传递给那些未曾到场的网友。

最后，将此前体验活动过程中所采集积累的文字图片素材汇集成专题进行集中展示推介，并基于此推出“最美女神”评选活动，由用户参与投票，评选出“最美女神”，获奖者将得到一定的物质奖励。

为提升用户参与互动的积极性，体验活动结束后，参与互动体验的用户，可转发和评论十大女神并进行投票，评选出此次活动的“最美女神”，并赢取“太姥娘娘赐福”（太姥山旅游大礼包，间接带动太姥山门票销售）。凡是参与互动都有机会获取“太姥娘娘赐福”。

通过“女神游太姥”这一“和女人发生关系”的事件营销，将中国传统神话体系中的女神齐聚到太姥山，一方面坐实了太姥山“神山”的地位，打响了“太姥山，一座女人的山”这一品牌效应；另一方面，通过“女神＋美女＋祈愿＋赐福”的模式，充分调动受众的好奇心、参与积极性，引起网民传播、媒体报道，形成口碑效应。

（二）重情感

1. 爱情篇——

爱她，就带她去太姥山，因为那是一座女人的山，是被祝福、被赐福的山。带她去太姥山，永结同心，恩爱白头。

在“女神游太姥”的事件营销后，紧跟着我们提出了针对七夕、母亲节、重阳节的情感营销，主打情感牌。

七夕——“爱情红遍太姥山”。

七夕九九女儿红，永结同心太姥山。

（1）赠送她兰花，郎情意切；为她沏一壶白茶，美丽永驻。

（2）给她编织云雾草花冠，纯洁一生。

（3）与她在感触树上挂誓言，天长地久。

（4）陪她在相思林里喝交杯酒，相思相伴。

（5）佩戴五色杜鹃，爱神降临，寓意纯真无邪。

（6）灵峰寺祈求姻缘。

（7）冷城古堡拍古堡婚纱。

（8）夫妻峰下来合影。

（9）韦陀洞里入洞房。

七夕九九女儿红，女游客穿红裙完成以上九个步骤后，男游客要喝干一坛女儿红。

当爱情体验活动结束后，将选出此次活动的“神仙眷侣”，并赢取“太姥娘娘赐福”（太姥山旅游大礼包）。

在这一阶段的爱情体验活动过程中，将所采集积累的与爱人合影的文字图片素材汇集成专题进行集中展示推介，并基于此推出“神仙眷侣”评选活动，由游客进行投票，评选出一对“神仙眷侣”，奖励5200元爱情基金。

凡是参与互动者，都有机会获取“太姥娘娘赐福”（太姥山旅游大礼包）。

一座女人的山，必是一座有情感的山。借助太姥山女性文化内涵，推出爱情祈愿祝福活动，有利于传播和巩固太姥山的旅游文化品牌。

2. 亲情篇——

太姥山，一座女人的山，更是一座母亲的山。世界上最不能等的一件事情就是孝敬妈妈。

带上你的妈妈，去太姥山，让太姥娘娘祝福她健康、长寿。

带上你的妈妈，去太姥山，让自己像唐尧一样履孝道、尽孝心。

（1）地理优势

福鼎市地处珠三角经济圈（两广福建），北临长三角经济圈（浙江、上海），南临港澳台，都是经济发达地区。福鼎市应充分发挥主观能动性，将福建两广、浙赣苏沪、港澳台等省市区的游客吸引过来，实现经济效益。

（2）情感优势

以北京为中心的环渤海京津冀城市群，以上海为中心的长三角城市群，以广州、深圳为中心的珠三角城市群，聚居了成千上万的流动人口，其中以中青年为主，他们远离家乡，漂泊在大城市，一年到头，和父母在一起的时间不超过一个星期。太姥山的孝行活动，既响应、传承、弘扬了中国几千年的孝文化，又增进了现代社会快节奏生活背景下的长辈和子女之间的情感，必将得到强烈反响，引起媒体和网民的广泛关注。

（3）社会优势

孝敬父母是中华民族的传统美德，活动的发起必将引起全国各大媒体的主动关注，在互联网上，通过微信、微博等社交平台，实现热议互动，成功掀起一股孝文化的热潮，实现社会效益的最大化。

以孝文化为底蕴，结合太姥山女神崇拜及其祈愿赐福文化，让太姥山进入媒体的关注视野，聚焦网民热议。

表面上看，虽然失去了一部分“门票收入”，但却带动了住宿、交通、饮食、娱乐、服务等行业的经济收入，更为太姥山赢得了良好的名声和口碑。

在活动过程中，带妈妈去太姥山旅游的子女，通过社交媒体与网友进行实时互动，随时随地分享太姥山的旅游见闻，传递给那些未曾到场的网友。

整个活动结束后，将此前一阶段活动过程中所采集积累的子女与父母合影的文字图片素材汇集成专题进行集中展示推介，并基于此推出“有爱家庭”评选活动，由网民投票，评选出十组“有爱家庭”，获取“太姥娘娘赐福”（太姥山旅游大礼包）。凡是参与互动的家庭，都有机会获取“太姥娘娘赐福”（太姥山旅游大礼包）。

五、正合奇胜——赐福年的赐福营销

立足“我知女人心”“太姥山，一座女人的山”这一策划基点，我们很快形成了全案，提交太姥山风景名胜区管委会。之后，管委会复函，方案立意新颖、剑走偏锋、特立独行，但出于风险考虑，希望我们再拿出一稿比较稳妥的策划全案。

太姥山风景名胜区管委会的反馈在我意料之中，在获悉答复后，我马不停蹄地开展第二稿策划方案的工作。

《孙子兵法》云：“凡战者，以正合，以奇胜。”第一稿方案剑走偏锋，只注重了以奇胜，少了以正合的稳妥中规，执行风险比较大。那么，接下来的方案，是不是稳妥中矩地以正合，就万事大吉了？非也，正合奇胜，相辅相成，在正合的基础上，如何巧妙地融入奇胜的策略，这是我们不得不考虑的一个问题，解决了这个问题，接下来的策划方案也就迎刃而解了。

经过一段时间的思路整理，在不废弃第一稿方案的基础上，汲取其精华，依托太姥山独特的景观资源、文化内涵，借助2013之“爱你一生”的谐音及

“太姥娘娘赐福”的文化内涵，将太姥山2013年的互联网营销定位为“赐福年”，并于此基础上，提出了“赐福营销”的概念。

将欲取之，必先予之。任何一家景区，想要吸引旅游消费者关注，刺激消费，必先创造一种需求情境，在这种需求情境中刺激消费，带动营收。

我们将太姥山的2013年定为“赐福年”便是出于这样的考虑，以“赐福”的概念诠释“将欲取之，必先予之”的哲学理念，也即旅游消费者心理行为诉求。给旅游消费者“赐福”，“赐福”给旅游消费者，让其有福、有运，反过来，才能进一步吸引更多旅游消费者，带来更多旅游综合收入。

于是，紧扣“赐福年”“赐福营销”以及前一稿方案“一座女人的山”等营销策划理念，我们提出了以下三点：

第一，要围绕体现人类三大情感（爱情、亲情和友情）的节庆，主打情感营销牌；

第二，要抓住中国人几千年来形成的祈福、求福、盼福的“福文化”；

第三，要结合太姥娘娘的赐福文化内涵，让“赐福年”的太姥山之“赐福营销”活动深得旅游消费者喜欢。

因此，我们推出三大主题活动，也即2013年太姥山的赐福营销活动，分三大赐福活动，步步为营，层层推进——

以三八妇女节，连动清明、五一、端午，宣传时间覆盖3、4、5、6四个月。以七夕为核心，时间覆盖7、8两个月。以敬老重阳节为核心，囊括9月至10月国庆黄金周这两个月的时间段。

三八、清明、五一、端午，是太姥山的第一次赐福营销；

七夕前后两个月，是太姥山的第二次赐福营销；

九月到十一月，是太姥山的第三次赐福营销。

三大主题活动，宣传时间覆盖度不以地毯式的轰炸为基准，而是采取有的放矢的精确制导为核心，精准地投放到我们确定好的目标受众及潜在消费者面前。

太姥山风景名胜区管委会讨论此稿，提出能否将三个赐福压缩为两个赐福。经过调整压缩（三大赐福变为两大赐福，即针对七夕的“珍爱久久·太姥赐福”；针对重阳的“孝行福鼎·太姥赐福”）后，方案顺利通过，随后进入关键的执行实施阶段。

六、2014——太姥山的“智慧年”

回首2013“赐福年”之太姥山“赐福营销”两大主题活动，通过社会化媒体的媒介策略与资源优势，组织七夕赐福和重阳赐福两次赐福营销，七夕“珍爱久久·太姥赐福”，八对情侣在太姥山风景名胜区展示出自己的甜蜜，“吻合”太姥娘娘赐福的深刻含义。重阳赐福之“孝行福鼎·太姥赐福”暨“带着爸妈去旅游”活动共有网友上传与父母合影近千张，针对照片的投票更是高达2万余票。

2013年度紧扣两大赐福营销，通过整合资源、专题展示、微博互动、内容征集等多种形式进行宣传，各种方式结合，多媒体联动，取得较好的宣传效果。两次推广活动制作专题两期，期间发布新闻资讯10余篇，获得媒体转载15次，共获得418947次高点击量，同时达到103308093次的高密度曝光。

值得一提的是，在太姥山景区的良好配合下，本年度的宣传创意及互动活动开展得有声有色，引起了社会的积极反响和关注。另外，新闻公关方面，有关太姥山的公关软文多次被各大门户网站及旅游网站转载，为太姥山品牌覆盖度的提升起到了良好的支撑作用。

2014年，将是太姥山的“智慧年”，智慧更需要营销，“她经济”的潮流下，女人智慧与否关系着一个家族的兴衰，关系着一个民族的兴衰，不可不察也。

让我们在风景中恋爱

——策划西江千户苗寨

苗族是一个苦难深重的民族，放眼全世界，唯有犹太民族能与之相比。整部苗族史就是一部迁徙史、苦难史。

在苗族的历史上，大致经历了三次大迁徙。

第一次大迁徙发生在5000多年前，生活在黄河中下游平原地区的九黎部落在向北扩张时，与东进和南下的炎帝、黄帝部落发生激烈的武力冲突。经过长时间的征战，以蚩尤为首的九黎部落在涿鹿地区被击败，蚩尤被黄帝擒杀。大部分苗族先民被迫放弃黄河中下游地区而退回到长江中下游平原，并于洞庭湖和鄱阳湖之滨建立了“三苗国”。

第二次大迁徙发生于尧、舜时期，舜即帝位，“南巡狩猎”，对不服舜帝管制的“三苗”进一步攻掠，苗族先民被迫向西南和西北地区迁徙。其中，被迫向西北地区迁徙的这支苗族先民一部分融于“羌人”，成为西羌的先民，一部分则因人口增多、耕地少而向平原地区迁徙，从青海往南到四川南部、云南东部、贵州西部，有的更向南、向西深入老挝、越南等地，而往西南迁徙的苗族先民则与楚人和睦相处，成为后来“楚蛮”的主要成员。

第三次大迁徙发生于清朝中后期到新中国成立之间，云南、贵州、湖南和越南、老挝等地的苗族因国家动荡、战争频繁，开始向美洲（美国）迁徙。

西江千户苗寨位于贵州省黔东南苗族侗族自治州雷山县东北部的雷公山麓，由十余个依山而建的自然村寨相连成片，是目前中国乃至全世界最大的苗族聚居村寨。作为中国乃至全世界最大的苗族聚居村寨，西江千户苗寨很好地保存了苗族人民的“原始生态”文化，它是领略和认识中国苗族漫长历史与发展之地，更是一座露天博物馆，展览着一部苗族发展史诗，成为观赏和研究苗族传统文化的大看台。西江千户苗寨有远近闻名的银匠村，苗族银饰全为手工制作，其工艺具有极高水平。

一、策划缘起

2013 年 4 月 18 日，贵阳，中国国内旅游交易会。

4 月的北京，春寒料峭，我和公司景区部经理小代穿着羽绒服，飞抵贵阳。4 月的贵阳，艳阳高照，气温达到 20℃以上。中国国内旅游交易会在贵阳市国际会议展览中心举行，应了这气温，现场如火如荼。我们此行的目的是与西江千户苗寨的王总、朱总会面，共商西江千户苗寨 2013 年度的营销事宜。

当时，正值湖南凤凰古城开始实行捆绑售票（游客需要购买 148 元门票才能进入古城）。政策实施后引发多方关注，游客人数骤减，当地个体商户受到很大冲击。

“凤凰古城自沈从文先生的《边城》后，成了中国苗族文化集聚的一座民族文化旅游胜地，我们西江千户苗寨同样也是苗族文化的集聚地，现在凤凰古城遭遇了门票危机，我们可不可以从这个点上出发来做营销？比如，向全国旅游消费者发出我们这里不收费，或者西江千户苗寨才是真正的全世界苗族文化集聚地，打出一种‘西江模式’来？”和王总见面后，他便抛出了这个议题。

“《孙子兵法》云：‘激水之疾至于石漂者，势也！’借势营销，关键在于对‘势’的把握。势有好有坏，对于好的势，我们必须要抓住它，‘好风凭借力，吹我上云霄’；对于不好的势，我们就要谨慎对待了，不谨慎，容易被拉下水，自身难保。凤凰古城门票事件，对西江千户苗寨而言，不是一个机会，为什么呢？因为从情感上来说，二者同是弘扬苗族文化的旅游目的地，血脉相连，我们不能乘人之危。再者，综合各方信息，我断定凤凰古城的门票事件只是一时，很快便会回到正轨。这个势，我们不能借，也不能乘，更不能坐拥渔翁之利。”我喝完杯中酒，直接截断了王总的想法。这在禅宗，属于云门宗云门文偃禅师“云门三句”的截断众流。

4月18日晚上，王总和朱总做东宴请，就西江千户苗寨营销策划的具体事宜又展开了深入的沟通。

在中国，很多事情都是在“饭局”上敲定的，当“饭”与“局”组合在一起，就会产生很微妙的作用。说到“饭局”，这一词汇最早可追溯到宋代，已经有1000多年的历史。我们都知道，“局”是下棋用的术语，与穿衣吃饭组合在一起后，经过一而再再而三的各种引申，便引申出了情势、局势、圈子等语义。从古至今，历史上有很多著名的饭局：春秋时代的齐相晏子，在饭局上“二桃杀三士”，蔺相如渑池会上屈秦王，开赵国数十年之太平。此外，如“鸿门宴”“青梅煮酒论英雄”“杯酒释兵权”“火烧庆功楼”等历代著名饭局已是耳熟能详、妇孺皆知。

这是题外话，言归正传。王总和朱总抟的这次饭局，只有一个情势，那就是如何在互联网时代，在信息时代，做好民族旅游。

说起西江千户苗寨和苗寨文化，王总和朱总自豪之情溢于言表。

席间，在苗族姑娘美丽的祝酒歌中，在醉意微醺的美妙情境里，王总满是自豪地说起了苗寨的历史：西江苗寨的开发始终以保护民族文化为前提，从不搞破坏。景区的吃、住、行、游、购、娱服务处处与苗族文化相契合，保证满足游客需求的同时，还要承担着弘扬苗族文化的任务。虽然苗寨的旅游市场运作也逐步形成了一定的模式，但我们还要跟进一步，继续着力将西江千户苗寨打造成以少数民族文化内涵为特色，将自然生态与旅游度假完美结合的、充满苗族风情的、以休闲度假和体验为主的旅游目的地。现在，西江千户苗寨有苗族同胞6000余人，是世界上最大的苗族村寨，保存了最完整的苗族“原生态”文化，是游客体验苗族风土人情的首选之地。情到深处，王总讲起了苗族的历史传承与神话传说。整个苗族的历史经过了五次大迁徙，而西江是其中三次大迁徙的集结地。西江有一个传说：以前苗族在迁徙过程中途径一个村落，猎人在打猎时无意中发现猎狗身上带着稻田的浮萍。苗族是一个水稻民族，有浮萍的地方就说明适合种植水稻，于是就跟随那条猎狗来到了西江。这里有一条依山傍水的白水河，猎人带着自己的族人开始在这里生活，繁衍后代一直到现在。还有一个传说，也是有历史考证的：蚩尤的直系后代有一个习俗，就是子承父名。全世界有4700万的苗族人口，100多个直系，而西江人是江氏族的后代，只有江氏族仍然保持着子承父名的习俗。所以从这一个角度去考证，西江也属于蚩尤的直系后代。

……

“酒酣胸胆尚开张”，很多事情没有酒是没法说到一块的。马云 12 亿入主广州恒大足球俱乐部，便是马云和许家印在一次饭局上花了 15 分钟敲定的，这是中国文化的魅力所在。

整个旅交会期间，我们和西江千户苗寨旅游公司的王总、朱总，就西江的营销策划达成了合作意向。

通过考察和走访，我们了解到，从 2008 年以前不足 5 万人次的游客量到 2012 年突破 200 万人次，西江千户苗寨这几年发展十分迅猛。同时，西江千户苗寨也面临着其他景区所面临的问题：如何在旅游开发的同时做好文化的保护和传承？在这一点上，西江千户苗寨做得很好，他们设立了一项类似于文化保护的基金，不定期从门票收入中直接提取 18% 作为保护基金。仅 2012 年一年就直接发放了 857 万给当地老百姓，而这个数字每一年会随着门票收入的增加而增长。

《荀子·君道》有云：“上好贪利，则臣下百吏乘是而后丰取刻与，以无度取千民。”很多时候，一味汲取是很多事业失败的根本原因，而苗寨很好地处理了这一问题，真正做到了取之于民、用之于民，这是最令我感动的一点。

越是民族的，越有可能是世界的。

民族旅游，是旅游业中不可或缺的部分。

民族旅游，归根结底，是民族文化旅游。

西江千户苗寨，是几千年苗族文化的博物馆，也是苗族文化旅游的集大成者。如何让西江千户苗寨被越来越多的人关注，也就是让苗族文化被更多人所认知、发扬并传承。西江千户苗寨的苗族文化旅游，归根究底，乃是为了弘扬、传承苗族文化，带动苗族与各民族相互交流、学习与进步，实现民族利益、国家利益和经济利益的共赢。

21 世纪是网络信息化世纪，西江千户苗寨要更好地实现自身所肩负的历史使命，就得全方位进入网络信息化时代，做好在互联网宣传、弘扬苗族历史文化的工作。

如何运用互联网来营销西江千户苗寨？如何运用互联网来宣传推广苗族文化？如何抓住互联网上的年轻一代，让其更好地了解、体验苗族文化？这是摆在西江千户苗寨面前的难题，也是摆在千千万万苗族同胞面前的难题。

我们这个时代的少数民族文化——它们正被重新想象、重新解构与重新建构[11]。我们这个时代的少数民族文化，既是传统的，又是现代的。从表层上说，传统文化由此得以延续甚至彰显，这些又都是对传统文化的重新建构[12]。

西江千户苗寨已经将碎片化的苗族文化聚拢，也有了一定的系统化。当务之急，乃是将这些聚拢的苗族文化通过网络营销出去，让苗族同胞对本民族文化有一定程度的文化自觉，也让更多民族关注苗族的发展。

在对苗族文化的聚拢、归纳、重塑与传承上，营销只是这个工程的一个工具。但是，工具运用得当，将会成为苗族文化繁荣的助推剂，将会有力地促进苗族文化的传承与传播。

耶路撒冷作为犹太教、基督教和伊斯兰教三教圣地，几千年来形成了典型的标志性的景观与厚重的历史文化。西江千户苗寨作为全世界最大的苗族聚居地，是苗族几千年变迁史的博物馆，有没有可能通过系列策划，将西江千户苗寨打造成全世界苗族的“耶路撒冷”，这是很有趣也值得思考的一个现实问题。

经过一番交流探讨，基于互联网传播，我提出了第一稿策划案。

二、策划方略

针对千户苗寨的互联网营销，一定要与苗寨的实际情况相结合，与苗寨文化相结合。如何结合，而且容易让受众参与，具有良好的可参与性和可体验性。要从互联网的传播性、互动性等层面出发，策划系列 O2O 活动，用网络的互动带动网民与千户苗寨互动，促进受众与苗族、苗族文化的互动。通过互动营销，让千户苗寨进入广大互联网用户的视野中。

西江千户苗寨的互联网营销，不宜进行地毯式的狂轰滥炸，而应选择精确制导式的营销轰炸，即精准营销。

故而，整合互联网资源，基于线上线下活动，基于苗族文化特色，借助七夕情人节，以苗族语言为突破点（因为我本人作为云南苗族，深知苗语我爱你的美丽），提出了“七夕·用苗语说我爱你”的创意方案。

在苗家，男孩女孩的苗语为“咪哆”“咪彩”，充满浪漫主义色彩和可亲近性，与互联网时代的年轻一代的心理特质相切合。

于是，抓住七夕情人节，将其引入苗族文化，二者融合。经过一系列的流程，抽选七对“咪哆咪彩”全程免费游览西江千户苗寨，并在游览过程中，策划一系列极具趣味性的互动活动，充分融入西江千户苗寨的旅游产品中。

苗语“我爱你”，不同区域的苗族群落有各自不同的发音。东部发音为 wel yanb mongx；中部发音为 wil hlib mongx；西部发音为 god nyaf gaox。三种我爱你，任选一种，发表七夕爱语，让你喜欢的、暗恋的人知道。

七对“咪哆咪彩”于 8 月 12 日抵达西江千户苗寨，而苗寨选出七对真正的咪哆咪彩与“咪哆咪彩”混搭，进行一对一交流、沟通、游戏。让七对“咪哆咪彩”与西江千户苗寨的旅游产品结合起来，让其对旅游产品进行体验和宣传，如跳花坡、转马路、唱苗歌、教说苗语、学苗族刺绣、吹芦笙、吃长桌宴等。活动期间，投票选出“最酷咪哆”和“最靓咪彩”，给予奖励。

具体线下实施，从“三个彰显”入手。

（一）彰显苗族热情好客的酒文化

1. 拦门酒

（1）准备——

七夕前夕，七对咪哆咪彩抵达西江千户苗寨。苗寨由寨老或族长及一帮德高望重的长辈亲率七对苗族姑娘小伙站立于大门前。寨老居中，七对苗族姑娘小伙按男左女右分立两旁。寨老手端酒碗，咪哆咪彩各拿酒坛，咪哆拿的是苞谷酒（代表男性的阳刚），咪彩端的是糯米酒（代表女性的阴柔）。

花鼓手、木叶准备，芦笙准备，舞蹈人员准备，迎客人员准备，主持人准备。

（2）拦门——

引导人员带着客人来了，音乐起，鼓手击鼓，木叶吹起，芦笙舞跳起。

主持人：“贵宾一路辛苦，特为贵宾接风洗尘；贵宾的光临是我们的福

气，向贵宾致谢；相逢是缘，祝贵宾万事如意。”（主持人先道明拦门酒三层含义）

寨老走向客人，贺词唱起。

咪哆往寨老碗中倒苞谷酒，寨老敬男客喝酒，女客则由咪彩倒糯米酒。

主持人：“不能停，要一直喝，直到贺词唱完。”

贺词唱完，寨老大吼一声：“得罪了，尊贵的客人！”

客人回应：“不客气，我们都是一家人！”

大门打开，寨老带着客人进门。

2. 晚宴

吃晚餐，七对咪哆咪彩与七对苗寨姑娘小伙混搭，互相认识，做趣味游戏，彼此加深印象，有利于第二天的七夕互动。

（二）彰显苗族“游方”之青年恋爱婚俗文化

1. 串村走妹

七夕当天，串村走妹。

将“非诚勿扰”男嘉宾展示才艺这种形式搬到苗寨，放到更大、更具有苗族风情味的舞台上。

七位女嘉宾分别入住七位咪彩家，七位男嘉宾则于七位苗族咪哆的陪同引导下，挨家挨户向女嘉宾唱《邀妹歌》，使出浑身解数，打动女嘉宾；女嘉宾若被打动了，就从窗户亮出红绸缎或抛出红绣球，并出来和男嘉宾走。打动不了女嘉宾的男嘉宾，将被罚酒。

2. 山歌对唱

男嘉宾们邀出了女嘉宾们，一起到指定的山上或河边，开始隔山（隔河）进行苗族山歌对唱。如唱《见面歌》、男赞女谦的《赞美歌》《初相会》《热恋歌》等，进入实质性的山歌对唱。

3. 苗家长桌宴（彰显苗族饮食文化）

午餐（长桌宴）。女生们先入座，男生们要想吃饭，先要过“景阳冈”，先喝下女生们敬的十八碗苗家米酒（三关，每关六碗酒）。过三关，要喝十八碗，才能和女生们坐一起吃长桌宴。

酒量不行的男嘉宾就要展示自己的才艺，或唱歌，或跳舞，或讲故事，直到女嘉宾们满意了，才能入座吃喝。

4. 抢亲（抢咪彩）

七位苗族咪哆和七位男嘉宾开始争抢 14 个混搭咪彩妹妹。如果两个男生同时看上一个女生，就需要通过竞争来赢取芳心。比才艺，如唱歌、跳舞、写字、弹琴、吹箫等；比力气，如掰手腕等。

也可以根据苗族民俗来定：如果男嘉宾看上哪位女嘉宾了，女嘉宾也看上男嘉宾了，双方在“自由恋爱”的基础上，约定时间地点，男嘉宾就邀约要好的苗族咪哆跟自己一起去抢女嘉宾。

5. 盟誓牵手

经过走妹、山歌对唱、抢咪彩等系列环节，男女嘉宾互相看上了，走到了一起，要唱《盟誓歌》，在寨老的见证下，互相赠送定情信物。

（三）彰显苗族歌舞民俗文化

整个七夕互动期间，一起组织、排练苗族歌舞，并在联欢会上表演苗族民俗歌舞，如跳芦笙、爬花竿等。

对牵手成功的情侣，由西江千户苗寨有关领导赠送苗族男女服装一套（爱情见证，彰显苗族服饰文化），并发表祝词。参与活动的咪哆咪彩合影留念，并在当天游览西江千户苗寨，观看斗牛、斗狗、斗鸟、斗鸡等特色活动，并拍摄有关照片、视频等发表到微博、博客、微信朋友圈等平台上。

在方案阐述会上，以苗语“我爱你”作为切入点，加入中国传统七夕节的方案，得到了西江千户苗寨的认可。然而，由于七夕与苗寨每年进行的“游方节”同质冲突，为了不削弱游方节的宣传力度，经过沟通，决定暂时放下这一稿方案，转而全力运作游方节。

为了全方位了解苗族游方节，我查阅了大量资料，并实地走访，与众多苗族同胞进行交流，搜集了第一手资料。

苗族多聚族而居，有同姓同宗不结婚的习俗，苗族未婚男青年要到邻寨或者更远的村寨去寻找自己的另一半，久而久之便形成了如今的游方节。苗族的“游方”单讲一个“游”是“约会”的意思。因地而异，不同的苗族聚居区对游方有不同的称谓，如贵州榕江、从江和广西大苗山一带叫“坐姑娘”，贵州剑河叫“校场坝”，贵州西北部地区叫“走月亮”，还有的地方叫

"情歌"或"玩表"，云南文山苗族壮族自治州则叫"采花山"等。《苗俗纪文》中有苗族游方的记载："男子壮而无室者，悉登山四望，吹树叶作呦呦声，未字之女群从之。"《黄平州志》上曾有这样的记载："吹笙间以山歌，木叶两相色引于深沟密菁，促膝私语，谓之'摇阿妹'，又谓'摇马郎'。""摇阿妹""摇马郎"即"约会"。

比较其他少数民族的节庆，苗族无论是芦笙节还是花山节（游方节）抑或苗年，都不似傣族泼水节、彝族火把节那样具有鲜明的知名度，始终笼罩着一层暧昧的隔膜。如何捅破这层窗户纸，打造一个经典的苗族节庆，双边都陷入了沉思。

策划便是如此，往往计划没有变化快。时下的中国旅游不缺乏规划的力度，而是缺乏策划的功底。如果说规划是造就旅游目的地的肉体，那么策划便是为这肉体注入生气。规划注重的是宏观层面的物理架构，而策划注重的是精气神层面的灵魂建构。

阿基米德说："给我一个支点，我能撬动整个地球"。毛泽东说："星星之火，可以燎原。"在纷繁复杂的苗族文化碎片中，找到一个"支点"，撬动西江千户苗寨的旅游营销，是第一等大事。这个支点找到了，就如找到了一件毛衣的初始线头，牵着线头一扯，水到渠成。

经过多轮的探讨与多方洽谈，我们决定把撬动西江千户苗寨的"支点"选为游方节，并对游方节进行深化与升华。在这里，我考虑了三个原因：

其一，群众的眼睛是雪亮的，由于是跟情爱有关，游方节深得老中青尤其是年轻人的喜爱。

其二，游方节涵盖了苗族服饰、饮食、音乐、舞蹈等系列文化要素，具备了作为"支点"的特质。

其三，少数民族的传统节日，历来深受社会各界人们的喜爱。

因此，我一再强调，而且相信，要在未来三到五年内，将西江千户苗寨游方节打造成可以媲美傣族泼水节、彝族火把节的民族经典节庆品牌，让西江千户苗寨的游方节成为全国青年男女谈情说爱的经典盛会，让西江千户苗寨成天下有情人的恋爱圣地。

经过精心的调研准备，我们联合世纪佳缘网，以 O2O 线下（游方之旅）

及线上（网络传播）的传播形式，以特定人群的互动带动西江千户苗寨游客的互动，最后让游方节成为全国旅游消费者体验苗族婚恋民俗、释放自身情感的集体狂欢盛宴。

要实现“游方之旅”成为诸如泼水节、火把节一样的少数民族经典节庆品牌，就必须打造具有西江千户苗寨特色的、特立独行的“游方节”品牌内容。

深化与升华后的游方节，我用七大元素来打造，即游方节“七种武器”——一杯酒；一首歌；一支舞；一句话；一段情；一辈子；一个苗寨。

1. 一杯酒

常言道，无酒不成欢，酒后吐真言。喝醉后，你第一时间想起要打电话的那个人就是你爱的人。

苗族有几千年丰富的酒文化，地上没有走不通的路，江河没有流不走的水，苗家没有喝错了的酒。酒是好朋友、好兄弟之间盟誓的保证，更是有情人谈情说爱的极佳催化剂。

“游方之旅”没有酒，就如同汽车没有发动机。这“一杯酒”是“游方之旅”必不可少的！（注：“一杯”为复数）

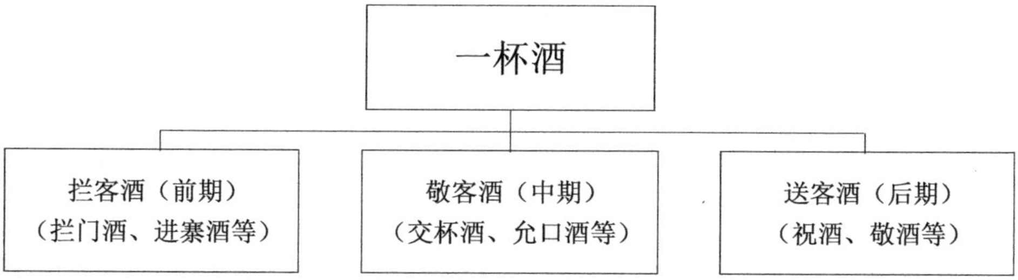

2. 一首歌

有酒就有歌，对酒当歌。

“游方之旅”的这“一首歌”必不可少。到了苗寨，不分男女、民族，你都可以听苗歌、唱苗歌、山歌对唱。不会唱苗族歌没关系，也可以唱其他民族的歌。歌声无国界，无族别！

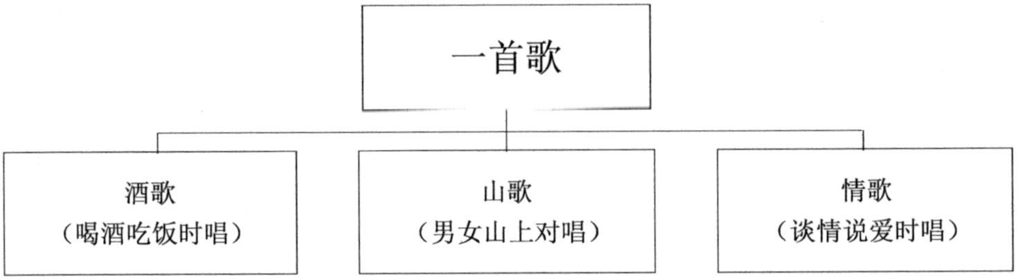

3. 一支舞

言之不足，歌咏志，歌咏之不足，不如手之、足之、蹈之、舞之。

当语言不足以表达内心的情感时，人们就会用手舞足蹈来表达，舞蹈是一种语言。

“游方之旅”要跳“一支舞”，游方之旅，必须手舞足蹈。

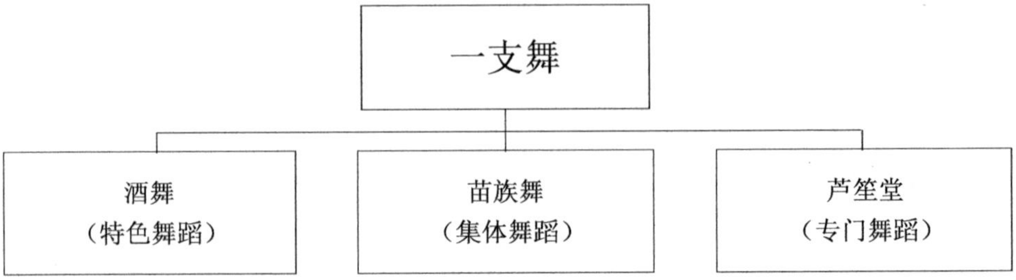

4. 一句话

酒足饭饱，歌咏罢，手舞足蹈过了瘾。接下来，“游方之旅”就进入表白阶段。

凡是来到西江千户苗寨的朋友，只要喝了酒、唱了歌、跳了舞，你就可以在苗寨的任何地点、任何时间，向你看上的姑娘小伙大胆表白。用苗语（或任何语言）大胆地说出“我喜欢你，我爱你，我要你！”

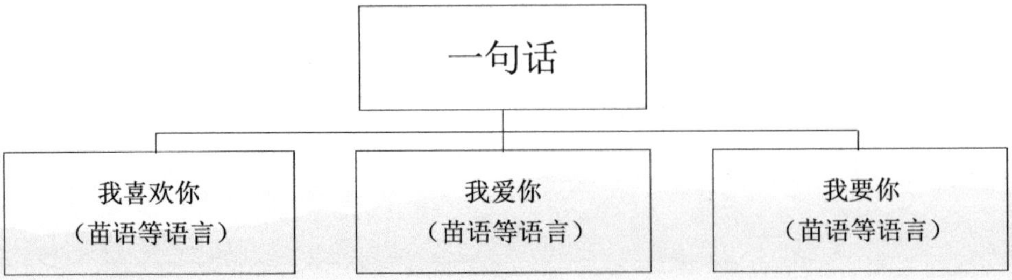

5. 一段情

酒酣胸胆尚开张，歌舞狂欢真痛快，1234567，大胆表白我爱你。

“游方之旅”就是“情之旅”，表白了，就要发展一段真挚的爱情。怎么发展？要靠自己的努力！如果两个男生同时看上一个女生，就需要通过竞争来赢取芳心，如比才艺，唱歌、跳舞、写字、弹琴、吹夜箫等；比力气，如掰手腕等。

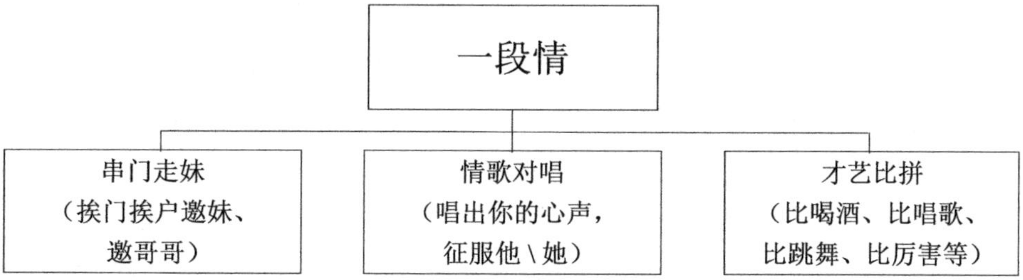

6. 一辈子

在西江千户苗寨，找到真爱是一辈子的真爱，要一生一世珍惜！在西江千户苗寨寨老及景区公司领导的见证下，通过苗族的庄严仪式，见证一辈子的爱情。

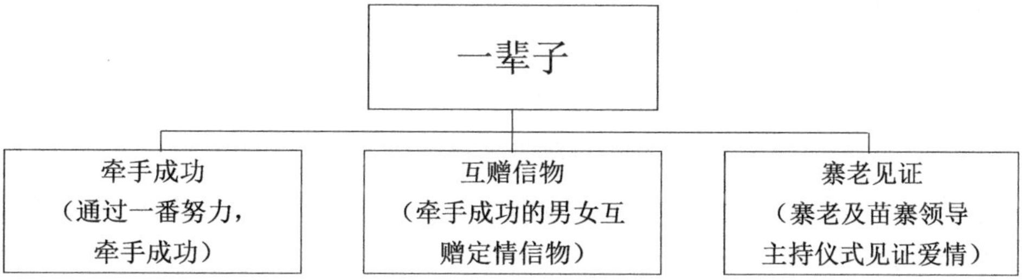

7. 一个苗寨

“游方之旅”的“一个苗寨”，指男女之间在西江千户苗寨相遇、相识、相知、相爱直至相守，恩爱白头。

每个人的心中都有了苗寨！

每个人的心中都只有一个苗寨。

对那些牵手成功的情侣，西江千户苗寨永久免费对他们开放，供他们休闲、度假，他们结婚成家生子，西江千户苗寨永远给予祝福。

8.“七种武器”升华之缘分墙

七对“咪哆咪彩”以及当地推荐单身人员填写缘分卡，填上征友信息及个人介绍，粘贴至缘分墙（用于张贴展示缘分卡）。缘分墙建议设立在景区活动区域出、入口处或特色景点处。活动第二日缘分墙安排专人留守接待，接受所有单身游客填写缘分卡展示。缘分墙一般用桁架制作，大小不小于 6 米 ×3 米，也可以用景区特色景点的墙面或其他能用于张贴卡片的设施代替。

综上，西江千户苗寨“游方之旅·在风景中恋爱”的游方节与“七种武器＋缘分墙”相辅相成，你中有我，我中有你，组成西江千户苗寨游方之旅的核心元素。坚持按此“七种武器＋缘分墙”的方式策划游方节，三到五年内，游方节必将成为类似泼水节、火把节一样的经典民族节庆品牌。

另外，苗族作为世界上两个苦难深重的民族之一（另一个是犹太民族）[13]，西江千户苗寨的王总也一直想把西江千户苗寨打造成苗族的“耶路撒冷”。鉴于此，我们得分析耶路撒冷为何会成为犹太教、基督教、伊斯兰教三教争夺的圣地，几千年如一日。在分析提炼的过程中我们发现，耶路撒冷的“哭墙”是整个耶路撒冷的一道精神祭坛。那么，西江千户苗寨的“哭墙”在哪里？于“七种武器”的基础上，我们循序渐进，先结合游方节，推出了“缘分墙”。通过岁月的沉淀，发酵出融合苗族大历史、大文化的一种精神 DNA。

在策划方案执行期间，我们遇到了危机。

2013 年 5 月的一天，原乐途旅游网资深策划师、策划总监、现辽宁盘锦红海滩风景名胜区营销副总安然告诉我，公众人物，也即我们所谓的“公知”，江苏卫视《非诚勿扰》节目主持人孟非，在其新浪博客上发表了一篇对西江千户苗寨不太友好的博文。我遂找到该篇博文，细细看了一遍。孟非博文名叫《民风渐失的西江苗寨》。在博文中，孟非说：“西江苗寨在开发旅游业的过程中，原生态的东西正在消失……整个苗寨……更多的是大兴土木建成的或在建的各种酒吧、各种客栈、各种茶馆、各种商铺，生意人比当地原住民多。照此速度，一两年内西江苗寨便会是下一个丽江或凤凰。”孟非借此预言西江千户苗寨将成为纯粹商业化的第二个丽江或凤凰古城，其潜台词暴露无遗，全盘否定了西江千户苗寨对传承和弘扬苗族文化所做的努力。孟非博文发表后，引来了众多非理性粉丝的热捧，极大地影响了西江千户苗寨的旅游品牌形象。

针对这一突发情况，如何去做它的危机公关，成了摆在我们及西江千户苗寨面前的难题。

我致电西江千户苗寨朱总，将这一情况作了简要说明。事发突然，鉴于公众人物拥有百万级别粉丝，其带来的传播效应不可小觑这一特性，我建议谋定而后动，遵循毛主席所说的“你打你的，我打我的”这一原则。

经过深思熟虑，我们决定在活动进行的同期，以微博互动的形式发起针对孟非的危机公关，即发起网友参与微博互动，采用前些时间很火的“元芳，你怎么看？”来进行巧妙的公关：网民只要参与互动，转发、评论或自动原创关于西江千户苗寨的民族文化旅游，并@孟非，即可获得由西江千户苗寨提供的苗族服饰一套或免费门票，前往实地考察。

如此，既表现出西江千户苗寨是全世界保存苗族文化最好的地方，是注重旅游开发与民族文化保护的旅游目的地，又有效地与孟非良性互动起来，引起全国网民关注民族旅游在商业化浪潮中的处境，同时宣传了“西江模式”。

由此，很好地传达了西江千户苗寨在传承、开发、保护苗族文化方面所做的努力，向孟非、向全国网民展示了西江千户苗寨的真诚，是最低成本的、巧妙的危机公关。

纵观我们为西江千户苗寨策划的这一系列活动，其中指涉了方方面面，包含了民族旅游的方方面面，又与时俱进地纳入了新媒体时代的营销手段，尤其在微电影营销这一块，我们联动各大视频网站做出了相应的营销推广，在此不一一赘述。

好风水“泡”出好味道

——策划四川阆中古城

阆中古城，是一个神奇的地方。

为了做好阆中古城的策划，我曾五次入蜀，与当时阆中市文旅局的宋海全局长进行了多次深入的交流探讨。宋海全局长的眼光与见识，在他这个年龄段的干部群体中，不多见。然而囿于种种现实的原因，他的诸多良策没能得到全面施行，这亦使我常常感慨。

中国旅游什么都不缺，要资源有资源，要资金有资金，就是缺乏人才，缺乏真正懂得中国旅游的人才。缺乏人才不可怕，可怕的是人才的能量一直得不到有效释放。

所幸的是，在阆中文旅局任职局长的几年时间里，他亦能矢志不渝，为阆中旅游的发展奉献自己的才情能量，可以说，阆中古城能够在短时间内成功创建成国家5A级旅游景区，能在全中国的范围内首先提出便成功打造中国第一座“书香古城”，海全局长功不可没。在他的创意和策划下，“2012阆中首届农民艺术节”“2012阆中首届农民春晚”“2012阆中首届广场舞大赛”“中国阆中2012首届天宫易学风水文化国际论坛”“2013中国四川国际文化旅游节”等，以及大型实景展示剧《阆苑飞歌》、音乐短片《阆中之恋》、由我本人执导的《书香美人》等皆取得了重大成效。

易云：同声相应，同气相求，云从龙，风从虎。

作为一个策划人，最大的诱惑常常在于你能与很多优秀的人打交道，从他们身上汲取到源源不断的营养。

在我做旅游策划的这些年，达古冰川的朱红明老师，他是第一个看到我身上闪光点的人。从2012年朱老师看到我为梵净山做的策划案与我电话沟通直到现在，我们一直保持着联系，就中国旅游的发展现状与趋势，就具体的中国旅游目的地的策划战略与战术，以及一些生活和工作方面的事情进行探讨。朱老师常说，做旅游策划，要有发散思维，要做一个杂家。从他身上，我学到了很多宝贵的知识。这种亦师亦友的关系，让我在旅游策划的实践中受益匪浅。

三人行，必有我师。读万卷书，行万里路，不如名师指路。

人这辈子除了自己的不懈努力外，最渴望的，不外乎有一两个亦师亦友的人，能于关键时刻给你醍醐灌顶之指导，给你迫切所需的提携。

我之所以在给阆中古城进行策划的时候能发现阆中古城的足疗不一般，能将其足疗进行文化提升，能在宏观与微观的结合上给阆中一个系统化的策划，便也是这样的一种发散思维引导下的一花开五叶。

随着时间的推移以及对阆中古城的认知，我发现自己爱上了这座城市，爱上了这里的人们，爱上了这里的一花一木。我已不再以合作成功与否作为此次衡量阆中策划是否继续的标准。多年来，阆中有我的足迹，我的足迹亦有阆中的烙印，为阆中旅游的发展尽一个策划人的力量是我的心理诉求。

第一次前往阆中考察，是 2012 年夏。我和乐途旅游网景区中心的总经理杜仓应阆中文旅局宋海全局长的邀请，经由兴文石海，辗转成都，踏上了阆中的土地。

在开启本案之前，有必要就阆中古城向大家做一个简明扼要的说明。

一、阆中古城是什么？

阆中古城位于四川盆地北缘、嘉陵江中游，与云南丽江、山西平遥、安徽歙县并称“中国四大古城”。自春秋战国以降，阆中已有 2300 多年的历史。

（一）阆中古城是中国四大古城之一

先秦以前，当地就分布有五条古蜀道的“姊妹道”。五条古蜀道为阆中历史上出川、入蜀的必经之路，分别为米仓道、阆剑道、东川道、利阆道、嘉陵江水道。

由剑阁至昭化的北段，梓潼至剑阁的西段，阆中至剑阁的南段所组成的古蜀道，是比古罗马大道还早的中国唯一也是世界上唯一的古蜀道。李白《行路难》曰："蜀道难，难于上青天！"

（二）阆中（古城）是古蜀道重要的交通枢纽——水陆咽喉

阆中古城循"天人合一"之思想，尊"山、水、城、人"为一体，分置东、西、南、北四城门和"天心十道"之中天楼，集风水之大成，诠释了中国地理龙脉和风水体系。

"唐宋格局、明清风貌"处处展示着风水理论中丰富的哲学、美学和文化内涵。

阆中古城纳道教、佛教、伊斯兰教、天主教、基督教于一城，五教并存，共荣不悖。古城容五教，这是别的古城没有的，是一个非常神奇的现象，这和风水绝胜之地、多"仙圣游集"在根性上是一脉相承的。

二、阆中（古城）有什么？

（一）风水文化

风水山水，包括风水山（玄武、朱雀、青龙、白虎、天门、地户）、龙脉（剑山、巴山、续龙桥）、天然八卦（云台观）、九龙捧圣（天宫院）、伏羲玉台（三台山）等风水文化山水景点。

风水城区，包括天心十道、风水楼、街名文化、住宅风水。

风水文化展览，包括风水文化博览馆、风水馆、天文历算博览馆、风水大院、天宫院等。[14]

（二）建筑文化

古建筑，包括祠庙、古塔、楼、台、亭、阁等。

古民居，融北方四合院和岭南庭院建筑于一体，既有明代的疏朗淡雅风韵，又有清代精美繁复的特色。在古城范围内有七座建筑风格独特且保存完好的民居大院。

古街巷，老街交错，古巷纵横，有 90 多条，其中有 20 多条街巷仍保留有唐宋时的建筑风格。

（三）宗教文化

自汉唐以来，五教并存。有保存完好的清真寺、巴巴寺、天主堂、基督教堂、道观、圆觉寺、千佛寺、长青寺、净圣庵等，显示了阆中宗教文化的源远流长。

（四）三国文化

三国时蜀汉大将张飞的“桓侯祠”今为国家文物保护单位。

（五）民俗文化

茶馆文化，茶文化在四川已演变成独具巴蜀特色的“茶馆文化”。有谚语说，四川“头上晴天少，眼前茶馆多”。茶馆具有丰富的社会功能：休闲、聚会、娱乐和民间法庭。

袍哥文化，是指哥老会、天地会、袍哥会等民间秘密结社组织的江湖义气对城市文化的那部分影响。

杂耍说唱艺术，包括说书、唱大鼓、相声、川剧等种类繁多的说唱表演艺术。

有舞蹈活化石之称的巴渝舞，朴实酣畅的花灯戏，风情万种的剪纸、皮影，深情优美的山歌调、打夯歌，耐人寻味的川剧座唱，抑扬顿挫的茶馆评书，等等。

（六）石刻及古遗址

石窟及石刻。阆中现存的摩崖造像石刻有 13 处，阆中石刻文化相当发达。

古遗址、古驿道、古墓葬。现在阆中共保存各类古遗址、古驿道 13 处，古墓葬 7 处。

（七）红色文化

阆中作为第二次国内革命战争时期全国第二大红色革命根据地——川陕苏区的重要组成部分，又是徐向前、李先念、许世友等老一辈无产阶级革命家战斗过、生活过的地方。[15]

阆中的“红色文化”在四川乃至全国应有自己的位置。

（八）科举文化

阆中在唐代出了尹枢、尹极两位状元，宋代出了陈尧叟、陈尧咨两位状元，是四川出状元最多的地方。建于清代的贡院，现仍完好地坐落于阆中古城的学道街，阆中出进士 116 人，举人 404 人，被誉为四川的状元、举人之乡。

（九）天文文化

阆中是中国古代民间天文研究中心，西汉著名历算天文学家落下闳，东汉末年的周群、周舒、周巨都是阆中人。东汉的张道陵在阆中云台山、文成山的“元台”观测天象，后来“飞升”于此。唐代的袁天罡、李淳风，二位阴阳风水学家在阆中观测天象，后来同葬于阆中的天宫院。[16]

三、阆中古城要什么？

用三至五年的时间，举全市之力——

把阆中古城创建成国家 5A 级旅游景区（已实现）。

把阆中建设成为中国西部最具吸引力的旅游城市。

把阆中建设成为中国最具吸引力的国际休闲旅游城市。

综上所述，我们从宏观层面对阆中古城有了一定程度的认知，那么阆中古城如何实现自己的既定目标？也就是阆中古城要做什么？怎么做才能在中国旅游大舞台上有所作为。

第一次考察，由于时间的关系，没来得及走访阆中的每一个景区，只是听取了阆中文旅局以及旅游营销公司的相关汇报，与各个分管负责人进行了座谈，获取了第一手资料。

在座谈会上，我提出了“立足定位，狠抓产品”的策划思路，即要确立阆中旅游品牌的定位，围绕定位，将阆中的旅游资源优势转化为旅游产品优势。

四、阆中古城做什么？

找到阆中古城是什么——定位。

抓住阆中（古城）有什么——产品。

知道阆中古城要什么——目标。

现在要做的就是“立足定位，狠抓产品”。

（一）立足定位

阆中古城文化众多，单打独斗，皆难成大器。

第二次考察期间，我提出了以风水文化为中军引领其他文化，将阆中旅游资源优势纳入风水的范畴，统一行动，贯穿始终，形成具有阆中特色的风水文化旅游产品的这一定位。

（二）狠抓产品

中国是旅游大国，但不是旅游强国，究其原因，是我们没有最大限度地将旅游资源的优势转化为旅游产品的优势。

有资源、无产品是中国众多旅游目的地面临的现实问题。

针对阆中古城的策划定位，在产品策划上，我提出了“阆中五觉”“山水城人大联动”“事件营销 flying 原则”“构建阆中古城风水文化体系”等阆中模式。下面仅作纲要性的阐述，具体将在后续展开描述。

五、阆中五觉

每一个城市，都应有其独特的感觉。

丽江古城的感觉是小资产阶级式的文艺范儿，散发出小布尔乔亚式的忧伤；凤凰古城是沈从文笔下翠翠的淳朴与天真烂漫；平遥古城是晋商票号的中国金融剪影；周庄古镇是江南水乡画舫漂流中的才子佳人……

阆中古城的感觉是什么呢？

（一）视觉

夜游 + 嘉陵江 + 锦屏诸山 + 八卦。

大而看之，阆中即伏羲八卦。

小而视之，阆中处处皆有算术之士。

其一，于古城中，设置风水讲堂、风水看台、风水馆，从科学、历史、文化等层面见风水。

其二，于古城中，适当出现算命术士，头戴道士帽，肩背布搭子，手执一招牌，上写：“X 半仙”“测字”“阴阳八卦”等，沿街串巷。或于集市上设一摊位，或设一街面（门头房），门外高挑招牌，于民间见风水。

（二）味觉

阆中有你吃不起的醋，情侣吃醋大赛，从美食角度进行策划。

将醋与爱情相关联，举办诸如“情侣吃醋大赛”，借风水之名化解情爱纠葛，将华夏几千年举案齐眉、相敬如宾之风情传扬，既呼应和谐社会之建设，又传播了古城之品牌形象。

（三）听觉

夜半打更——夜深人静，小心火烛。

张飞巡城——铜锣开道。

歌舞剧乐——祭祀古乐、祭祀古舞、巴象鼓舞、巴渝舞、川剧变脸。

人人参与，人人歌舞。以“体验为王，休闲万岁”的理念，让游客真切听到阆中古城的心跳。

（四）嗅觉

美食之香，桂花之香，美人之香。

阆中多桂花，八月中秋，九月授衣，桂花之香，氤氲风水名都，辅之以川蜀美人，一副山、水、月、船、美人相协调的醉人画卷便一一展开，游人身处此景、此境，无有不感喟的。

明人张岱《西湖七月半》云：

> “西湖七月半，一无可看，止可看看七月半之人。看七月半之人，以五类看之。其一，楼船箫鼓，峨冠盛筵，灯火优傒，声光相乱，名为看月而实不见月者，看之。其一，亦船亦楼，名娃闺秀，携及童娈，笑啼杂之，环坐露台，左右盼望，身在月下而实不看月者，看之。其一，亦船亦声歌，名妓闲僧，浅斟低唱，弱管轻丝，竹肉相发，亦在月下，亦看月而欲人看其看月者，看之。其一，不舟不车，不衫不帻，酒醉饭饱，呼群三五，跻入人丛，昭庆、断桥，嚣呼嘈杂，装假醉，唱无腔曲，月亦看，看月者亦看，不看月者亦看，而实无一看者，看之。其一，小船轻幌，净几暖炉，茶铛旋煮，素瓷静递，好友佳人，邀月同坐，或匿影树下，或逃嚣里湖，看月而人不见其看月之态，亦不作意看月者，看之。……韵友来，名妓至，杯箸安，竹肉发。月色苍凉，东方将白，客方散去。吾辈纵舟，酣睡于十里荷花之中，香气拍人，清梦甚惬。”

而今再看张岱神文，拍案惊奇，此便是阆中之精魂也。阆中古城，风水名都，山环水绕，桂花飘香，美食饕餮，美酒甘醇，更有美人娇嗔。真天时地利人和也！阆中若得张岱《西湖七月半》之三分神韵，当天下无敌。此谓天意也！

（五）触觉

足疗的美学意义和精神分析。

阆中的醋用来泡脚，它是服务于脚的；阆中的醋用来喝，代表头颅的嘴，在这里成了一个功能性的工具。由此可见，阆中足疗具有深刻的美学意义和精神价值需要深入挖掘。

将传统意义上低俗的足疗保健升华到高雅的美学层面，让阆中醋泡足疗成为阆中古城旅游的一大景。

如何进行升华？古今中外，有很多理论与实践的依据。如印度托钵僧用开水洗脚；中国高足与足下的尊称；中国自宋代以后对女性缠足的迷恋；《周易》第十一卦，泰卦，易经里最吉利的卦，（乾下坤上）乾代表头颅，坤代表脚足，而第十二卦之否卦，却是乾上坤下，泰卦对它进了一个颠覆，所谓否极泰来是也；屈原的沧浪之水浊兮，可以濯我足；耶稣死前，亲自打水为门徒洗脚；瑜伽的头足倒立；人在娘胎时为脚在上头在下，与出生时的颠倒哭泣等。

任何城市、任何景区，大抵都有这“五觉”，但鲜有提炼并融会贯通，从而导致盲人摸象，只知其一不知其二。阆中五觉，当于高处视之，一览众山小，将阆中古城之“风水”定位融于此“五觉”中，让阆中古城看得见、听得见、闻得着、吃得到、摸得到。如此一番，游人大可自豪一番：到丽江有丽江之感觉，到凤凰有凤凰之感觉，到平遥有平遥之感觉，到阆中，方知前者种种感觉，皆不如阆中之感觉也！

六、山水城人大联动

山要亮起来。

水要秀起来。

城要动起来。

人要活起来。

七、事件营销的 flying 原则

说到事件营销的 flying 原则，其间还有一件趣事，在考察阆中期间，正逢阆中市天宫乡的副乡长戴斌在江苏卫视《非诚勿扰》上相亲失败，并由此引发了一系列的“纷争”：有舆论认为戴斌在非诚勿扰受到了节目组非“诚”的不公平待遇，隐含的对其衣着的嘲笑，明显尖刻地对国家干部不够时尚所表达的不屑，对于基层干部身份超过尺度的讽刺。似乎显示着整个《非诚勿扰》节目组在刻意营造高人一等的价值观。宋海全局长问我是否可以借此来做一次事件营销，一是真正地为广大基层干部说句公道话，二是扩大阆中古城的旅游品牌知名度。对此，我不置可否，只是对宋海全局长阐述了事件营销的 flying 原则。

F：Fire。一方面强调事件营销要抓住有热度的点来创造新闻，另一方面强调事件营销的火候要拿捏得当，即掌握一个度，凡事过犹不及。

L：live。事件营销必须有一种现场直播的即时效应，它必须是鲜活的、新鲜的、吊人胃口、吸引人眼球的。

Y：youth。必须要明确的是，旅游事件营销的目标受众群一定要具有年轻化、充满青春活力的特性，而中国旅游乃至世界旅游的主力消费者也是以中青年居多。

I：interest。务必保证事件肇始、事件发酵、事件爆发、事件发展等的趣味性、可关注性。

N：notice。事件营销过程中，随时注意其发展趋势，要有引导性、前瞻性，注意对“势”的把控、引导，做到一切皆在掌握中，胸有成竹。

G：good。事件营销必须是从真善美的层面出发，可以标新立异，可以与众不同，可以特立独行，但万不可背离最基本的人性，否则只会适得其反。

第四次去阆中，我在前三次形成的产品定位的基础上对阆中旅游产品做了详细梳理，围绕“阆中五觉”“风水定位”“产品策略”初步形成了一套基

于风水文化的阆中古城旅游话语体系。

八、建构阆中风水文化体系

现代旅游的发展已经进入“三驾马车”并驾齐驱的时代，即休闲、度假和体验。围绕这“三驾马车”，丽江做出了“小资文艺”的感觉；凤凰做出了“纯朴翠翠”的感觉；平遥做出了“晋商金融票号”的感觉；大理做出了“风花雪月”的感觉……那么，阆中要做出一种什么样的感觉呢？

通过考察和调研，围绕阆中“风水文化”，经由“阆中五觉”的融合与提炼，找到了阆中要做出的感觉即为“泡”。

泡，休闲是一种泡，度假是一种泡，体验亦是一种泡。

泡，让游客沉淀下来，在阆中过上一种“泡生活”。

下面，通过三个方面，阐述怎么做阆中之“泡生活”。

（一）建构解说体系

建构解说体系，主要包括对外宣传解说体系和导游解说体系。

目前，阆中对外宣传解说体系有路书、宣传册解说体系、tvc 解说体系，仍存在各自为政、各自为战的混乱局面，没有得到统一协调。

当下的阆中导游解说体系各自为战，没有将多种文化融会贯通于风水文化之中，处于一种“你打你的，我打我的”的境地。故而，要将阆中导游解说体系围绕风水文化建构起来，在导游解说体系的基础上，统领对外宣传解说体系。

下面，从山、水、城、养心几个方面建构阆中风水文化旅游解说体系。

1. 山体系

围绕龙脉、砂山、案山等三山自然与人文景观，建构解说体系。

先解说龙脉之意象——

蟠龙山是整个阆中市的主山，是阆中山川形势的依靠，并由近至远形成小蟠龙—大蟠龙—陈家坡—盖阳山等连绵不绝的龙脉意象，而县城就是龙脉的聚合之处。在阆中地理上，蟠龙山系对城市环境影响最大，它与来自大巴山脉的方山山系和龙山山系共同形成了城市北部的层次深远并高大雄伟的天然屏障，阻挡着北部的寒风，迎纳着南部的阳光和暖湿气流，形成了良好的气候。而且在景观上，主山衬托着城市，景象深远，气势磅礴，美不胜收。[17]

龙脉之下以滕工阁、蟠龙山森林公园及巴巴寺为主。

滕王阁地处阆中北偏西，是《周易》后天八卦乾卦之位，即天门处。易云，大哉乾元，万物资始。乾为天，为纯阳。

滕王阁的解说体系以周易乾卦为中心，结合风水知识，介绍龙脉之昆仑山余脉大巴山和滕王的生平，如他为什么来阆中？来阆中都做了什么？阆中滕王阁和江西滕王阁的区别与联系等。

巴巴寺地处阆中北偏东，北为玄武，为《周易》后天八卦坎卦之位，坎为水，阴阳皆失其位。玄武主色为黑，东西方神话共同记忆中的大洪水造成了人类记忆最初的伤害，故而玄武黑主忧伤压抑。

巴巴寺的解说体系以周易坎卦为中心，结合伊斯兰教的宗教知识与中国风水文化知识介绍伊斯兰教教义、派别，巴巴寺的创立、缘由、发展历程、巴巴寺建筑风格的中西合璧因由等。

再解说砂山之意象——

阆中前后左右环抱的群山与龙脉相互呼应、烘托，如县城以东的梁山、七家山、大像山等与西部的西山构成了“左青龙，右白虎”的格局。在风水学中，基址之前隔水的为案山，案山前重重叠叠的为朝山。嘉陵江对岸的锦屏山便是阆中的案山，构成阆中古城前第一道屏障和独特的对景景观。锦屏山之后的印斗山、金耳山等，则组成了层次丰富的朝山。[18]

砂山东为青龙，为震，震为雷；东北为艮，艮为山；东南为巽，巽为风，主聚财顺心。东砂山，东北砂山及东南砂山，动静结合，以江东湿地、灵山风景区（地户）、大佛寺（水口）、状元洞等景点为主；砂山西为白虎，为兑，兑为泽，西砂山及西北以生态湿地为主，介绍风水中的天人和谐、天人合一理念。

案山以锦屏山、红军楼展开。案山南偏西，西南为坤，易云，地势坤，君子以厚德载物。坤为地，为母，纯阴。

坤卦解说锦屏山（文武双全，要与贡院结合）。

南为离，离为火，南为朱雀，主红色，以红军楼（辅之魁星楼）红色文化为主景点解说阆中将军之乡的风水因由等。

整个山体系以白塔为视点开始切入，逐一而去，山体系的“泡山”之风水解说体系便告完成。

解说完以上龙脉、砂山体系，要以高山俯瞰之势辅之以解说阆中的穴与向。

第三解说穴之意象——

阆中古城中心的选定，即点穴，充分体现风水“穴”的意象。阆中古城中心点即中天楼所在位置，古城的营建便是以中天楼为中心而延伸开来。

最后解说向之意象——

阆中古城周围地势，坐北朝南，充分体现风水“向”的意象，利于接收更多的阳光，迎接南上的湿润水汽，形成良好的气候。

2. 水体系

结合风水文化知识，主抓嘉陵江的文化发掘。

风水理论认为，“吉地不可无水”“地理之道山水而已”。

首先，从大风水之水论起，水对生态环境至关重要。凡去恶、耕渔、饮用、舟楫之利以及调节小气候，莫不仰望于水。风水家相地重水是出于交通和设险，相土重水是考虑防水害。选址于河曲，且以水流三面环绕缠护为吉，谓之“金城环抱”，这种形势又称“腰带水”，整个嘉陵江呈半圆形环抱阆中古城，正是“腰带水”的绝佳体现。

其次，要以风水的“水法”解说阆中，长江一大支流嘉陵江迂曲于阆中而经其三面，正形成大聚结，形成“千水成垣”和“金城环抱”之势。嘉陵江水滋润着肥沃的土地，调节气候，形成良好生态。古人称有“丝盐之利，舟楫之便，可以通四方商贾”“隐然有大国之风”。另外，阆中水质“味淡而甘”“知味者尤称焉”。这里出产中国名醋之一——阆中保宁醋。

最后，要以风水文化知识解说嘉陵江以及嘉陵江上的水上娱乐项目等，比如白天的水上摩托艇比赛，主动，为阳，而水为阴，阴阳和而万物生；夜游的画舫、乌篷，大佛寺钟声、桨声、灯影等，主静；昼游和夜游嘉陵江，动静结合，阴阳协调，可以让游客调节身心，修身养性。

具体风水解说体系，视嘉陵江产品开发而定。

此之谓“泡水”也！

3. 城体系

第一，解说中国几千年来的城市建设布局。

围绕“天人合一”“中轴线”“面南而居”等风水理论，从大局面上解说中国城市营造之风水理论。

第二，解说阆中古城的营造风水理论。

从“中天楼”解说开始，城内街巷皆以中天楼为核心，以东西、南北“十”字形交叉的大街为主干，沿东西方向展开，呈棋盘式方格网布局，街道南北长而宽，东西短而窄。大街直，小巷曲，大小相连，路路皆通。汉唐以降，以“中天楼”为中心还分布着保宁府署、川北道署、文庙、武庙等衙署机构和宗教文化建筑，符合风水“京都以朝殿为正穴，州郡以公厅为正穴”之说。依照风水格局，东西、南北取向的街巷多与远山（蟠龙、伞盖、玉台）相对，而南向主街则以锦屏山为对景山，锦屏山之后的印斗山、金耳山等，则组成了层次丰富的朝山（黄华山等）系列。

第三，解说阆中古城的城市功能分区与风水理论的关系。

阆中古城汇聚于县城东南，处于“巽卦”方位，符合东南生气聚财的原则，加之水运的畅通、文化的交流、宗教的传播促进了商贸往来，使城内街巷逐渐组成了不同特色的区域：华光楼商贸区（上华街、下华街、大东街、下新街、上新街、县学坝街、管星街）；科举文化区（包括学道街、北街的清贡院、北街的县文庙、田家巷、武庙街、状元街）；古民居文化区（米粮市街、白花庵街、笔向街、屏江街）；回族居住街区（礼拜寺街、南街、西街、双栅子街）等。[19]

第四，解说古城民居建筑布局形态与建筑风水理论。

阆中现有 90 余条古街巷和上百座古宅院都是背山面水。东西街道多而长，南北街道少而短，既满足了良好的朝向，又使建筑高低错落，层次丰富，视野开阔，通风良好。街道的色彩搭配，即建筑色彩中的冷暖色运用，亦依据风水的阴阳属性而定。暖色调为阳，冷色调为阴，建筑布局之间的采光通风亦有阴阳之属性。

阆中传统民居是历史文化的载体，众多的民居建筑既有历史文化价值、民俗研究价值、建筑艺术价值，又有实用价值。阆中民居在平面布局及空间组合上都有明显的中轴线，平面形式多为庭院式或廊院式。单独一个院落可成一户，也可沿中轴线布置数重院落，形成了多样性的空间组合。中轴线上多布置堂屋、神龛、敞厅等主要房间，但轴线之外则用厢房、连廊、围墙等次要建筑根据具体情况围合成大小不同的正方形或长方形四合院，构成较为内向的建筑空间。

民居建筑密切结合环境，注重景观效果是阆中民居的显著特点。利用出檐深远的屋面在敞厅和堂屋四周形成较宽的柱廊，继而形成了联系室内外的过渡空间，也使得敞廊敞厅和院落融为一体。由于阆中的平面布局大多为独院或多重院落，所以庭院就成为住宅中调节整体环境的重要因素，大小庭院甚至小的天井都做绿化处理。[20]

第五，解说塔、阁、亭、楼配置与风水理论。

根据风水理论，水口间宜建台立塔、设佛祠。城东南的“阆苑第一楼”华光楼与锦屏山和黄华山对峙形成“气口”的南津关隔江相望，成为南来北往于古金牛道、米仓道上的重要标志性景观建筑。文峰塔、魁星楼筑于县城下水口山上，既增高增势，又象征文运昌盛，另有唐时的大佛寺。另外，在城西北水来处，即天门，有玉台观、滕王阁、望水寺等，依风水而建，为山水增色，与塔山遥相呼应，丰富了城市天际线，点缀了风景，特别是成为人们进出阆中的可识别性标志。从景观建筑学上看，精心设计，古今相通。

第六，解说古城中的民俗文化与风水文化之关系。

一方水土，养育一方人。阆中古城诸多民俗文化之形成，要与风水文化相关联。在这里举一个实例进行解说，别的案例可以此类推。

古城“醋泡脚”之风水文化解读——

要让游客养成到阆中做的第一件事：去泡脚。

说到足疗，我们很多人的第一印象都会停留在足疗是下三烂的东西，都会把足疗与色情关联起来，局限于思维定式中，无法自拔。实则，足疗具有丰富的精神与文化层面的美学价值。

阆中古城里面，足疗店随处可见，与其他地方不同的是，阆中的足疗便宜，10 元钱就能泡 1 个小时，而且泡脚用的都是阆中产的保宁醋。

要挖掘阆中足疗中的美学意义和精神价值。将传统意义上低俗的足疗保健升华到高雅的美学层面，让阆中醋泡足疗成为阆中古城旅游的一大景，让游客到阆中旅游的第一件事就是泡脚。古城改造不需要伤筋动骨，不需要强制拆迁，只需要稍微地做一下变动，就能和谐解决这一要命的现实问题。

那么，如何进行升华？

我们需要有礼有节、有理有据地逐步转变游客对足疗庸俗的认知，告诉游客阆中足疗的风水文化底蕴、美学意义与精神价值，将传统意义上低俗的足疗保健升华到高雅的美学层面上来。一方面，硬件设施要跟上。布局上，足疗馆要设计得古色古香，以风水的布局来设计；装饰上，足疗馆里除了传统意义上的中医学理论装饰，还要有国学（周易、儒道释）、西学等文化装饰。另一方面，软件要丰富。解说体系按故事、案例的形式进行。现提供几则故事与案例供解说用。

其一：古印度有一托钵僧，云游四海归来，对门徒说："快打开水来给我洗脚！"门徒就打来开水，恭敬地放在托钵僧脚下。托钵僧脱去僧鞋，将跋山涉水、老茧横生的脚足放入开水中，滚烫的开水烫伤了他的脚足，他却脸不变色心不跳，反而有一种安详。

附注：这个故事，我们店主和导游在解说的时候可以结合中医理论、佛学理论，就"开水"这一元素，巧妙地移花接木，点出托钵僧的开水是烧开了的醋，托钵僧洗脚是用醋来洗脚。

其二：足下的尊称，这个故事，讲春秋时代晋文公重耳和家臣介子推的故事。介子推追随公子重耳流亡他国，饥寒交迫，有一次，公子重耳饿得奄奄一息，介子推割下腿上的肉，做成肉羹给重耳吃，救了重耳一命。重耳历经艰辛，回到晋国，当上了国王，成了后来的春秋五霸之一。晋文公封赏手下，却忘了介子推，介子推辞官回到老家带着老母亲隐居到了山里，介子推的一个朋友看不过去了，就讽刺了晋文公，晋文公后悔不已，带着群臣去迎接介子推。介子推却不下山，晋文公没办法，下令放火烧山，以逼迫孝子介子推下山，大火烧了三天三夜，火熄灭后，晋文公发现介子推抱着一棵桃树被烧死了，晋文公悲痛不已，命人砍下桃树，做成木屐，一辈子穿着，时常发出"悲乎足下"的喟叹，以纪念介子推，这也是中国寒食节的由来，更是脚足伟大的一个提醒。

附注：这个故事，解说的时候要展现出脚足的伟大，以得出足疗的尊贵之处。

其三：《周易》第十一卦，泰卦，周易里最吉利的卦，（乾下坤上）乾代表头颅，坤代表脚足。而第十二卦之否卦，却是乾上坤下，泰卦对它进了一个颠覆，所谓否极泰来是也。

附注：这个例子，要做出否卦和泰卦两卦装饰于足疗馆内，凡是游客来泡脚，都要祝福他们洗脚之后，有福的更有福，遭逢不顺的变得否极泰来。

鉴于此，我当时曾建议将“洗脚礼”纳入阆中古城的营销活动，升华出一种庄严肃穆的仪式感，而仪式感营销是全世界所有宗教长盛不衰的核心秘密所在。

洗脚礼，它是在中国孝文化的基础上延伸出来的足浴文化，最终又回归到孝道之上，切合周易之否、泰二卦。我用了一副对联来表达：

上联：否极泰来雷风恒

下联：颠倒乾坤地天吉

横批：孝行天下

其四：三闾大夫屈原被楚怀王流放，屈原在《渔夫》篇里写道：“沧浪之水清兮，可以濯我缨。沧浪之水浊兮，可以濯我足。”将脚足的文化意义又一次擢升了一个高度。

解说这个故事，可以将屈原的这两句话以书法的形式挂于足疗馆，以“阆水清和阆水浊”的概念进行脚足的美学与风水学演绎。

其五：基督教《圣经》里，耶稣死前，亲自打水为门徒洗脚。

古时候犹太人穿的鞋子是用带子编织而成，由于中东地区地处沙漠地带，路上尘埃多，脚很容易弄脏。他们参加宴会时，不像我们今天坐在桌子面前，他们没有椅子或板凳，只是席地而坐。若在其间伸出脏脚，就很难有一个轻松愉快的吃饭气氛。因此要有愉快的相聚，就需要先洗脚。洗脚是犹太人当时的风俗，是犹太人待客的一种规矩，后来逐渐把洗脚的礼仪演化成一种礼貌和美德。所以当客人进入主人家时，仆人会为客人洗脚，为的是除去客人脚上的尘土和污秽。在《圣经》里，耶稣的这次洗脚完全超越了当时的风俗，并赋予了属灵的含义，感兴趣的朋友可以去找《圣经》来读一下，相信会有所感悟。

甚至你可以发现，现如今的基督教的受洗，如果追溯根源，不应该是用圣水浇在头颅上，而是洗脚。洗脚的受洗意义，远比现在对头颅的受洗更接近耶稣的本意。

这个事例要从宗教文化和西学的层面，阐述足疗的宗教文化意义。对有基督教信仰的游客而言，这是与中国风水文化相结合的最好典范，亦可从《圣经》耶稣洗脚以及教导门徒们要互相洗脚等层面，去展开介绍阆中足疗的宗教哲学与美学意义。

其六：印度瑜伽中最核心的修炼方式是“头足倒立”，这一修炼方式得到的养生效果，无所能及。

头足倒立的瑜伽修行方式，有太多的含义，光是泰卦和否卦，就足以讲三天三夜，更不用说再结合道家养生与佛学来说明了。

通过这一事例，从头足换位、古印度宗教哲学、佛学、道家养生、易经等层面，升华阆中古城足疗的精神价值。

其七：婴儿出生的时候，是头先出来接触大地，脚足在后。婴儿出生后，被成人倒立过来，变成脚着地、头朝天，婴儿的大哭似乎就是对这一举动的不满。

这个案例，从每一个人的出生解说起，是要说明脚足的先天贵重性质，引导游客感同身受。

……

这一套解说体系，将促使阆中足疗成为阆中古城一大绝景。

通过以上风水的、宗教的、文化的、哲学的阐释，从国学和西学的层面，我们就将阆中的足疗上升到了一个特立独行的思想境界。

关键是这样的升华，并非无源之水、无根之木，而是结合了中国的实际、阆中的实际，与广大旅游消费者的心理诉求结合了起来。

我认为，策划在很大程度上需要的是化腐朽为神奇的功夫，需要“那一口气”“吹”对了。

那些动不动就要大兴土木、大动干戈、大把花钱的策划，我不置可否。

中国旅游的"一方诸侯们"向来喜欢面子多过里子，这是中国旅游的不幸，只是希望文旅厅（局）、管委会、管理局、宣传部等主管一方一地旅游的有关领导，能在面子得到了满足的同时，稍微地从旅游的里子上去做一些考量。

其他民俗，比如巴渝舞，也要从风水文化的层面进行解说。

第七，解说城中景观与风水文化的伦理关系。

将中天楼、华光楼、贡院、桓侯祠四大景观串联起来，综合之前的城市布局、城市功能分区、城市民居、城市民俗几个方面，以风水为主线，将这四大景点以风水博物馆为"支点"，撬动起来。

4. 饮食体系

阆中饮食，尤其是各种特色小吃，要从风水的层面进行解说，比如张飞牛肉。

从张飞的性格、牛肉的属性两个方面展开，结合阴阳五行来进行风水解说。张飞是多汁型人格，刚烈有过，柔和不足，属于金命和火命。人性的弱点导致他身首异处。牛肉也属阳，属火，咀嚼起来，生猛刚烈，很有嚼头。张飞牛肉对于那些命中缺金缺火的人来说是上佳选择；对那些阴柔过度、刚烈不足的人来讲，也是必选之物。

羊杂碎。

羊，性格温顺，属阴。羊杂碎用的是羊的五脏六腑。老子曰："天下莫柔弱于水，而攻坚强者莫之能也。"羊柔弱，水命木命，适宜那些脾气暴戾的人食用。

蒸馍。

蒸馍，伊斯兰回民之物，伊斯兰从古至今，都是一个讲究斗争哲学的宗教。教徒性格激烈，舍生取义，为一个目标不惜肝脑涂地。而蒸馍却是温柔的，一个刚烈的教派，来到中国，在中华文化的熏陶下，以蒸馍的形式，柔和了宗教信仰血液里的斗争细胞。

……

饮食解说体系，从食品的寒热属性、中医药理、养生保健、阴阳五行（五味、五行、五脏、五肺、五色、情志）等方面进行风水学的解说，形成一套饮食解说体系。

（二）建构“泡生活”体系

“泡生活”，是一种生活态度，也是一种旅游状态。阆中“泡生活”，从以下几个层面展开建构：

1. 泡山（山要亮起来）

近朱者赤近墨者黑，阆中的山除了游还得泡，怎么个泡法？

首先，泡山泡的是净心。山要生态化，山上风水要数据化。

《资治通鉴·汉纪》记载了这样一件事情：汉文帝招来右丞相周勃和左丞相陈平，汉文帝问周勃：咱大汉一年有几起犯罪事件啊（一岁决狱几何）？周勃支支吾吾答不出来；汉文帝再问：咱大汉一年的财政收入和粮食收入有多少啊？（一岁钱谷几何？）周勃还是答不出来。汉文帝转身问陈平，陈平比周勃机智，侃侃而谈。后来，汉文帝就罢免了周勃的官。又有一次，汉文帝见了上林尉（皇家动物园园长）就问熊猫几多，老虎几多。园长傻眼了，一问三不知。这时，他旁边一位饲养员发现机会来了，叭叭叭叭，不仅熊猫老虎，连山羊兔子有多少也清清楚楚。因此，要在仕途上平步青云，一定要掌握数据，从GDP到GNP到CPI等都得掌握。数据出官，官出数据（不论数据是真是假，都要朗朗上口才行，当然，必须是真实不虚的数据）。

数据是一切的根本，各种计算机语言再复杂，也只是0和1两个数字。具体的数据，远比模糊性概念要好，数据给人安全感，概念则让人惴惴不安。当消费者不信任你时，数据是最有说服力的佐证。

一通百通，阆中古城，风水名都，都说风水好，好在哪里？除了山环水绕，名人聚居外，最重要的便是要“数据化”！

风水好，环境就一定好，养生就一定好……由风水好所衍生的诸多好，要以数据体现出来。比如环境好，$PM_{2.5}$监测值是多少？$PM_{2.5}$日平均浓度大于国家标准每立方米0.075毫克时，即为污染。空气污染指数API是多少？（二氧化硫SO_2、二氧化氮NO_2、可吸入颗粒物PM_{10}、细颗粒物$PM_{2.5}$、一氧化碳CO和臭氧O_3），空气质量指数AQI是多少，等等。养生领域还有一项最为重要，就是空气中负氧离子的含量。以上这些都要以最优秀的数据加公证，让广大游客知晓。基本数据都搞不清，怎么行呢？山上有风，将山上风水数据化、科学化，岂不是更有可信度？更可观可查？

其次，泡山泡的是文化。

游客泡阆中之山，绝不等同于登泰山、峨眉这样气势宏大的名山，也不是赶早登顶，观赏日出，而是更加注重休闲，登休闲山、文化山。游客不需要有起床时间限制，可以睡到自然醒，然后坐上摆渡船，经过嘉陵江登上四面的山顶。泡就是要让游客能在山中停留，让他们进行思考、感叹：阆中古城为何能有这么多的历史名人在这里留下故事？

泡龙脉——

在蟠龙山森林公园里修建一些古色古香的亭子，亭子里放着古典音乐（高山流水、春江花月夜等），亭中有茶叶，可以品一品茶。另外在龙脉之中进行瑜伽练习，休养生息。

泡砂山——

东西砂山，以东砂山为主，在灵山风景区、东江湿地公园组织摄像拍照、观鸟。

泡案山——

锦屏山上，泡吊床，夏天的时候，躺在吊床上，鸟瞰阆中，在清风鸟鸣中休闲小憩。

2. 泡水（水要秀起来）

泡山，看阆中全貌，这是从高空中鸟瞰阆中，如果能实现“海、陆、空”三方结合，将更大程度地提升游客体验度。阆中独缺“海”这个方位的元素。打造环城游船游，能弥补阆中夜游产品不足的弱点，更能让游客360°环游阆中。

泡水，就是泡嘉陵江。

白天可游泳、垂钓，进行摩托艇比赛，欣赏美人鱼表演；夜晚，可乘坐画舫、乌篷，泡在桨声灯影里。

画舫可以做客栈，游客住在江上，充分体验阆中风水文化之水，感受水之灵动、优美。

3. 泡城（城要活起来）

如何使游客泡在阆中城里？这就需要提供更多的娱乐休闲服务。未来的旅游消费者，80% 以上都是 80 后 90 后，这一消费群体更倾向于特立独行、与众不同、狂欢无极限。阆中古城要有留住这一消费群体的娱乐项目。

足疗是一种泡，游客晚饭过后的 4 ～ 5 小时的活动，决定了一个城市的休闲程度。今后整改的足疗店不叫足疗店，要叫足疗馆。一字之差，但后者更具文化内涵。足疗馆里要有茶、咖啡可以喝；要有音乐可以听；要有绘画、书法、图书可以看；要有醋香、美人香、桂花香等香味可以闻。大型足疗馆还可以有歌舞剧表演，游客在泡的过程中泡得赏心悦目。

足疗馆之泡是休养身心之泡，是静谧优雅的休闲与体验。

目前古城周边的酒吧街较具规模，但是跟古城的氛围并不匹配。古城内部的酒吧需要进一步挖掘，凸显各种分类和主题，比如音乐吧、演艺吧、迪吧、国外风情酒吧等，能满足不同年龄层的夜间需求。然而，阆中古城所有的酒吧都不叫酒吧，不管主题如何，统一命名为"泡吧"，将自己的个性彰显出来。

4. 泡生活（人要动起来）

从 1998 年至 2010 年，阆中古城先后组建有老年腰鼓队，中老年合唱团、队，"巴象鼓舞""张飞巡城""川北民俗婚嫁""阆中民歌""打钱棍""划旱 船""牛灯""扭秧歌"，川剧团等 15 支民俗演出队伍，每支队伍规模均在 35 人以上。2002 年春节，有关部门组织下岗职工 60 人，成立了阆中第一个民间专业文艺表演队。在如此丰富的民俗文化的底蕴上，必须注重让阆中古城的"乡土文化"互动起来，实现人与人的互动，中国人与中国人的互动，中国人与外国人的互动，即走出国门，以此作为阆中古城的营销宣传手段。

气象学家洛伦兹 1963 年指出，一只南美洲亚马孙河流域热带雨林中的蝴蝶，偶尔扇动几下翅膀，可能在两周后引起美国得克萨斯州的一场龙卷风。中国老话有云："千里之堤毁于蚁穴"，当然这是从消极面去说，但道理是一样的。所以，阆中古城的泡生活，即让人（旅游消费）有一种归属感、参与感。我们阆中的人要动起来，以带动旅游消费者动起来，一个人的小小的动，必将引起更多人的动。

（三）建构“养心”体系

懂风水的人一定懂养生；懂养生的人一定懂风水。

风水讲究人的生存环境，养生讲究人的精气神。

风水主外，养生主内。

以风水古城之底蕴，提养生之旅游，全国罕见。然而，养生一词，过于泛滥，将其改为养心。

阆中古城之养心体系建构，从以下几个方面展开：

1. 养心餐

阆中饮食习惯与四川偏麻、辣风味略有不同。阆中知名食品白糖蒸馍属面食，中和南北方面食的优势，口感甘甜，有助于消化、美容；本地生产的保宁醋、阆中醋，具有软化血管、降血压、降血脂等功效，可以在当地的各种小吃中更多地突出保宁醋的品尝，边品尝阆中美食，边调理身心健康。

整理汇总阆中特色美食，以中医理论、风水文化理论、阴阳五行学说、寒热属性、食疗保健理论包装出阆中美食的养心体系。

2. 养心娱

阆中足疗是以香醋泡脚，这是与重庆富侨和其他足疗健身的一大区别。但是古城内的足疗店普遍雷同，而且普遍地装修比较单一，并无特别突出“古”字和风水内涵，需要加以整体规划，形成统一区域以及风格上的统一。另外，可以安排更多的夜间消费活动，比如当地特色的皮影戏、傩戏和地方戏曲，以及适合年轻人消费的酒吧娱乐活动，使得游客的身心更加愉悦。

3. 养心香

利用阆中古城周边景区的植物，比如桂花，用巴巴寺经过几千年岁月沉淀和宗教文化熏陶的桂花香制作成具有阆中特色的香包香囊，便于游客购买、带走，留作纪念。让游客离开阆中之后，可以通过香囊回忆起在阆中度过的愉快生活。

香味与养心是现代社会的一种大趋势，每一个民族都有自己的香文化。阆中五教并存，每一个宗教都有自己的香文化，将这些香文化以风水、养心、宗教的文化底蕴熏陶，既可以做旅游工艺品，也可以做礼品赠送。

阆中古城是有香味的一座城，全民阅读之下，阆中可以抓阅读之旅，可以提出书香古城的概念，书香一起，茶香、酒香、女儿香就有了一个浪漫可继的长久而持续的立足之地。

4. 养心乐

大佛寺的钟声、春节文化主题公园的大钟，以晨钟暮鼓的形式敲响，每天太阳升起、太阳落山的时候敲响，游客无论身在阆中何处，都能听到悠远深邃的钟声，尤其是夜游古城时听到钟声，更是养心极了。

古城打更，夜深人静，会带给游人一种淡淡的乡愁，一种浪迹天涯的惆怅，更增加了对阆中的记忆度。

阆中古城要在特定地点设置古色古香的音响设备，放一些古典音乐，游客夜游阆中，随着行云流水的古典华章漫步阆中，一种令人难于忘怀的感觉便出来了。

5. 养心舞

巴渝舞是战舞，有鼓舞人心，将身体调整到最佳作战状态，将心调整到最坚毅果敢境界的作用，身心俱佳，发起攻伐，战无不胜攻无不克。现代社会，巴渝舞已经失去了战舞的原始意义，但作为一种鼓舞身心的舞蹈，要将其与阆中风水文化旅游建设相结合，改编成养心舞。

6. 养心居

“杜家客栈”“水码头”等当地的知名客栈具有比较特殊的文化底蕴，但是客栈在文化利用上比较落后。应该让游客在入驻客栈之前对客栈充满向往，来阆中就是要体验当年杜月笙和其他黑老大生活的奢华，体验袍哥文化那些大亨的养心生活。

尤其在嘉陵江上，以画舫做客栈，更具养心居的妙处。

另外，开发房地产可以打出宜居的旗号，推出阆中养心居的绿色房地产、旅游房地产。

（四）建构“迷祈求”三线体系

有三种理由促使人们前往阆中，换句话说，来阆中旅游的游客分三种类型：

第一种为指点迷津型，他们渴望得到“高人”的指点迷津，抑或沾沾阆中古城的风水之气。第二种为祈福还愿型。依托阆中古城的风水圣地，多种宗教齐聚于此，人们渴望祈福得福，渴望心灵有所皈依。第三种为求学问道型，指对风水感兴趣的人渴望加深对风水知识的了解与认知，这一部分人大多为知识分子、社会精英人士。

这三种游客是阆中旅游消费的主力军。怎样把这三种人与阆中的品牌定位以及中长期发展目标相结合，怎样让这些人在阆中停留的时间越来越长，最终实现“来了不想走，走了还想来”的局面，怎样把阆中创建成国家5A级旅游景区，跃升为中国最具吸引力的国际休闲旅游城市，一举天下闻，当惊世界殊。

鉴于此，我们将建构“迷祈求”的三线体系。

1. 指点迷津体系

针对游客：工作、事业、情感低潮，感觉人生不顺的游客。

现代社会的人们越来越浮躁，生活压力大，尤其是80后一代，无论是工作、事业还是学习，都面临着巨大的精神压力。现代社会的种种困惑和隔膜，犹如一个巨大的迷津，被迷津围困的一代人在焦虑中，无处释放。

产品：以天宫院为杠杆，风水馆、风水讲坛为支点，撬动阆中一切跟风水有关的产品，围绕事业、工作、情感的指点迷津，让该类游客释然，得到安慰。

2. 祈福还愿体系

旅游亮点：阆中五教并存，在全国的旅游景区中也很罕见，可以针对不同宗教信仰的人进行不同的产品包装，策划和举办大型的宗教仪式，吸引周边城市、周边省的信徒。

阆中历史上出过四位状元，进士与举人数百人，更是共和国将军之乡。走进阆中就是走进祈福圣地，祈福文运昌达。阆中的贡院科举文化，可以针对学子进行祈福、秀才赶考这一项目，让所有要参加考试的学子前来参与，临考之前祈福，吃一颗定心丸。

世界上不同民族的人，几乎都有一种与生俱来的宗教心理，或者说是宗教需要，即便在科学主义盛行的今天，在骨子里，我们依然是宗教的。中国人的宗教需求很强烈。无论什么宗教，只要传入进来，都有人信，信佛、信道、信基督、信真主……不一而足。当然，我们中国人更多的是民间信仰，河神、财神、山神、土地神、狐妖、鬼怪、星星、草木、沙子、木头、活着的好人、死去的坏人……只要灵验，便什么都可以信。这边刚刚拜完如来佛祖，那边马上又拜玉皇大帝，回家的路上去一趟土地庙拜一拜土地爷，到家后，先在财神、关公像前敬一炷香，然后转身又跪倒在祖宗的灵位前，天地君亲师。

南朝齐梁时期，有个人叫张融，临死时遗命："左手执《孝经》《老子》，右手执《小品》《法华经》。"大家知道，《孝经》是儒家的东西，《老子》是道家的东西，《小品》《法华经》是佛教的东西。他想告诉人们：我什么都信。中国人对民间宗教的典型态度是灵则信，不灵则毁，一点面子都不给。所以，民间的神都是"短命鬼"。中国人习惯于与神达成某种金钱交易，佛教的烧香，道教的种种仪式，都是中国人与神达成交易的表现形式。

（1）巴巴寺属于伊斯兰教，伊斯兰教知名人士大多葬于此，通过打造符合清真教教规的祈福活动，吸引全国回民教徒前来，景区品牌也在该活动过程中进行了推广。

（2）福音堂属于基督教，可以在圣诞节中前期进行推广，推出游阆中，体验中国古城风味的圣诞节。

（3）大佛寺属于佛教，可以在网上策划一些网络事件，对大佛寺进行包装，形成一种来阆中大佛寺许愿的人会梦想成真，可以来这里为家人祈福。

（4）滕王阁拥有唐代佛塔，即使在2008年汶川大地震的时候，佛塔也仅仅轻微受损，足见佛塔能起到辟邪、镇宅的作用。而且，滕王阁与王勃的《滕王阁序》中的那个滕王阁同出一人之手，完全能"借题发挥"。

（5）天主堂属于天主教，由于天主教和基督教同属外来教派，可以根据进入阆中的时间早晚形成故事，引起游客争相关注。五种教派能和谐并存，各占一番，足见阆中风水平稳，能够海纳百川，有容乃大。

3. 求学问道体系

求学问道，求的是风水之学，风水之道。

以风水博物馆为核心辐射出去，将阆中的建筑学、民俗学、宗教学、美学等文化艺术融入风水中，通过举办不同类型和不同规格的风水讲坛、论坛，让阆中成为中国风水爱好者的天堂。

风水馆作为中国唯一的风水馆，其中对居家风水有比较详细的讲解，对对风水比较讲究的人有很大的吸引力。主打阆中的风水博物馆可以针对游客进行量身定制风水介绍，可以跟风水大师进行沟通。

（五）建构系统化的营销传播体系

通过“三驾马车”“三种游客”的分析以及阆中风水文化体系的建构，接下来，要建构阆中系统化的营销传播体系。

1. 微视频传播体系

微博之后，什么最火？那就是以微电影为主的短视频。

我坚信，短视频必将成为未来三五年内最火的传播形式。

2012 年，新浪将自己的发展战略定位为有价值的微视频传播。在互联网时代，做好微视频传播，对一个城市、一个景区而言，极其重要。阆中古城要在未来4G、5G时代，提前布局好自己的短视频传播体系，抢占各流量入口。千岛湖的一个模仿江南 style 的微视频，以极低的成本在优酷网实现了几十万的观看量，实现了很好的口碑传播。

（1）做足故事营销

2008 年，“贫下中农”的“穷二代”奥巴马，在美国大选中遇到了“高富帅”麦凯恩和“白富美”希拉里。当人们都在为奥巴马捏一把汗的时候，出人意料的事情发生了，奥巴马成功击败了强大的竞争对手麦凯恩和希拉里，成为美国历史上第一位非裔总统。是什么原因促使奥巴马走上总统宝座，实现了逆袭？

阆中古城在全国众多古城中，知名度不高，况且地处西部贫困山区，财力也不雄厚，处于“有大美而无人识”的困境中。阆中古城和四年前的奥巴马何其相似！奥巴马能登上总统宝座，阆中古城为什么就不能超越丽江、平遥、歙县等“高富帅”“白富美”？

我们先来看奥巴马成功的原因。

2008 年，奥巴马出版了他的第一本传记《Dreams from My Father》（《父亲的梦想》），向美国大众讲述了自己的故事——从小到大，颠沛流离、家庭变故。少年时期吸毒、当黑社会，青年时期奋发图强，上名校、进政治圈……好一个浪子回头金不换。这本传记一出，便为他建立了良好的个人形象。就人性而言，人们常常为那些白手起家、源自草根的人的不懈奋斗所感动。黑人奥巴马、穷人奥巴马、奋斗奥巴马、励志奥巴马，这正切合了美国人美国梦的精神G点。理所当然地，奥巴马赢得了广大美国民众的热捧。

2012年，美国大选，面临经济萎靡不振、民意支持率下滑、飓风造成的天灾等一系列困境，奥巴马拿什么来和“高富帅”麦凯恩竞争？依然是做微视频，讲故事。

2012年3月15日，奥巴马竞选团队发布了2012年大选宣传片《The Road We've Traveled》（《那些年，我们一起走过的路》），再次祭出“不抛弃不放弃”的故事型微视频营销大旗。不出所料，奥巴马又一次赢得了美利坚的“民心”。微视频发布不到一个月，其支持率便火箭般升到了51%，转危为安。在互联网时代，会讲故事，会用故事营销自己，会充分运用微视频，是他成功的重要原因。

奥巴马的策略和三国蜀汉诸葛亮的《出师表》何其相像，临危受命，北伐中原，匡扶汉室，临表涕零……

50年前，重庆小伙刘国江和比他大10岁的寡妇徐超清相爱，在流言蜚语中，刘国江带着徐超清私奔进了深山老林。为了爱情，刘国江耗费50年，铁锹凿烂了20多把，终于砸出了一条6000多级的阶梯，被世人誉为“爱情天梯”，轰动全国，吸引了八方游客络绎不绝。

如果想让消费者记住你，莫过于讲一个动人的故事。

向奥巴马学习，向诸葛亮学习，向“爱情天梯”学习！阆中古城需要向广大游客讲一个动人的故事，让阆中古城的大美天下皆知。

阆中古城要讲一个什么样的故事？

（2）做大佛寺的文章

阆中古城的故事营销以大佛寺为突破点，将大佛寺变成钉入阆中古城的一枚楔子，楔子一入，一花五叶，阆中古城的营销便有了一个不错的破局。

为什么要选择大佛寺，原因如下：

①大佛寺历史悠久（始建于唐朝）；

②大佛寺只有尼姑；

③佛教文化在中国影响深远；

④可借西藏情僧仓央嘉措的势。

综上，天时地利人和，阆中古城的故事营销便可以开花了。

（3）走短视频传播的路

21 世纪是互联网的世纪，未来的发展趋势以“移动互联”为主导。在移动互联的大时代背景下，旅游业的发展也必须要实现“旅游互联”。如今，旅游互联的概念已经不仅仅是做传统的网络营销，还要往新媒体上靠，即融入移动互联的土壤里。而在移动互联中，在微视频营销中，微电影是最火的方式。

想象一下，在移动互联时代，几亿人，人手一部智能手机，人手一部 iPad，人们在移动设备上看视频、听音乐、参与 SNS 互动，这是多么宏大的一场新媒体盛宴！

毫不夸张地说，21 世纪，谁掌控了新媒体，谁就拥有了话语权。谁是强者？拥有话语权的便是强者。谁是弱者？没有话语权的便是弱者。

21 世纪，你是要做强者，还是要做弱者？

在新媒体的强势崛起中，微电影毫无争议地成了新媒体的宠儿。2010 年是中国微电影元年。对比基于实体院线的传统电影，立足于新媒体的微电影时间短、传播速度快、受众广、成本低，你只要有一部智能手机，就能随时、随地、不受限制地观看微电影。

走微电影短视频的道路，让阆中古城轰轰烈烈地站在全国人民的面前，这是在新媒体、移动互联时代最好的宣传办法。

短视频 + 阆中古城诗情画意的风景 + 独特的故事 + 专业的主创团队 + 新媒体强势宣传 + 乐途旅游网给力支撑 = 阆中古城大红大火。

一部关于阆中古城的微电影势必带来成百上千万的观看量。如果有几百万人通过微电影领略了阆中古城的大美，保守估计，将有几十万人前往阆中古城旅游观光。

几十万人涌到阆中古城，阆中古城这一座“阆苑仙境，风水名都”“中国第一风水古城”势必随着游客的口碑相传，传遍全国，乃至世界各地。当然，微电影故事必须独特、新颖、引人入胜、别开生面。

2. 建构阆中互联网营销宣传阵地

着眼现实，放眼未来，通过各种形式（整合媒体、整合资源、整合渠道、新媒体营销、创意营销等）系统化、持续化、科学化，巩固、完善、做大、做强、做实阆中旅游品牌。

（1）加强服务阆中旅游的信息化建设

众所周知，2013 年是特殊的一年，中国共产党新一代领导集体产生，加大思想文化建设成为主旋律，促进阆中市社会和谐、文化繁荣、经济发展，务必依托良好的媒体矩阵及专业的执行团队，成立“阆中市旅游网络舆情监控中心”，从监控渠道、监控方法、监控内容、监控周期、舆情评定等方面，对阆中市旅游进行全网络舆情监控。对不利于阆中市旅游发展的负面消息进行监控、报告，时刻关注阆中市旅游发展的方方面面，防微杜渐，未雨绸缪，保障阆中旅游健康发展。

（2）形成阆中古城旅游互联网营销阵地

谋篇布局新媒体，建立阆中市旅游的“目的地品牌互动营销系统”和“季节产品”营销阵地。

（3）与媒体搞好关系

媒体的力量产生了记者这一无冕之王的称呼。任何人，任何事情，都需要与媒体搞好关系。不管是传统媒体还是新媒体，都得罪不起。宁可得罪自己，不可得罪媒体人。

（4）建构营销专题

在有实力的网络媒体（平台）上单独开设宣传专题，宣传主页。同时，加大广告宣传投入。

（5）新闻公关软文不停

凡是有利于阆中古城旅游的消息，都可以经由新浪、搜狐、网易、千龙网、腾讯等网站媒体进行新闻软文公关报道。

（6）搭建微博 / 微信等自媒体营销平台（矩阵）

建立起阆中古城的微信公众平台。筛选一批高效的微博和微信用户进行合作，或者搭建属于阆中的自媒体平台，并结合阆中当下的旅游营销活动，发起微博/微信互动，对广大网民进行一次又一次的风水文化洗礼，形成粉丝间的疯狂转载与传播，实现强效的品牌口碑宣传效果。

3. 名正言顺

关于阆中的阆字，阆中曾在央视一套《新闻联播》栏目前打出宣传广告“阆中古城，我在这里等你”的旅游形象宣传片，全长不到13秒的广告片，竟然有一半的时间在教大家读“阆”字。《说文》释曰：“阆，门高也。”其字的意和形与阆中的地势与水情构成了象形关系。据北宋《太平寰宇记》中记载：“阆中，其山四合于郡，故曰阆中。”《资治通鉴•汉纪四十二》载曰：“阆水迂曲，经其三面，县居其中，取以名之。”

但我觉得阆中的阆，应该还有更好的、更符合现代旅游消费者精神与心理诉求的阐述。

《尔雅》说：“三成（层）为昆仑丘。”就是说，昆仑是由三层组成的，下面一层就叫樊桐（板桐）；第二层叫阆风（玄圃），就是黄帝的花园；最上面一层叫增城，这里就是俗语中的天庭。阆风，能成为黄帝之花园，自然风水极佳。

我曾建议，阆中古城要真正打响风水文化，就需要重新定义阆中的阆，即阆风之中央，花园之中央，神仙所居之地也！为什么？《论语•子路》中，子路和孔子有这样的一场对话。

子路曰：“卫君待子而为政，子将奚先？”子曰：“必也正名乎！”子路曰：“有是哉？子之迂也，奚其正？”子曰：“野哉！由也。君子于其所不知，盖阙如也。名不正，则言不顺；言不顺，则事不成。事不成，则礼乐不兴；礼乐不兴，则刑罚不中；刑罚不中，则民无所措手足。故君子名之必可言也，言之必可行也。君子于其言，无所苟而已矣。”

翻译成白话文，即子路说：“如果卫国的君主等待您去执政，您首先要做的是什么？”孔子说：“一定是纠正名分呀！”子路说：“是这样的吗？您太迂腐了，纠正名分有什么用？”孔子说：“你太粗野了！君子对于不懂的事情，一般都采取保留意见。名分不正当，说话就不合理；说话不合理，事情就办不成；事情办不成，法律就不能深入人心；法律不能深入人心，刑罚就不会公正；刑罚不公正，则百姓手足无措，不知如何是好。所以领导做事必须说得通，说话必须行得通。领导说话绝不随便、马虎。”

阆中古城打风水牌，正名是势在必行的一招，如此之阆中风水方有风水之骨感。

阆中之“阆苑仙境”，阆苑也就是阆风的意思。阆风，即阆风巅 。《楚辞·离骚》：“朝吾将济于白水兮，登阆风而绁马。”王逸注：“阆风，山名，在昆仑之上。”唐朝吴筠《游仙》诗之二十：“扬盖造辰极，乘烟游阆风。”章炳麟《答铁铮书》：“观其以阆风、玄圃为神仙群帝所居，是即以昆仑拟之天上。”

大抵提及“阆”字，多与“神仙”“仙境”有关。仙境之地，必是风水极佳之地。阆中古城，天时地利人和，没有比这更适合诠释中国几千年风水文化的地方了。

阆中古城的整体策划思路总结起来——先正名，得风水，找感觉，孕养心，讲故事，做宣传。

《孙子兵法》言：“凡战者，以正合，以奇胜。故善出奇者，无穷如天地，不竭如江河。”孙子又言：“故善战者，求之于势，不责于人，故能择人而任势。”

兵法再言，“围点打援”——围着“风水文化”这一个奇点，基于阆中作为中华民族文化复兴第一阵地，万变不离其宗，打阆中古城之科举文化、足浴文化、孝文化等招牌，实现以“打援”，烘托“奇点”的效果。

因此，不定期推出骑行风、成人礼、洗脚礼等阶段性活动，亦能彰显阆中古城的文旅风采。

骑行风——健康、环保、绿色。切合了风水文化及现代人养生（养心）之理念（风水及养心亦倡导健康、环保、绿色、天人合一、阴阳协调）。骑行风的活动可用一副对联表达，上联：千里之行，始于足下；下联：合抱之木，生于毫末；横批：水滴石穿。

成人礼——自立自强。切合周易之乾、坤二卦。用一副对联表达，上联：天行健，君子以自强不息；下联：地势坤，君子以厚德载物；横批：朗朗乾坤。

洗脚礼——孝文化、足浴文化。切合周易之否、泰二卦，此活动亦可用一副对联表达，上联：否极泰来雷风恒；下联：颠倒乾坤地天吉；横批：孝行天下。

届时，将完善后的对联与卦象装点在活动现场，起到营造氛围的效果。

时间蹉跎，经过一年半的系列考察、策划，我五入蜀地的经历真真正正地画上了一个阶段性的句号。2013 年夏，从阆中回京后，我便投身于江西景德镇瑶里古镇的策划工作中，之后与海全老哥通过几次电话，阆中旅游如火如荼、可歌可赞。

为阆中旅游的发展有我的印记而欣慰。为能把“阆中五觉”形成一个旅游体验系统，即山水城人的大联动——山要亮起来；水要秀起来；城要动起来；人要活起来而自豪。尤其是现如今单独拧出来，打造的“千年古城，万家书香”在“阆中五觉”的范畴内，有了书香味。以书香统领整个阆中古城之五觉，做大、做好、做活阆中，是一个精妙绝伦的策划与营销策略。

基于书香，我最后为阆中古城建构它的故事体系。

阆中古城要讲一个什么样的故事？

“千年古城•万家书香”。和我以前一直强调的要让游客看得到阆中、摸得到阆中、听得见阆中、闻得到阆中、吃得到阆中的“阆中五觉”一脉相承。

书香，是所有人共同的记忆。闻到书香，沁人心脾。那么，我们就讲一个书香的故事。

书中自有颜如玉，书中自有黄金屋。把阆中的书香与阆中的美人结合起来，讲一个《书香美人》的故事，用书香和美人，讲一个有趣的故事。

我当时正在重读《聊斋志异》，其中《书痴》一篇，让我拍案而起，于是就定下了根据《书痴》来改编一个阆中自己的故事——《书香美人》。

确定了要讲什么样的阆中故事，那么用什么样的形式来呈现这个故事？答案是短视频（微电影）。

从 2015 年到今天，经由《书香美人》而制作的诸多短视频依旧在互联网上，吸引着无数人的观看、转发、分享和评论。

岁月如梭，如果你今天去阆中古城旅游，你一定能体验到基于“阆中五觉”而建构起来的“山水城人大联动”的阆中感觉，能在任何地方入驻停留都能喝着茶香与酒香、读着书香、闻着花香、看着美人香。

如此香。

人生于世，夫复何求。

只为你的爱情服务

——策划江西瑶里古镇

还有一个月，瑶里古镇的千亩百合就要开了。从2012年夏到2014年夏，瑶里古镇陪伴着我走过了两年时光。

说起与瑶里古镇的结缘，这其间还有一段趣事，总共五位和我前往瑶里进行调研考察的同事，有四位都在从瑶里回来后选择了辞职，包括两位主管、两位总监。第五位当然是不会走的，他是我们公司的老板。这实在是一件奇妙得很的事情，以至于很多同事都说，如果谁不确定辞职就跟我去趟瑶里。在两年时间的新旧容颜的变幻里，瑶里营销公司的华总、潘总、王总、刚总等都觉得瑶里助力辞职的魅力无与伦比。

言归正传。我是2012年7月第一次接触瑶里古镇，应瑶里旅游营销公司的华总邀请，我和景区部的杜总从北京飞抵景德镇罗家机场。由于北京飞景德镇的航班是下午4点多，到景德镇已经是晚上7点，华总安排了司机接上我们，经过一个小时的路程，抵达了期待已久的瑶里古镇。

瑶里，古名"窑里"，位于江西省景德镇市浮梁县，地处皖、赣两省的四县（安徽祁门、休宁、江西婺源、浮梁）交界处，是两湖（鄱阳湖、千岛湖）、六山（黄山、九华山、庐山、三清山、龙虎山、武夷山）连线交点位置，距景德镇市区50千米。瑶里旅游资源丰富，素有"瓷之源、茶之乡、林之海"的美称。远在唐代中期，这里就有生产陶瓷的手工业作坊，因瓷窑出名而得名。直到21世纪初，瓷窑外迁，"窑里"才改名为瑶里。

远离北京的"十面霾伏"，进入田园牧歌似的瑶里古镇，我睡了一个从未有过的好觉。第二天一大早，吃过早餐，便开始了此行的考察。瑶里风景名胜区由六大景点组成。

一为汪湖原始森林游览区

华总介绍说："汪湖不是湖，而是一个村。据相传，古时住有两姓家族，一姓汪，一姓胡，由安徽的古徽州徙迁而来。众所周知，徽州是徽商发源地，而胡家世代以经商为生，主要是贩运茶叶、瓷器、布匹、粮食等。汪家则主要从事瓷土矿开采，并撑船顺瑶河将原料和陶瓷制品源源不断地贩运到景德镇。传说，当年五华山的山泉汇集成河，将居住地劈开，正好将姓氏一分为二，'胡'便改成了'湖'。"华总在说到"五华山"三字时，激情昂扬，可以感觉到五华山在他心里至高无上的地位。

五华山，在汪湖的东偏南方向，与安徽休宁交界，海拔 1618 米，北面是安徽省休宁县鹤城乡的石龙村，南面是婺源县古坦乡的鄣山村。五华山，古称为"垚山"，最早的记载见于《山海经》(《中山经》)。中国神话传说中的神农与祝融都与瑶里有过不解之缘。神农与祝融，一个是农耕文化的代表人物，一个是火的艺术创造者的形象化代表[21]。谈到这里，我插了一句题外话："景德镇陶瓷本身就是土与火的结合，是土与火的一曲赞歌，是土与火交融的艺术结晶，从这个思路出发，结合中国阴阳五行、金木水火土，贯穿五华山来进行策划包装，似乎可以探索一下。"华总眼睛一亮，补充说："经常有上面的领导和一些商人来五华交好运，相互结合，应该是个不错的路子。"夏日炎炎，走到汪湖南山瀑布，瞬间便觉清凉无比，尤其是躺在瀑布下的巨石上，感受细细的水珠溅落在脸颊，沁人心脾。

虽然每年都有很多官商前来攀爬五华山（据说只要能成功登顶，就会官运亨通、财源广进），然而，官商的青睐并没有给五华山带来更多游客，至今它依旧养在深闺人未识，这也是华总比较惆怅的事情。如果今后有机会策划五华山，又何乐而不为呢？

二为高岭国家矿山公园

高岭土矿遗址园区由高岭和东埠两个景区构成。可以这么说，如果没有高岭土，就没有历史上大名鼎鼎的景德镇。高岭土的发现和使用造就了景德镇的又一次辉煌，延续了元明清三代直至今天。

三为瓷茶古镇游览区

瑶里地处北纬 30° 左右，盛产茶叶，而浮梁茶更是天下闻名。瓷茶双剑合璧，建构了瑶里古镇厚重的历史文化底蕴。

唐朝著名诗人白居易被贬九江（古称江州）司马，在浔阳江头夜送客的时候，邂逅了一位弹琵琶的美少妇，因缘际会，白居易为其写了脍炙人口、流传千古的诗篇《琵琶行》，其中有一句这样写道："商人重利轻别离，前月浮梁买茶去。"由此可见，浮梁（瑶里）的茶文化源远流长。

基于源远流长的瓷茶文化所形成的瑶里瓷茶古镇，迄今已有 2000 多年的历史。古镇南踞象山，北卧狮山，一条逶迤清亮的瑶河贯穿东西，沿河错落有致地分布着数百幢明清古建筑，是典型的徽派建筑风格，于青山绿水之中，显得无比典雅清幽。

四为东埠古码头游览区

对东埠码头记忆最深刻的是每当黄昏时，独自漫步在青石板上，随着西天一轮落日，你便会看到三三两两的妇人端着木盆，拿着棒槌，或携带小孩，前往河边洗衣服。她们有节奏的捣衣声让人既惆怅又伤感，正如《理发师》中的录音师说的那样："走进古镇，宁静得只能听到水流和女人们用棒槌击打衣服的声音，不见其他古镇的那种嘈杂。"美哉！

后来听华总说，瑶河上游作为饮水用，中游洗锅碗瓢盆，下游则是洗澡和洗衣服，这样的功能划分，几千年如一日，没有改变过，现在所保留下来的依然是原汁原味的古朴之风。

五为绕南陶瓷主题园区

绕南陶瓷主题园区，其丰富的陶瓷文化体验活动还可以使游客亲身感受到瓷文化悠久而迷人的魅力。我便也是在此，人生中第一次体验到了亲手做陶瓷的乐趣，虽然最后做出来的是“四不像”，但也见证了行游之中的某种心情。在体验越来越成为旅游消费者看重的当下，做好陶瓷的体验，更是势在必行了。

六为梅岭休闲度假区

梅岭生态度假区点缀着几个古村落，一番行走下来，感受到其民风淳朴，古貌犹存、雄伟壮丽的张氏宗祠，气势挺拔的千年古樟群，距今有 1000 余年历史。蝶恋谷中，曲径通幽，潭瀑相连，彩蝶纷飞。徽饶古道由麻石铺砌而成，是古代饶州至徽州的商路，至今仍保存完好。山色空蒙雨亦奇，我曾多次被小雨之中的梅岭所迷醉，放诸瑶里，依是雨中最佳，真正应了周杰伦那句“天青色等烟雨，而我在等你”的歌词。

身在美景之中，不知时光匆匆，转眼几天的考察调研便过去了。期间，就如何策划、营销与包装瑶里古镇，双方进行了多次沟通。

经实地考察、调研并与瑶里古镇的几位领导沟通后，我们一致确定瑶里古镇的定位为爱情 + 田园牧歌似的中国旅游休闲度假区，即依托瑶里古镇田园牧歌似的中国原生态农耕文明，主打“情感营销”和“口碑营销”相结合的“情感牌”，从产品定位、设计、完善到品牌定位、传播、巩固，进行一条龙的营销策划，达到将瑶里古镇打造为中国的为爱情服务的旅游休闲度假目的地的战略目标，实现瑶里古镇从时下的旅游集散地到旅游目的地的跨越式转变。

为什么提出这样的品牌形象定位？

大街上卖艺的要吸引观众，都会敲一声锣，锣声敲响了方能吸引观众。瑶里景区当下的处境是“养在深闺人未识”，急需要这一声嘹亮的敲锣声。

通过长期考察与调研，我们认为，“瑶里古镇，只为你的爱情服务”这一品牌定位，符合“唯一、第一、专一”的品牌原则，具备长期发展潜力。接下来，应围绕“为爱情服务”这一战略定位，“敲响锣声”，吸引全国各大媒体的关注，吸引网民的关注，最终形成舆论热点，促成旅游消费者的实地旅游行为。最终，将瑶里古镇打造为中国第一、唯一、专一的为爱情服务的旅游休闲度假目的地的战略目标，实现瑶里古镇从时下的旅游集散地到旅游目的地的跨越式转变。

瑶里景区的资源特色决定了瑶里景区得天独厚的“爱情DNA”。要充分挖掘瑶里景区的“爱情DNA”。

一、瑶里古镇的爱情资源提炼

瑶里景区的“爱情DNA”不胜枚举。

（一）**人文资源**

1. 古镇

千年瑶里景区，古道、青石板、小桥流水人家，天青色等烟雨，而我在等你，一种烟雨蒙蒙的美，处处彰显出爱的意境。

凡提起古镇，时光便会慢下来，很慢很慢。不管是一个人的丽江古镇，还是两个人的大理风花雪月，抑或是周庄、西塘、乌镇、同里等，任何一个古镇走下来，都会让你的心变得柔软，似乎一切都得到了原谅，一切都可以邂逅，尤其是爱情。

2. 瓷

基于瓷，我提炼了几组关键词。

（1）成全

千年瓷都景德镇，景德镇的辉煌正是出于瑶里的无私奉献。不是景德镇成全了瑶里，而是瑶里成全了景德镇。每一个成功男人的背后，都有一个伟大的女人。成全是爱情的极致，它包含了支持、鼓励、宽容和理解。瑶里景区的成全之美，何尝不是一种极致的爱情。

（2）青花

青花瓷，瓷中之王，它是温润的、多情的，能让人产生相思。它的产生需要千锤百炼、水磨火烤，它又是易碎的，需要细致入微的呵护。爱情正如这青花瓷，美丽易碎。

在瑶里，瓷器店里摆放着琳琅满目的、价值不菲的古董瓷器，只消看一眼，你就知道这些瓷器承载着厚重的历史文化，沉淀着悠久的岁月时光，沉淀着丰富的历史故事，没有一样东西能像瓷器这般沉淀着生活的基因。

易碎的瓷器，脆弱的爱情。用什么样的高岭土，用什么样的配方，用几斤几两水（何种水质），用什么样的木材，掌握什么样的火候，都决定着你能烧制出什么样的瓷器，爱情亦如斯。

（3）周杰伦

方文山填词、周杰伦演唱的《青花瓷》，以故事的形式让青花瓷的爱情诉求越发深入人心，更在万千80后、90后心中生根发芽。如果要给这首歌找一个承载，瑶里景区最合适不过了。

（4）现实

情侣们分手的频率越来越高，夫妻的离婚率在增高，家庭暴力事件频频发生，昭示着现代人的爱情越来越脆弱，这也为瑶里景区“为爱情服务”的品牌定位打下了坚实的现实基础。

3. 茶

基于瑶里古镇的浮梁茶，我亦提炼了几组关键词。

（1）容器

冲泡茶叶，钢瓷竹石材质皆可，但好的容器能与茶产生互动，你中有我，我中有你，爱情如是。好的容器，温润，包容香与热的互相吸引；通透，彼此有舒展的空间；吸纳，让香和热互相浸润。

（2）水温

不可用滚沸的水，会将茶烫死；不可用不开的水，茶的香气难出。爱情如是，水温就是爱情的火候。

（3）程序

茶要冲泡若干次才能冲泡出来香茗，爱情如是。你要不断地用心去经营爱情，不断地投入你的心血和热情，才会令茶香飘逸，回味悠长。

（4）合适

绿茶、红茶、花茶等，不一而足，你喜欢喝的不一定养生，价格昂贵的不一定适合你的口味，合适的才是最好的，爱情如是。隔夜的茶要果断倒掉，爱情如无法挽回，不必勉强留恋，再泡一杯新茶，重新开始！

（二）自然资源

1. 汪湖

汪湖的原始森林，从入口到南山瀑布，进行整改。

天河谷改名风铃谷，谷中的流水叫爱河。过了棒打鸳鸯，入情人谷，沐浴爱河。沐浴爱河后，走长廊。长廊取名百年好合，长廊边种植象征爱情的鲜花，如百合、薰衣草等。长廊分设四道，各设亭子，亭中有茶具，供游客品茶。第一道茶让游客知道爱情的容器，第二道茶为爱情的火候，第三道茶为爱情的程序，第四道茶为爱情的选择。到南山瀑布后，转入竹林，竹林中装饰风铃，由情侣自己购买风铃，再挂到竹枝上，竹林中可播放《梁祝》《青花瓷》等音乐。

汪湖结合梅岭山庄一起来做。

2. 瑶河

瑶河上设小舟、画舫。画舫可固定在河中，做情侣幽会的居所，取名水上爱情。

3. 饶南瓷源

让情侣自己用陶土做瓷器，体验做瓷器的过程与乐趣。做好的瓷器可刻上各自的名字，情侣可定制属于自己的定情信物青花瓷。青花瓷定制，可发展瑶里瓷器的定制化运作，增加经济收入。

4. 漂流

漂流的过程中，遇险滩，各设名字，如峰回路转、生死相依、不离不弃，苦尽甘来，等等。

5. 千亩百合花、向日葵

考察时，在梅岭度假区停车瞭望，映入眼帘的是一望无际的田野，我对华总说，是不是该在景观上做点功夫？

“婺源的油菜花不错啊！”华总说。

“但我们不能也种油菜花。”

“是啊，种点什么好呢？”

“百合。”

“百合有很多，哪种更好？”

“卷丹百合。”

卷丹百合，学名斑百合，为百合科（Liliaceae）。百合属多年生草本球根植物，花色火红，花瓣反卷，故有“卷丹”之美名，又因花瓣上有紫黑色斑纹，很像虎背之花纹，故有“虎皮百合”之雅称。卷丹百合原产我国、日本、朝鲜等地，现各地多有种植。植株间有高达 1.5 米的，可称“百合之冠”。[22]

“可行吗？”

“可行，卷丹百合在周边省市，比如安徽、浙江等都有种植，但没有规模化，不成景观。而且，卷丹百合除了有百合所具有的观赏价值外，还具有不错的食用和药用价值，可以与当地百姓分享成果，种植阻力不大。我更看中它的使用价值，到时会大有用处。等规模起来了，百合文化节、百合爱情节之类的节日就可以跟进，与瑶里其他旅游产品形成一套生态产业链。”

……

一年后，瑶里的千亩卷丹百合盛开了。当我再次站在一年前和华总站过的那个地方，看着四周在阳光下怒放的卷丹百合，闻着空气中的百合香，内心宁静又辽阔。

百合花，寓意百年好合，是爱情的象征。百合可采摘、可入药、可食用。假以时日，在百合中点缀向日葵，就更美妙了。向日葵，向着太阳生长，成熟后就低下头，不正是爱情要向着太阳生长，结婚后要低调做人做事、和谐生活一样吗？

6. 五华山

我们完全可以用阴阳五行来进行提炼。

未来中国的旅游消费主力将是 80 后、90 后这两代人，他们热衷于各种新鲜文化，对外，迷恋西方舶来的星座文化、塔罗牌文化；对内，热衷于生肖文化。中国的阴阳五行在年轻一代人心中具有一定地位，但一直没有一个良好的传播渠道，没有从科学与人文层面让五行文化深入他们的心中。

鉴于此，瑶里古镇奉行“窑文化 + 瓷文化 + 五行文化”，以古窑和陶瓷为载体，以阴阳五行为渠道，结合五华山，从年轻消费者心理诉求为基础，提炼爱情元素的阴阳合而万物生，讲究婚姻爱情中的五行相生相克及“度”的把握，吸引网民眼球。使游客既了解了自己的“命中缺水”等有趣的传统命理知识，又深入了解了瑶里古镇千年的窑文化与瓷文化，尤其烧制瓷器对火候、水质、木质、高岭土（土质）等的掌握与拿捏，从而提升瑶里古镇的品牌知名度和美誉度。

……

以上几点，只是抛砖引玉。我建议瑶里古镇应立即成立“爱情素材挖掘小组”，在现有资源、产品的基础上，全方位、多层次、多角度地挖掘瑶里景区的爱情素材，不放过任何一个可以做爱情文章的点！

中国旅游目的地（景区）的发展都面临着一个尴尬的处境，那就是面对手中丰富的旅游资源，找不到好的办法将旅游的资源优势转化成旅游的产品优势。资源优势不转变成产品优势，旅游经济就无法得到充足的发展。

瑶里古镇的旅游资源不可谓不丰富，关键是如何将其转化为产品优势，推向旅游消费者。

针对这个问题，我给瑶里古镇的策略是四不原则：

不破坏（不搞破坏生态资源的大建设）。

不乱造（不胡乱造景）。

不浮夸（一切与实际结合）。

不随主流（产品的提炼要有自身特色）。

在此基础上整理瑶里旅游资源，围绕“爱情 DNA”，进行产品的提炼。

二、瑶里古镇旅游产品提炼

经过仔细盘点，基于爱恋的主基调，我为瑶里整合提炼出了如下几个大的方面的旅游产品。

（一）青花之恋

高度提炼、吸收、释放青花瓷的爱情元素。奉行“到瑶里古镇，拍一套青花婚纱，做一对青花瓷”的原则。任何旅游目的地如果不能给消费者留下点印记，那么它将很快被遗忘。只有那些让消费者产生相思和牵挂的目的地，才能越做越好，所谓念念不忘，必有回响，就是这个道理。

（二）茶之恋

浮梁茶的爱情元素指涉了团圆。正如前文所叙，“老大嫁作商人妇，商人重利轻名节，前月浮梁才茶去”，它记录的是一种对爱情的渴望，对长相厮守的期盼。每一位到瑶里古镇的游客都要泡一壶浮梁茶，仔细品茗，用心回味。

（三）瑶河之恋

全中国搞漂流的何其多，江西省搞漂流的又何其多。瑶河漂流必须要从传统的漂流中剥离开来，做有瑶里感觉的漂流。人人都打激情、刺激的漂流概念，我们做“瑶河之恋”的爱情漂流。所谓百年修得同船渡，千年修得共枕眠，此之谓也。

（四）百合之恋

百合，百年好合，结合瑶里古镇已经栽培成熟的百合花，打造一系列旅游产品。充分发挥百合的观赏作用、食用作用以及形而上的精神作用。打造出“百合婚礼”“百合盛宴”等经典产品。

百合盛宴，即精心打造一百道菜，每一道菜都有百合的元素，都有爱的元素。可以搞一次饥饿营销，提前一年在网上预售“百合盛宴”，形成“北有满汉全席，南有百合盛宴”的品牌形象格局。

综上，属于瑶里古镇的产品体系就搭建起来了，用一个词来概括，即“恋恋风尘”。

游客为什么去瑶里？能不能给游客一个去瑶里的理由！？

这个理由就是：“泡青花古镇，赏百合花海，拍青花婚纱，吃百合盛宴，品浮梁茶道，感阴阳五行，悟禅宗真意，修瑶河姻缘。瑶里古镇，让有情人，终成眷属。”

游客到了瑶里古镇，不拍一套青花婚纱，不定制一对青花瓷器，不吃一顿百合盛宴，不品一次浮梁茶道，不走一趟五华禅境，不修一段瑶河姻缘，就会遗憾终生。

青花婚纱：瑶里不是第一，但是唯一、专业！

百合盛宴：瑶里第一、唯一还专业！

瑶河姻缘：中国第一、唯一、专一的爱情漂流！

（哪怕做好、做精其中之一，瑶里古镇的影响力也不可小觑！）

“恋恋风尘”之解读——

第一个恋，是青花之恋，是茶之恋，是百合之恋，是瑶河之恋；第二个恋，是人之恋，包括暗恋、初恋、热恋、失恋，对应一年四季春夏秋冬。风尘中，自有性情中人。风尘，寓意岁月之悠久，历史之沧桑，暗合瑶里古镇的千年风尘时光。

青花瓷是温润的、多情的、能让人产生相思的；一杯好茶，茗一口，回味悠久，也能让人产生相思；百合是纯洁的、高雅的，是几千年中国文化中爱的代表。瑶里古镇的山水、民风民俗，淳朴、干净、又浑然天成，令人流连忘返，让人起了相思。

一个景区最大的成功就是能让游客对它产生无尽的相思。

机不可失，时不再来，时不我待！

没有最好的想法，只有最好的行动！！

三、瑶里古镇的产品配套建设

其一：为配套“为爱情服务”的战略性品牌定位，瑶里景区应在游客服务中心建立“爱情印象”博览馆，一方面陈列征集到的精品素材，另一方面，方便为游客陈列他们的爱情信物、爱情纪念品等。

其二：瑶里景区门口应树立明显的“为爱情服务”标识，营造品牌环境氛围。

其三：瑶里景区应在景区主要道路及景德镇、婺源、庐山等省内知名景点的必经路上，做一定程度的户外广告宣传，广告内容为“爱你，要你，我是瑶里，我只为你的爱情服务”。

四、建构瑶里古镇的品牌系统

基于瑶里古镇的旅游资源优势向产品优势的转变这一现实，随之而来，就需要一个配套的品牌系统。品牌系统的本质（性质）是一个旅游目的地

“品牌生态系统”，囊括了品牌的营销、管理、运维与传播等内容。

（一）这是品牌的时代，任何竞争到了最后都是品牌之争

旅游品牌是旅游目的地所追求的最高境界，它必须与当下的市场结合，并对未来的市场趋势做出预判。

（二）这是智慧的时代，任何生生不息的都是智慧的体现

智慧旅游的提出不是简单的工具主义的体现，而是人文主义的情怀与科学主义的智能和解。

（三）这是信息的时代，谁掌握了信息谁就立于不败之地

21 世纪，信息大爆炸。在海量错综复杂、良莠不齐的信息中，让人看到你、记住你、宣传你，比大海捞针还难！让旅游消费者在茫茫人海中，一眼认出你、选择你、拥护你，是信息时代旅游目的地必须要面对和解决的一个关键问题。

要记住，信息过剩导致审美疲劳，信息的稀缺才能创造价值。

（四）品牌终究要形成系统，才能释放出强大的力量

品牌系统它首先是一个“品牌生态系统”。

中国旅游市场经过改革开放几十年的发展，面临着产能过剩、发展粗放、旅游产品同质化竞争激烈（产品过剩）、旅游品牌价值良莠不齐、陷入门票经济无法自拔的困境。随着信息时代信息大爆炸，随之而来的信息过剩、虚假信息，使得旅游消费者在选择出游上无所适从。再者，无修正的广告投放在提升品牌知名度的同时却忽略了品牌价值的发展，导致品牌知名度和品牌价值发展的畸形，旅游消费者慕名而来，失望而去，由此引发了一系列的信任危机。面对这些困境和危机，只有建构一个良好的品牌生态系统，均衡发展、良性循环，才能系统地化解上述问题与困境。

其次是一个旅游目的地品牌的内涵矩阵。

品牌系统很好地将品牌价值链和品牌价值网贯通起来，实现价值链的品牌管理，价值网的品牌运营，实现品牌核心价值的选择、创造、传递、沟通与管控，以及品牌价值增值。进而实现旅游目的地的品牌内涵的升华与巩固，并带来更丰富的软实力产品。

最后才是一个旅游目的地营销与传播的阵地。

在更广阔的时间和空间维度上，实现人与人、人与目的地、人与自我的良性分享机制，从内容营销、口碑营销到大数据营销，带来一个全天候360°的传播效果。

（五）旅游品牌系统是社会化媒体时代的不二法门

1. 聚合

聚合一切优势资源，去粗取精，去伪存真，提炼出精品资源，并在此基础上，通过结合自身实际的自我创新、纵横化的比较创新来推陈出新，为产品具备优势奠定基础。

2. 创新

产品优势还必须基于创新，才能带来更多的经济效益。在玩法、体验上进行深度创新，通过资源优势—创新—产品优势—目的地具备了自我创新能力（自我造血更新能力）。

3. 旅游经济效益的最大化

一切出发点和最终归宿都是为了实现旅游经济效益的最大化，没有旅游经济效益，一切高尚的旅游行为都将失去自我完善的动力。

（六）旅游品牌系统要注重定量分析

运用技术手段，从数据挖掘、统计、分析到数据模型的建构，结合运营规范、数据规范和运维规范，为旅游目的地（瑶里）“品牌生态系统”提供数学的、统计学的与计量经济学的智力支持。

（七）搭建旅游品牌系统的三大维度

旅游品牌系统的建构，需要从以下三个维度出发：

1. 内容为王

内容上，吃住行游购娱。吃的方面，瑶里当地人吃什么，就给游客吃什么，这样才能在美食这一块带给旅游消费者不一样的体验。第五次去瑶里考察，新入股瑶里古镇的傅总提了一个观点，我很认同。

“我每天都去酒店食堂，有一天，我们有一个厨师做了一道菜，那是地地道道的瑶里特色菜，全世界只有瑶里有，我尝了一口，味道好极了，那是瑶里的味道、瑶里的记忆，我当时就对这个厨师说，你要保持下去，以后就给游客做我们瑶里原汁原味的特色菜，把舌尖上的瑶里发扬光大，我升你为主厨！”

傅总的这个观点，是我们很多景区所不具备的。抛弃自己的特色，是一种愚蠢的做法，我去江西旅游，绝不会想吃到东北乱炖的味道，我去东北旅游，也不会想尝到云南的小米辣，我只想吃一口黑土地上原汁原味的菜肴。

住的这一块，未来的发展是切忌现代化、都市化，保持当地传承几千年的建筑风格，以主题建筑的形式进行完善，让旅游消费者住得难忘。一旦现代化、城市化了，住也就失去了体验的意义。在任何地方都能住到的，在你这住宿就没有任何回忆可言。

交通这一块，除了主路是标准的柏油路之外，景区里各种游览路的搭建一定要和大的旅游背景相融合。你看汪湖原始森林，里面很多路都是用水泥加木头来打造，这不仅仅是资源浪费，更是对自然生态的破坏。游客身处原始森林，却走在水泥铺的路上，会索然无味。建议都换成木石结构的路，做到不破坏、不乱造。

游这一块，游更注重的是一种放松、一种休闲，它是游客充分发挥自我的五感（视觉、听觉、嗅觉、味觉和触觉）所体会到的一种灵与肉高度结合的状态。这就需要我们在产品打造与配置上进行内容的有效配比，是先让游客的视觉得到满足，还是嗅觉上获得惊喜，就需要做一次全盘的考量。

购这一块，能让消费者带走某些东西，是加深消费者对景区记忆度的一个很好的办法，也是带动旅游经济收入的一个方式。所以，旅游纪念品的开发、打造就得提上日程。

娱，强调的是参与，是体验，是互动，是游客与游客的互动，是游客与当地人的互动，更是游客和风景的互动。在娱乐这一块，需要加大功夫，立足瑶里自身特色资源来打造瑶里特色的娱乐项目，切忌大建酒吧、大排档，这些东西已经烂了，任何地方都有，又何必来你瑶里。

总之，除了旅游六大要素要在内容上紧扣品牌主旨来挖掘、打造外，别的很多细节的东西也不能放松，见微知著，吃住行游购娱、人性化服务得跟上。

2. 口碑至上

中国有句老话："金杯银杯，不如老百姓的口碑。"在内容上打造出精品了，未必就能得到优质的口碑，还必须在服务上跟进。

优秀的口碑导源于“观世音菩萨”。

2013 年夏，我前往瑶里古镇进行旅游营销与策划的培训讲课，期间，在关于怎么做好旅游这一问题上，我对全体瑶里旅游开发有限公司的员工提了五个字的要求，那就是“观世音菩萨”。

2012 年，我在阆中古城的研讨会上，也提及过这一理论。今天将其分享出来，请各位从事旅游工作的朋友斧正与指教。

观：

一方面，要学会观察，“察言观色”，观察别人，观察自己，观察你身边的万事万物，做到观外与内观的高度统一。

观外——

观察旅游消费者。

掌握游客的消费心理行为，这就要求我们的员工要至少懂得一些心理学，知道过去、现在和将来，我们的旅游消费者有了什么变化，他们需要的是什么，我们应该如何做出改变，以更符合旅游消费者的心理诉求。游客是旅游目的地的衣食父母，不懂父母所需所求，何来衣食无忧？

观察别的景区。

为什么有的景区景点做得如火如荼？为什么他们总是走在旅游经营的前头？为什么我们总是踉踉跄跄举步维艰？这需要我们仔细观察他们是怎么做的，哪里做好了，有什么地方值得我们学习借鉴，哪里做差了值得我们警惕和引以为鉴。

内观——

观察自我。

知道自己哪里进步了，哪里需要完善或改过。孔子曰：“吾日三省吾身。”一个人，只有做到不时的内省、内观，才能跟得上时代发展的节奏。

这需要靠个人的努力，你有没有求知欲去学习强化，有没有正视自我的魄力，有没有自我批评的紧迫感。

如何做到内观？

一方面，要转变观念，比如导游人员，你在为游客讲解导游词的时候，你要忘了你是一个导游，而转变为自己是一个专家，是这一领域的专家，比如你讲高际禅林寺（瑶里古镇的一座寺庙）的时候，你就是佛学的专家，是禅宗的专家，只有这样不停地要求自己，才能讲出精彩的导游词，甚至原创出属于自己的导游讲解体系。转变观念这一块，要记住的是，不是任何事情都是别人的好，观念有时候转变得太猛了，也会过犹不及。记住，任何观念的转变，都得结合自己的实际情况，马克思主义也得中国化。

另一方面，我们都知道转变自己的观点是一件很难的事情。俗话说，狗改不了吃屎。但人有自知之明，我们要善于学习，博览群书。尤其我们管理层的干部，更是要做到无时无刻不在学习，只有不断地学习、记录、积累、总结经验，才能在旅游的运营管理实践中有所作为。管理层的干部，最忌讳的就是骄傲自大，要放下身段，知道一山还比一山高，不要沾沾自喜，不要以为自己是一个景区的诸侯就不思进取，不去学习了，学习，才是终身大事。

世：

一方面，要有世界的格局，把瑶里放到江西旅游大发展的舞台上去看，放到中国古镇发展的大舞台上去看，放到全国乃至世界的旅游大舞台上去看，这样，你就能看到一个不一样的瑶里，做任何事情都会心中有数。

比如瑶里古镇有一座五华山，你想过怎么去打造这座山了吗？你有把五华山放到一个大的格局里面去思考了吗？在我看来，如果我来做五华山的营销，我会把五华山放到中国的传统文化中去看。因为中国人的性格是山和水的性格，孔子就说过，仁者乐山，智者乐水。这个乐字，在这里的发音是 yào，当然，读 lè 也可以。如果你把五华山放到中国大的文化语境中去看，你会看到这里面其实有阴阳五行的文化在里面。为什么呢？因为瑶里古镇是瓷之源，瓷器的形成，就是一个阴阳五行的转化过程。

另一方面，要随时关注时代的发展，注重旅游行业信息的追踪、挖掘与分析，这是一个信息的时代，你要是没有一种大的世界格局，没有主动掌控信息的能力，你就会被信息所吞噬，被时代所抛弃。

音：

一方面，要听自己内心的声音。瑶里旅游的发展，得遵循瑶里自己的内心，要听一听瑶里所发出来的那个声音。瑶里的特色是什么？瑶里自己最优秀的资源是什么？瑶里自己想要成为什么？如果不遵循瑶里自己内在的声音，那么做出来的事情就成了无源之水、无本之木。

比如，瑶里古镇有瑶河，瑶河是一条宽敞的河流，是一条流动得缓慢的河流。在整个江西省内，做漂流产品的何其多！如果瑶里要把瑶河拿来开发做漂流。那么，我们就要从瑶里的本色出发，瑶里古镇的本色是什么？是慢，是不着急，是陌上花开，可缓缓归矣的本色。

再看我们的时代，人们做任何事情都太急了。我们现代人总是活得太急，总是固执地认为，时间就是金钱，时间就是生命。但是，我要告诉你们的是，生命不是时间，不是金钱。我们活得太匆忙了，太紧张了。日日夜夜，灵魂仿佛紧绷的弦，一折就断。我始终认为，人这一辈子最难得的就是一个慢字。而慢字最难是静心，是陌上花开可缓缓归矣。那么，瑶河要做漂流，就应该体现在一个慢字上，做一种慢漂流。你可以在漂流筏上睡一觉，可以在上面品茶、静坐。

这就是遵循了瑶里的本色而提炼出来的一种符合瑶里的实际的产品，也是一种符合了当今时代需求的产品。

另一方面，要听别人的建议，听别人发出的声音。古人云，当局者迷，旁观者清，多听听，自动过滤，取其精华，去其糟粕，即可。最后，要听游客的声音。瑶里是一个产品，游客就是你这个产品的用户，用户的声音是促进产品升级的基础，是瑶里口碑传播的关键一环。

或许你们会觉得，我不是某某大学的教授，不是某某研究院的专家，不是知名的，但是我要告诉你们的是，我肚子里的“货”，值得你们去听一听、想一想。这也是说，不管来者是谁，我们都要听听他是怎么说的，这终究没有坏处。

菩萨：

一方面，要有菩萨心肠，不能为了赚钱而大搞破坏，不能为了那点蝇头微利就不顾自然生态环境，今朝有酒今朝醉，不考虑后人。

另一方面，对任何游客，对任何瑶里当地人，对任何公司员工，对自己，要有菩萨心肠。善待众生，方得始终。

“观世音菩萨”是我们每一个做旅游的人的一种理念和准则，当然，也是瑶里旅游品牌形象的血脉，是做好瑶里口碑的不二法门。

3. 数据挖掘

这属于大数据营销的范畴，需要在内容上和口碑上做足功夫，再来做大数据才有意义。

瑶里品牌系统的大数据，产生于瑶里的用户，即游客。游客来自哪里，多大年纪，学历如何，爱好如何，结婚与否，去过哪些古镇，喜欢何种古镇，家里多少人，一年出游花费多少钱……这些数据都需要在系统里呈现、积累起来。无论是从因果关系还是相关关系上来进行分析，都能对瑶里的营销动作带来有效的指导意义。

围绕这三个方面，建构瑶里古镇的旅游品牌系统。

（八）旅游品牌系统必不可少的两大体验模式

有面子有里子；内外兼修；瑶里品牌营销系统的“321”特色。

1.“3”是三大名师

（1）旅游达人

读万卷书行万里路。借助互联网力量，网罗天下旅游达人，以 DGC（达人创造内容）带动网民 UGC（用户创造内容），奠定瑶里旅游品牌口碑群众基础。

（2）公众精英

旅游行业、大专院校、知名专家、学者，以独到、独特的视角传递与时俱进的旅游新动态，解答专业的旅游知识，为瑶里旅游品牌注入权威因子。

（3）政府人士

国家有关协会、部门及景德镇市、浮梁县旅游局的政府人士，以专访、答疑等形式，从宏观层面，拿捏国家与旅游行业相关大政方针，并准确传达，从政府层面，鉴定旅游消费者对瑶里的旅游需求。

三大名师指路，为瑶里旅游品牌树立权威性、专业性、正确性。

2.“2”是两大体验模式

当今社会，旅游消费者进行旅游不再是单纯地满足物质和生理需求，更多的是满足精神和心理需求。旅游经济已经不再是简单的消费经济，而是上升到了现代服务业的最高端形式的“体验经济”。[23]

瑶里的旅游品牌系统是以现代体验经济的精神消费为主旨，将瑶里古镇之产品经济、商品经济、服务经济，精准、独到地整合提炼成第四种经济形态——体验经济，并高度融合于两大体验模式，为瑶里呈现出独特的旅游品牌风貌。

（1）动态体验模式

视频（短视频）：短视频（微电影）区别于旅游风光片最大的不同是与旅游消费者的互动性。它通过画面、色彩、声音、剧情等多种元素全面调动旅游消费者的感官，生动形象，表现力十足，让人如临其境、如闻其声。它特别适合景区营销创新需要，为网络时代的旅游营销开启了一种全新的、互动的时尚方式。它短小精悍、制作专业、故事完整、运作周期短、传播速度快、成本与旅游宣传片基本相当，对于瑶里的旅游宣传起到画龙点睛的作用。它通过讲故事的方式将主人公的悲欢喜乐与瑶里的自然风光、民俗风情融为一体，达到情景交融的艺术境界，让旅游消费者产生心理上的共鸣，激发起潜在的旅游欲望。当旅游消费者身临其境看到相似的风景和环境，内心便会获得一种更为深刻、更为丰富的心理体验。[24]

虚拟景区：不可言说之妙存在于体验的世界，存在于各种“第二人生”，如网络游戏、音乐、图片、视频。瑶里品牌系统之虚拟景区利用网络空间来表现物理空间[25]，在传送瑶里旅游的实况过程中，带给“不在场”的旅游消费者一种亲临其境的感觉，使旅游消费者对于瑶里旅游的虚拟体验既刺激，又安全，实现旅游消费者对瑶里旅游的高峰体验。通过强大的技术先进性、技术可靠度和用户体验口碑，强化旅游消费者对瑶里虚拟景区的使用体验感受，使其进入一种“须臾不离、无法割舍”的感性化境地。[26]

（2）静态体验模式

①图集

让瑶里品牌系统中的瑶里古镇的每一张图片，都是一个故事。这些图片与任何旅游网站抑或图片网站相比，都具有质量高清、品质一流、可读性强、故事性强、趣味性强、记忆性强的特点，让网民一眼难忘，勾起其旅游欲望。

图片来源有三：一是瑶里拥有自主版权的图片；二是向国内外图片网站付费采购；第三是组织并采购专业摄影师团队拍摄的作品。

②图文并茂的游记攻略

让瑶里品牌系统的每一篇瑶里的游记攻略都有文化内涵，每一本瑶里的电子书都是一本故事会。区别于马蜂窝、驴妈妈等游记攻略网站，瑶里品牌系统上的游记攻略，具有诸多游记攻略网站所不具备的三大优点：

首先，瑶里品牌系统上的游记攻略是基于瑶里旅游的特质而创作，分门别类，涉及瑶里之瓷器文化、建筑文化、民俗文化、戏曲文化、阴阳五行文化、百合文化、爱情文化、茶文化等诸多文化，具有高度的专业性。

其次，这些游记攻略，在具备了高度专业性外，又有故事性、可读性、耐读性、情感性。

最后，这些游记攻略始终遵循让旅游消费者既汲取了文化知识，又了解了瑶里旅游，勾起其对瑶里的好奇及旅游欲望的基本原则。

电子书来源有三：一是瑶里自行提供部分自主版权的优秀游记攻略；二是付费采购或征集旅游消费者手中的瑶里游记攻略；第三是以上两点若无法满足，则组织专业的创作团队撰写。

态度决定一切，不做就彻底不做，要做就百分百做好。真诚到永远，以最好的团队，给出最好的服务。综合运营、营销、客服，方方面面，面面俱到。

3.“1”是一种态度

（1）以小搏大的态度

低成本投入，全方位周到服务，给瑶里旅游带来高回报，让瑶里的每一分钱落到实处，实现 ROL（投资回报率）最大化。

（2）精确制导的态势

基于大数据分析，我们为瑶里旅游进行精准营销，有的放矢。瑶里品牌系统让不想旅游的人看到以后想旅游，让想旅游的人看到后决定去那旅游，让去过的人看到后还要去旅游。

（3）地毯轰炸的有度

全民营销，口碑覆盖。结合线上线下（O2O）活动，发动互联网用户，进行对瑶里旅游的点评、分享，实现“瑶里品牌系统的 360°无缝宣传”。

（4）世界格局的气度

走出去，引进来。瑶里品牌系统在成熟后，将推向国外，结合海外优秀互联网平台，如 Facebook、推特等，打造英文版的瑶里品牌系统。

……

瑶里古镇，至今四五年过去了，依旧处在一种飘摇不定的境况里，我只能叹息，这跟他们的管理有很大问题，跟浮梁县甚至整个景德镇的旅游发展战略有很大关系。瑶里那么好的资源，那么好的条件，却因为种种原本可以掌控却最终让其失控的原因，导致了今天这样的局面。

这“观世音菩萨”的理念，整个瑶里古镇，几乎就没有消化吸收。在我做的关于瑶里古镇的所有的策划方略里，唯一实现了的，也就只有今天各位去瑶里能看到的那几千亩百合花了。基于百合花而得的“百合盛宴”“百合之恋”，基于瑶河而得的“瑶河之恋”，基于青花瓷而得的“青花之恋”，压根就没有任何动作。这不能不说是一件极大的憾事。

夏天，瑶里的百合花就开了。

很多时候，不是你的策划成就了某个旅游品牌，而是旅游品牌成就了你的策划。因此，不管瑶里旅游今后何去何从，作为旅游行业一枚小小策划师，能为瑶里旅游提供自己的力量，感到高兴和幸运。

中国第一家卖土的景区

——策划贵州梵净山

梵净山隶属于武汉三特索道集团。我与武汉三特索道集团结缘是在2012年春夏之交，其时，梵净山景区主管营销的黄总联系上了我所在的公司，双方决定对梵净山进行一次策划，我有幸被委派为梵净山的首席策划师。虽力所不逮，但凭着年轻气盛不服输的精神，果断接受了这个项目。

三特目前经营开发的旅游项目主要有陕西华山索道、海南猴岛跨海索道、庐山三叠泉有轨缆车、珠海石景山索道（滑道）、内蒙古克什克腾旗青山索道、广州白云山滑道（极限运动中心）、海南陵水猴岛公园、海南定安塔岭飞禽世界、贵州梵净山景区及索道、陕西华山宾馆、福建武夷山武夷源生态旅游区、湖北神农架木鱼镇民俗风情商业街、湖北咸丰坪坝营生态旅游区、海南猴岛浪漫天缘海上旅游项目等。其中，我负责梵净山的营销策划。

言归正传，让我们回到梵净山的策划上来。

梵净山（Mount Fanjing），位于湘、渝、鄂三省、市交界的黔东北边陲，属横亘楚蜀大地、绵延数百公里的武陵山脉，原名“三山谷”，后得名“梵天净土”。梵净山乃“武陵正源，名山之宗”，是全国著名的弥勒菩萨道场，号称“与山西五台山、浙江普陀山、四川峨眉山、安徽九华山齐名的中国第五大佛教名山”，在佛教史上具有重要的地位。梵净山不仅是中国著名的弥勒菩萨道场，同时也是世界重要保护区和联合国教科文组织“人与生物圈”保护网成员之一，是中国少有的佛教道场和自然保护区两者重合的名山，成为中国佛 教文化与生态和谐共存的重要典范之一。

中国人的事情向来都是如此，宣传的文字，看着都是一片繁华，但实际却是问题重重。

一座山的定位犹如一个人的DNA，它最能代表和识别一座山的核心形象。我们常常犯盲人摸象的错误，但凡找到某个局部，就以为自己得到了全部的真相，殊不知你得到的只是“真像”。一座山的DNA是这一切的抽象、整合和升华，只有找到DNA，才能找到一座山百年不变的定位。我们就来把脉问诊一下梵净山的DNA。

有人说，梵净山与山西五台山、四川峨眉山、安徽九华山、浙江普陀山齐名，为中国第五大佛教名山，在佛教史上具有重要的地位。有人说中国只有四大佛教名山，梵净山并不在其列。

即便因袭第一种说法，大部分人只知有五台、峨眉、九华、普陀，不知有梵净，多数人心理上也是不认可梵净山的，为何？

（1）五台山有文殊菩萨，峨眉山有普贤菩萨，九华山有地藏菩萨，普陀山有观音菩萨，天下皆知。（梵净山有什么？弥勒道场，知之甚少。）

（2）五台山自北齐以降，就已气候大成；峨眉山自东汉以降，就显赫于天下；九华山自唐以降，就闻达于天下；普陀山天下有知，最早则可追溯至秦。四大佛教名山，历史悠久，文化厚重。（梵净山与之相比，几无无可比性。）

举个例子，将“五大佛教名山”比喻作五位妙龄女子。论才艺、论姿色、论阅历，叫梵净山的女子都比不过其余四位女子。五位姑娘站在一起，怎样才能让梵净山出类拔萃，引爆审美者的眼球？

有人说，化妆，用最好的胭脂口红！

有人说，打扮，穿最好的裙子衣裳！

有人说，……

我说，什么化妆打扮搔首弄姿都是白搭，你实力摆在那里，就算最好的整容美容大师来了，也会摇头叹息，一筹莫展。最好的办法就是“不穿衣服”。五个姑娘，其中一个没穿衣服，你说哪个最吸引眼球？

梵净山要打破原有思维，做一次“裸”的加减乘除法。

一、跳出“五大佛教名山”，不要虚名（减法）

召开新闻发布会，主动宣布退出“五大佛教名山”行列。退出是虚，历兵秣马、卷土重来是实。这一招“减法”一旦打出，势必引起全国舆论的热炒。“佛教名山”的称号，别人都想巴结亲近，你却反其道而行。

毛泽东在新中国成立初期提出了外交三大政策：“另起炉灶、打扫干净屋子再请客、一边倒”。

梵净山退出“五大佛教名山”的虚名后，下一步就是“另起炉灶”了。

二、另起炉灶，自成一派，打出自己的名号（加法）

梵净山 = 梵天 + 净土。

梵净山的炉灶就从这“梵天”和“净土”打起。

（一）万米睡佛

“万米睡佛，又为佛中佛，佛头三个、坐佛两尊，寓意‘五福临门’，且高达万米，为世界之最，极像大肚弥勒，千百年来当地百姓把梵净山称作‘大佛山’，山即一尊佛，佛即一座山。”

梵天是印度教三大神之一，负责创造世界。作为宇宙万物的创造者，梵天的地位相当于中国神话中开天辟地的盘古，他是从漂浮在宇宙洪水上的宇宙金卵中孵化出来的，肤色粉红，有四个头。在印度的神话传说中，只要向他许愿，无论是“神、魔、人”，他都会应允他们的愿望，故而有“有求必应佛”之称。华人地区俗称梵天为四面佛，色界初禅天之一（初禅共有三天：大梵天、梵辅天和梵众天），梵天在泰国、东南亚、中国台湾地区、中国香港等地极受崇拜。

分析以上两段，我们得出以下信息：

万米睡佛有三个头，梵天有四个头（另一个头就是梵净山本身）；梵天寓意有求必应；梵天在东南沿海、中国港澳台地区、新马泰等东南亚国家极受崇拜。

综上，将万米睡佛改名为万米“梵天睡佛”。改名后，赋予了睡佛独特的寓意，并与“梵净山”之梵天契合。

梵净山“极像大肚弥勒”，为什么不叫万米“弥勒睡佛”？

为什么不呢？

首先，即便梵净山有弥勒佛道场，但知名度很低，难于胜任；

其次，万米梵天有求必应佛＋弥勒未来佛道场＝成功，主打祈福牌。

再次，叫万米“梵天睡佛”，可以吸引东南沿海、港澳台地区游客，更可以打开东南亚市场，继而将梵净山推向世界。

最后，弥勒佛有白衣弥勒的说法，不符合当下的政治环境。我们从弥勒佛的造型艺术的变化上便可以窥一斑而知全豹。

弥勒佛既是菩萨，也是佛。他在中国最早的造型艺术严格按照佛经要求的三十二相、八十好等制作，从中看不到太多中国化的痕迹，是典型的“金身弥勒”。[27]

由于弥勒佛又分上生信仰和下生信仰，上生信仰在这里不做赘述。下生信仰见于《弥勒下生经》《弥勒成佛经》等。据佛经记载，弥勒在兜率天4000岁后，便下生人间成佛，给予人世间幸福与解脱之机，这样的下生信仰深受生活于水深火热之中的人们的拥护。虽然弥勒佛等56亿年后才会下生，但饱受煎熬的老百姓却急盼弥勒早日来临，因而下生信仰很快便取代了早期流行的上生信仰，成为弥勒信仰的主流。[28]弥勒下生信仰带来幸福和解脱，于是，从魏晋南北朝以降，直至清末民国时期，陆陆续续有很多人打着“弥勒佛出世”的旗号起事，以白衣长发的形象出现，被称为“白衣弥勒”。

离我们比较近的清王朝，两百多年时间里，民间出现了很多次的反清起义，其中大部分打着白衣弥勒的旗号。

从宋朝开始，官方为了消解白衣弥勒信仰带来的种种危机，开始从官方的层面重塑弥勒佛的形象，以契此和尚为原型，经过长时间的塑造，定型为今天我们看到的“大肚弥勒”。

然而，要说的是，即便今天，白衣弥勒也依旧存在于民间的信仰中。每逢民不聊生，起事农民都宣称弥勒降生，以佛威压过皇权。

下生之时，是忍无可忍之时。所以，做弥勒佛是件比较复杂的事情，不如集中在梵天上。

（二）做中国第一家卖土（净土）的景区

世界上什么最无价？生命最无价。

传说，女娲用泥土造人和万物，上帝耶和华用泥土造人（亚当），普罗米修斯用泥土造人……在一系列东西方神话传说中，土，成了生命的来源。万物死后，又复归于土。土，创造一切，承载一切，接纳一切。

梵净山的土＝净土。

净土，是指清净国土、庄严刹土，也就是清净功德所在的庄严的处所。是诸佛菩萨为度化一切众生，在因地发广大本愿力所成就者。因为有十方三世一切诸佛菩萨，因此也就有十方无量的净土。

在这个世界上，似乎还没有哪一个景区卖过土。

请知名高僧、佛学大师为梵净山开光，赋予梵净山“净土”的含义。将梵净山打造成中国最后的净土，打造成集佛教十方无量净土为一体的净土圣地。

梵净山卖的不是土，而是净土。

如今的社会，浮躁、急躁、焦虑、矛盾、痛苦。无论是达官显贵，还是市井小民，人们在现世的喧嚣中，大都想往清静之地，以求灵魂的安宁。

以梵净山为中心，招徕四方游客，拜取净土，用于保平安、求财源、盼升学、祈和平，等等。此计一出，足以使梵净山海纳农、工、商、学、军、政各界人士。

（三）中国禅宗第一山

据《大梵天王问佛决疑经》记载，有一次梵天在灵鹫山，为了要令一切众生得大利益，请佛说法，并把一朵金色的波罗花献给佛。佛答应了梵天的请求，高升法座，却一句话不说，手里只是持着波罗花朝大家看看。在座的人都不理解，唯有摩诃迦叶展颜微笑。佛便高兴地当众宣布：“我有正法眼藏，涅槃妙心，实相无相，微妙法门，咐嘱摩诃迦叶。”同时还把平素所用的金缕袈裟和钵盂授予迦叶，这就是禅宗说的“衣钵真传”的故事。中国禅宗把摩诃迦叶列为“西天第一代祖师”。到第二十八代祖师，达摩东渡中土，传六代，直至六祖慧能，禅宗终于光耀千古。“拈花微笑”可以说是禅宗的第一个公案，从此“不立文字，教外别传，直指人心，见性成佛”的法门就成了佛教禅学思想的要义。

由此可见，梵天乃禅宗鼻祖、禅宗之肇始、禅宗之源头。《大梵天王问佛决疑经》也成了第一部提及禅宗的佛学经典。

禅宗与净土是否相矛盾？

中国佛教共分八宗，净土宗独尊念佛，以之为一代佛教归宗结顶之法，所谓《华严》奥藏、《法华》秘髓，一切诸佛之心要，菩萨万行之司南，皆不出于此。净土宗以阿弥陀佛因愿果号为立教根本，以四十八愿中第十八愿为轴心，建立难易二道、自他二力、圣净二门、要弘二门之教判体系；确立三心、五念、正杂二行、正助二业等心、行、业规范；以“信受弥陀救度，专称弥陀佛名，愿生弥陀净土，广度十方众生”为宗旨；以“本愿称名，凡夫入报；平生业成，现生不退”为特色。

为什么不把梵净山打造成净土宗之山？

净土宗虽然贵为中国佛教八大宗之一，然而其知名度与影响力都比不过禅宗。在这里不提净土宗，只取“净土”是营销与市场的需要。

禅宗与净土结合更符合中国佛教的修持，也符合当下现代人的心理诉求。

五代宋初法眼宗禅师永明延寿有《万善同归集》三卷传世，认为修行得道可以由不同的方式觉悟，因此不能执着某一法门，而否定排斥其他法门。他的说法被后世引申，认为禅与净土二者有互相扶助的关系，自力结合他力，即禅定结合念佛方为最好、最圆满的修行方法，即“禅净一致”。

南宋之后，禅净结合已成为禅宗内部的大趋势：曹洞宗长芦清了有《往生集》传世；云门宗契嵩“夜分诵观音名号，满十万声则就寝”；云门文偃的四世法孙仪怀作《劝修净土说》，其中更主张“净土兼修不碍禅”。

关于禅宗与净土的相互关系，虚云大师如是说：

永明禅师有禅净四料简，其文曰：“有禅无净土，十人九蹉路，阴境若现前，瞥尔随他去。无禅有净土，万修万人去，但得见弥陀，何愁不开悟。有禅有净土，犹如戴角虎，现世为人师，来生作佛祖。无禅无净土，铜床并铁柱，万劫与千生，没个人依怙。”

四料简一出，禅净二宗，顿起斗争。净土宗徒说，“有禅无净土，十人九蹉路”，单修禅宗，生死不了；单修净土，“万修万人去”；又参禅又念佛，“犹如戴角虎”；“无禅无净土”，是世间恶人。净土宗徒以此批评禅宗，至今闹不清，屡说参禅之弊，又引证“戒禅师后身为苏子瞻，清草堂后身为曾鲁公，逊长老后身为李侍郎，南庵主后身为陈忠肃，知藏某后身为张文定……此数公者，向使精求净土，则焉有此……甚哉西方之不可不生也”，云云。

我认为修行人后身，“辗转下劣”，在人不在法。

我认为宗下有浅深，显教密教有顿渐邪正，念佛也一样……唯我平常留心典章，从未见到四料简载在永明何种著作中，但天下流传已久，不敢说他是伪托的。他所苛责“有禅无净土”，难道禅净是二吗？念佛人心净佛土净，即见自性弥陀。这净土与禅是不二的。但今人却必限于念佛为净，参禅为禅。

禅是最上一乘法。犹如纯奶，卖奶的人，日日加了些水，以至全无奶性。学佛法的人，也如纯奶掺了水。永明看到，便对掺了水的禅说，“有禅无净土，十人九蹉路”，并不是说纯奶的禅“蹉路”。永明禅师上智者岩，作禅净二阄，冥心精祷，得净阄，乃至七度。若禅是不好的，他决不作此阄；若净是他本心所好的，则他必不至拈至七度乃决。且永明禅师出身禅宗，是法眼宗第三代，哪里会自抑己宗，说禅不好的道理。

“有禅有净土”，如虎本有威，再加二角，更加威猛，为师作佛，理所当然。至于无善根者，不信禅，亦不信净，糊里糊涂，则“万劫与千生，没个人依怙”了。我平生没有劝过一个人不要念佛，只不满别人劝人不要参禅。每念《楞严》所指“邪师说法如恒河沙”而痛心，故把四料简的意旨，略加辩说。希望一切行人，不要再于四料简中，偏执不通，对禅净二法妄分高下，就不辜负永明禅师了。[29]

由此观之，禅宗与净土，二者相互扶持，并不矛盾。

故而，综合诸多因素，梵净山作为禅宗和净土结合最好的一座山便呼之欲出了。

梵净山 + 梵天 + 净土 = 中国禅宗第一山。

立足梵净山现有资源，整合、提炼、扩大、丰富，最终借此将梵净山打造成“中国禅宗第一山”。

三、打扫干净屋子再请客（除法）

梵净山经过之前的减法与加法，思路已经明确，是时候做做除法了。

厘清梵净山现有产品资源，除去不必要的，保留经典的；整合可以整合的，去除可有可无的；提炼精华的，去除多余的。

经过一系列的“除法”，使梵净山焕然一新，摇身一变，以全新的、欣欣向荣的、可人的面貌出现在全国人民的面前。

正是“千呼万唤始出来，犹抱琵琶半遮面”。是时候开始请客了。

怎样让这“犹抱琵琶半遮面”的梵净山从害羞变得落落大方，袒露在全国人民面前？

这需要我们来做最后一道乘法。

四、借势新媒体（乘法）

借势新媒体，用旅游微电影来做乘法。

旅游微电影的难处在于处理故事和风光之间的关系。目前市面上大部分旅游微电影只能算散文小品，配上旁白、音乐，在美丽的风光下，走一圈，就万事大吉了。

一部好的旅游微电影，既不能让故事喧宾夺主导致消费者只记住了故事而忘了故事发生地，也不能让风光先入为主导致消费者只觉得那地方风光不错，至于文化内涵什么的却不甚了解了。所以，要实现故事张力与风光内涵的有机结合。让观众在看了该片后，一方面心中对故事情节念念不忘，甚至扼腕叹息，一方面又被承载故事的目的地风光心生向往。这其中最好的例子就是云南石林的《阿诗玛》、广西桂林的《刘三姐》，观众沉浸在故事发展所营造的氛围中不能自拔，同时又被石林的喀斯特地貌、桂林的碧山秀水所吸引，魂牵梦萦。

梵净山将借势新媒体，量身打造属于梵净山的微电影（以梵净山为微电影现场拍摄地）。

短视频 + 梵净山诗情画意的风景 + 独特的故事 + 专业的主创团队 + 新媒体强势宣传 = 梵净山品牌的核聚变。

至今，我已为辽宁省盘锦红海滩、四川省都江堰、青城山、阆中古城、山东省水浒故里等策划拍摄了多部旅游电影，即《因为爱情》（红海滩）、《书香美人》（阆中古城）、《被时光湮没的爱恋》（都江堰）、《一场虚构》（青城山）、《我的吃货女友》（都江堰）、《给你一个江湖》（水浒故里），都取得了良好的品牌传播效果。

孔子曰，“登泰山而小天下”，子美诗云，“会当凌绝顶，一览众山小”。梵净山要达到的效果，就是要让游客来到梵净山后，会觉得天下诸山不算山，会有“一览众山小”的喟叹。需要明确的是，梵净山之大不在形体大，而在精神与境界之大！同样，其他名山小，不在形体小，而在精神与境界之小！

我们深信，经过一段时间的完善与发展，去梵净山的人一定会发自肺腑地说“五岳归来不看山，梵净归来不看岳！”

策划梵净山一年多后，2013 年夏，我前往江西上饶考察佛陀山，在回来的路上，取道武汉，与三特集团景区中心的总经理李宇峰先生会面，并开始着手海南南湾猴岛的营销策划。李总建议，南湾猴岛，重点将放在创意活动的策划上，希望能将南湾猴岛的猴子打出知名度来。

做策划的就是这样，一波未平一波又起，但每一个波浪的打来，都使我增长了阅历、学到了很多。

18 度的遗憾

——策划四川黄龙

黄龙的秋天，美得令人心碎。天高云淡，远处看是缥缈的雪山，近处看是层林尽染，而眼前是彩色的池子，赤橙黄绿青蓝紫。

人生就应该是这样的绚烂吧，不管得意还是失意。

2016 年我去黄龙的时候，正是酷暑的 6 月，没能看到黄龙的秋，但即便是在夏天，也能感觉到如果秋来了，黄龙该是怎样的美。于是，我常常在北京的人潮人海中，无数次想象黄龙的秋。无数次想起王哥（黄龙管理局工会主席）给我讲述的那个关于殉情的女孩的故事（很多年前，一位年轻姑娘来到黄龙，或许是情感的困惑，或许是黄龙的极致美丽，让她最终选择了自杀）。

到黄龙的第二天，下着不大不小的雨，我和王哥各自撑着一把伞，漫步在黄龙沟。身边是来来往往的游人，我们从上到下，经历了一个又一个池子，看到了一种又一种色彩，仿佛已经把这一生所有的颜色都已经历。

我常想，把黄龙的秋纳入一个唯美的爱情故事中，让情景交融，会是怎样的美好？

我亦忍不住想起那个与我素昧平生的女孩，她是怀着怎样的情感，选择了黄龙，把自己的美丽和青春镌刻成了永恒。

一、黄龙应该有一个配得上它的故事

没有任何一个景区是没有故事的。也没有任何一个人是不喜欢故事的。如果要让别人记住你，莫过于讲述一个动人的故事。黄龙应该有一个配得上

她的故事。

故事伴随着我们的一生。我们会去很多地方旅行，旅行的本质不是看风景、吃美食，而是渴望遇见一些故事，发生一些故事。

有可能我们花了大价钱，做了很多规模宏大的活动，赚够了眼球和面子，但这些费力费钱的活动，很可能是没有故事的，至少是没有黄龙故事的。

二、从 18 度说起

2016 年我去黄龙的时候，正是酷暑的 6 月，北京顶着 36℃的高温，而黄龙的气温只有 18℃。

黄龙的品牌必然是一个“18 度黄龙”的品牌。

18 度的黄龙，是不是觉得像一壶好酒？

18 度的黄龙，必然是可以延伸出很多韵味。

18 度的青春，是不是可以做做学生营销？

18 度的爱情，是不是可以主打浪漫营销？

18 度的友情呢？

18 度的亲情呢？

18 度，不高不低，是一个恰到好处的距离，而且这是黄龙可以拿过来用的、占据天时地利人和的好事。

营销讲究一个点线面。没有谁能一口吃个胖子。我希望黄龙的营销能找到自己的一个点，进行深度挖掘和突破。这个点有没有？肯定有。

不是景区成全了故事，不是人们成全了故事。而是故事成全了景区与游人。

黄龙一直在做的兰花节，出发点很好，但是方向错了。请再多的学院派的植物学教授，也很难促进黄龙的营销递进。兰花是什么？兰花是四君子之一。什么是君子？所谓君子，是风度翩翩，是温润如玉。是不是很有 18 度的感觉？

如果我们的兰花是 18 度兰花，是不是有种耳目一新的感觉。

这样的细节太多了，见微知著，值得我们思考。

18 度爱情，这是我给出的一个抓手，一个 18 度的黄龙故事。

18 度，这个点，就是我给出的撬动黄龙走出有自己特色的营销道路的点。

做营销，要做有自己特色的营销。要走与自身实际相结合的营销道路。马克思主义都需要中国化，更不必说营销了。

任何营销活动、策略、方法、方式，只要放到别的景区也能做的，就不是好营销，就成了面子工程，而失去了里子。中国人爱面子，但没了里子，也是一声叹息。

三、黄龙应该有值得它的故事

再重复一遍：如果要让别人记住你，莫过于讲述一个动人的故事。黄龙应该有一个配得上它的故事。

从听到王主席给我讲的殉情女孩的故事，我就情不自禁地想到了这样的一个故事。男主角离开女主角，要去遥远的地方，需要很久很久才会回来。女主角知道男主角不会回来的，就算回来了，爱情也回不来了。她告诉男主角，自己会永远在25岁等他，男主角不懂这话的意思。很多年后，他回来了，女主角的墓碑上写着："我永远在 25 岁等你"。

诸如此类的故事，我想它们是配得上黄龙的绚烂的。凄美、烂漫、多情又丰饶，让人念念不忘。

一个故事，可能让游客记不清，如果是 10 个故事呢？ 100 个故事呢？这很多个故事组合成的黄龙故事，是不是就会形成黄龙自身的品牌效应？我相信答案是必然的。

人是情感的动物。没有谁能离得了情感。用故事 + 情感打造黄龙的 DNA，建构属于黄龙自身别具一格的营销体系。

四、黄龙的形与象

凡是知道黄龙的人，都觉得黄龙很美。但是，黄龙怎么个美法？又有几人说得出来？好比人人皆知云南十八怪，又有几人能一一说出个具体的所以然来？这是我们很多旅游目的地的困境。品牌知名度有了，而品牌价值不高。

品牌知名度是旅游目的地之形。品牌价值是旅游目的地之象。我们的景区景点，耗费巨资，花大力气，却大都用在了对“形”的打造上了。君不见，星级的景区酒店、华丽的索道走廊、伟岸的景区大门，宽敞的停车场，等等。

不是说“形”的打造不重要，而是要有个度，不能一味地沦陷在表面文章上，而是要“吾日三省吾身”，研究自己是谁，琢磨自己能成为谁，把更多的人力、物力、财力放到对景区景点的“象”的打造上。

黄龙的形，既有的湖泊、雪山、冰川、河流、美丽的喇嘛庙等，以及人为的系列硬件设施，已经达到了一定程度。

但黄龙的象，则远远不足。五彩池怎么美？雪山如何优？河流怎样绝？寺庙为何好？都还没有充分地发掘出来。

我们需要立足黄龙的象，做加减乘除。加什么？减去什么？乘什么？除去什么？建立一套良性的逻辑体系。再通过短视频的手段，来传递黄龙之形、之象。让无穷的远方、无数的旅游消费者，真正爱上黄龙，并形成一传十、十传百的口碑效应，带来实际的旅游经济效益。

黄龙的象，需要内外结合，共同提炼。内部的看法、外部的看法，形成内外合力、层层推进的局面。

一旦有了某个层面的象，便结合动静模式之短视频、VR 虚拟、图文，用影像去深度挖掘，然后传播出去，日积月累，形成口碑。

五、黄龙的问题

（一）黄龙景区的现状分析

2016 年 6 月中旬，我前往黄龙进行交流学习，通过与黄龙一线工作人员的交流探讨以及对黄龙景区的走访和了解，我认为，黄龙旅游，就目前来说，主要面临以下几个方面的问题：

1. 资源优势很难转换为产品优势

（1）资源的特殊性很难进行二次开发

黄龙景区主要的旅游资源，因为具有重要的保护价值，无论是政策上还是生态上，都不具备进行大刀阔斧开发的现实条件，也就从某种意义上限制了旅游产品的打造与开发，资源优势很难转换为产品优势。

（2）旅游产品的互动性和体验性不足

黄龙现有的旅游产品，在很大程度上依旧停留在单纯的观光上，不具备良好的体验性和互动性。而休闲、度假和体验，是当今旅游的三驾马车。这是黄龙一直扮演九寨沟游客分流角色的重要原因，也是黄龙无法成为直接的旅游目的地只能扮演旅游集散地的根本原因之一。

不可否认，由于资源的特殊性，我们无法大肆进行旅游产品的打造与开发，《孙子兵法》云，“以正合以奇胜”。那么我们就要另辟蹊径，对现有的旅游产品进行创新，注入符合当下旅游消费者心理诉求的因子，利用多种营销手段，从广泛性和深度性上进行“资源＋产品”之思想文化的提炼。

2. 宣传口号的提炼还可以再创新

目前，黄龙景区的宣传口号是“圣地仙境，人间瑶池”这个口号和中国很多旅游景区的口号一样，都没有很好地做到唯一性、专一性和独特性。

（1）圣地仙境——过于宗教化，是个谁都没见过、只是停留在概念层面的词汇，很难给旅游消费者留下印象。

（2）人间瑶池——关于瑶池，我们也只是听神话传说过，现实中谁也没见过，即便借助《穆天子传》和《三国志》中的记载，周穆王驾八骏之乘驱驰九万里，西行至“飞鸟之所解羽”的昆仑之丘，观黄帝之宫。入夏后启之室，又设宴于瑶池，与畹矜做歌相和。进而把黄龙彩池考证为就是周穆王抵达的瑶池，一方面，在学术上不具备说服力，另一方面，关于周穆王和西王母的典故，知道的人少之又少，无法形成可记忆度高、可流传性广的局面，很难在旅游消费者中产生普及效应。这和香格里拉还不一样，毕竟《消失的地平线》是实在既在的，而且只有一百年的时间，加之年轻人向往神秘之境的普遍心理，迪庆州的据为所有也就水到渠成了。

很多时候，水到了，渠不成；很多时候，渠成了，水却又没到。

关于黄龙宣传口号的创新，需要再做考察，再做提炼，再做创新，这需要我们从全局上去思量。

3. 具体营销层面的互联网思维还不够

就我了解的情况，黄龙景区在营销传播层面，更多地停留在传统层面，没有与互联网时代的属性相结合，生发出来的效用不大。

举个例子，黄龙联合都江堰、青城山、九寨沟等景区，在夏季旅游上，推出“清凉”的主题，这个主题有以下几个方面的问题：

（1）过于传统

清凉二字缺乏联想，想象力不够，别人对你说出清凉二字，你不知道这个清凉是哪一种清凉，是空调带来的清凉还是冰激凌带来的清凉或者漂流洗澡带来的清凉，具有模糊性，不够精准和精确。

（2）缺乏独特性

清凉，是全国任何一个景区都可以打出的主题。夏天的时候，很多地区都具有清凉的自然属性。你说你清凉，他说他也清凉，消费者选择就难上加难。

（3）不具有可持续性

由于以上两点原因，清凉的主题就无法用来统领产品，无法起到打造夏季避暑游的龙头效果。

针对此，我提出了“18 度 • 黄龙”的主题，这是亲身实际体验后的所得。当飞机停靠九黄机场，飞机广播室外温度是 18℃时，所有人都发出一声惊呼，要知道这趟航班是从 36℃的石家庄起飞，温度的巨大差异，带给游客一种巨大的冲击。等下飞机后，所有游客都有一种瞬间到了秋高气爽季节的感觉。

“18 度 • 黄龙”较之于清凉——

首先，18 度，可以成为黄龙一个独特的避暑游产品。

其次，18 度，从具体的数字上带给游客实际的体感，形象鲜明。

再次，18 度在整个中国避暑游市场上，具有独特性和唯一性（杭州建德市推出“17 度新安江”的夏季游产品，现在几乎已经成了建德市的标志性宣传点，所有的卖点都围绕“17 度新安江”来展开。然而，他的避暑只是注重于新安江的一条江上，不像黄龙可以全面覆盖。（建议可以组织管理局负责营销的人员前往建德市进行学习交流）

（二）黄龙景区的 DNA

每个景区都有其自身独特的 DNA，比如丽江提炼的 DNA 是文艺小资，讲究“一个人的艳遇”；大理则是从影视剧和自身独特的资源出发，讲究“两个人的风花雪月”；普者黑则是抓住了中国人注重家庭观念这一关键点，主打家庭游市场，讲究“一家人的普者黑”；阆中古城则是围绕风水文化、三国文化等多种人文底蕴，推出了悦读之旅，讲究“书香、茶香、美人香”；都江堰·青城山则是紧扣“拜水都江堰，问道青城山”这一主题，结合互联网影视，借助各种新媒体营销，在“拜水”和“问道”上发力。最近在北京与其管理局马局长会面，得知他们正推出基于青城山道家文化的“太极舞”……

可见，景区营销要做好，把握住自身的DNA是基础。

那么，黄龙景区的DNA是什么呢？

基于黄龙旅游资源的特殊性和特色，以及现有旅游产品的现状，建议从文化层面来做文章，抓住“黄龙真人”这位《封神演义》中大家耳熟能详的神仙，结合黄龙自身沉淀下来的故事，我们可以推出“情义”的主题，将“情义”作为黄龙阶段性营销的主题，与九寨沟“童话”的主题形成鲜明对比。

中国人历来讲究情义，重情重义是中国人普遍的心理特质。情义里面涵盖了“爱情、亲情、友情”这三大的人类情感。

紧扣“情义”，用互联网影视的营销手段，创作三个故事，打造黄龙“情义三部曲”影视作品。通过“爱情”的视角，“亲情”的视角和“友情”的视角，向旅游消费者传递黄龙的旅游形象，也即通过“情感营销＋故事营销”的组合拳，诠释黄龙旅游的特色。

（三）黄龙景区的“情义营销”

互联网时代，是眼球经济时代，而吸引力是硬通货。如何抓眼球博得吸引力？打感情牌和故事牌。人是情感动物，这个世界上最动人的就是以情动人。人都是故事的产物。

九寨沟打出的是“童话”牌，抓住了童话元素中的唯美、浪漫与理想主义，吸引了一批高质量的旅游消费者。那么，黄龙借助互联网影视，打出“情义”牌，既符合景区自身的文化特点，又响应了党和国家的政策号召，传递正能量，弘扬传统文化。

第三次重复：

要别人记住你，最好的方法，莫过于讲述一个动人的故事。让风光与故事融合，让故事串联起美景、美食、美人，带给消费者不一样的体验而心生向往。

九寨沟，是一个来了就不想走的旅游目的地。慢生活、慢节奏、风景优美。而与九寨沟毗邻的黄龙，却一直被罩在九寨沟的竞争压力里。如何促使游客去了九寨沟，还要让他们去黄龙，甚至让游客抛开九寨沟，直接奔向黄龙？是要解决的问题。

六、18 度的遗憾

2017 年，黄龙景区将我提出的“18 度黄龙”用作了品牌宣传口号，但在营销上，却没有很好地理解吃透什么是“18 度黄龙”的精髓，反而是做了一些不伦不类的营销活动，让大方之家偷乐了许久。

做营销，归根结底，要形成基于自身特色的故事与情感。

给游客一个到黄龙旅游的理由。这个理由，一定是只属于黄龙的。这个理由，一定是能让广大的游客感同身受的。只有感同身受，才能真正爱上，才能真正记得。

花小钱，办好事。

做小而美的营销，也不失为一种两全其美的选择。

除了上述内容，黄龙的故事还可以以很多种形式去挖掘、去讲述。不论是具体的线下线上（O2O）活动，还是面子里子兼顾的大营销；也不管是微电影、电视片，还是结合了图文游记和短视频的立体式营销，我们都能做到、做好。因为，归根结底，黄龙任何营销的核心诉求不外乎是让更多的人看到、知道，认知“18 度黄龙”的品牌价值。

见字如面的古老仓颉
——策划山东东阿

策划如果有绝招，那一定是从一个点上，撬动一条线，连成一个面。

2018 年冬，我给山东省聊城市的东阿县做了一次策划。

东阿之行，也是我 30 年来第一次喝酒断片。那天，在祭拜了古老的仓颉后，我与东阿县旅游局的几位领导，聊着、喝着、断片着，断出了这一篇醉后的文字。

一提起东阿，大部分人都会想到阿胶。但是我却不想拿阿胶来做文章，原因后面我们会讲到。那么，对于东阿的旅游营销，我们该从哪一个“点”上去破局呢？我“仰观天文，俯察地理，掐指一算”，计上心来，为东阿旅游提出了“见字如面 • 你的年度汉字”的策划。

实操任何接地气的营销举措，都免不了要问个为什么。所谓“知己知彼，百战不殆”。放着阿胶不去做，放着东阿县各种宏大叙事不去做，我为何选了个“汉字”来做呢？

主要有以下几个方面的考量：

一、文化和旅游融合发展的大势所趋

改革开放至今 40 多年，中国现代旅游的发展，至今也是 40 多年。

40 多年发展，40 多年激荡，旅游在四个层面发生了质的变化（这几个方面的变化，我曾做过多次论述，详见本书《智慧旅游的真像与真相》及《鸡毛与令箭的暧昧》）。

二、人与自然的层面

进入2010年以来，人们对旅游的向往已经迈入了追求在旅游过程中的“人的自然化”。旅游目的地（景区、景点及其他旅游要素）也集体无意识地强调着“自然的人化”。

人的自然化，注重在旅游过程中的休闲（闲云野鹤、返璞归真、释放压力等），追求一种精神与心灵的释放。

这是中国城市化快速发展40年，这是互联网信息20年大爆炸，这是不可避免的城市病、亚健康等时代背景下的必然选择。

自然的人化，注重旅游目的地的打造，符合自然规律，更贴近游客的心理诉求。无论是“智慧旅游”“全域旅游”“旅游+”等提法，无不都是基于这样的一个事实。

三、人与社会层面

从“厕所革命”到文化部与国家旅游局的融合，再到全国文化与旅游部门的融合，这不只是以习近平同志为核心的党中央作出的对党和国家机构改革的重大决策，更是改革开放40年来，为顺应时代发展潮流，为着眼于增强和彰显文化自信，为全局统筹文化事业、文化产业发展和旅游资源开发，为提高国家软实力和中华文化影响力所作出的推动文化事业、文化产业和旅游业的大融合、大发展与大繁荣的战略布局。

人与社会是双向流通的过程，人组成并建设了社会，社会则在日趋成熟和完善的过程中更好地服务于人。

四、人与人的层面

人的社交属性，决定了人与人之间存在着必需的、必要的、必然的交往互动。现如今的人与人的关系面临着很大的压力，诚信问题、低头族问题等，昭示着人与人之间需要进入一种新的局面，而旅游是最好的渠道，文化是必须的加持。

他人即地狱。与此同时，他人也是天堂。

人最大的幸运，在于人不是一个人，你无时无刻不被他人所供养。

人最大的不幸，也在于人不是一个人，你无时无刻不为他人负责。

五、文字般若与旅游般若

行万里路，读万卷书。前者是旅游最纯真的体现，后者是文化最朴素的表达。

名师指路，当然好。但人到头来，只能自己成全自己。

追溯文化的源头，在于文字。

发展文化的能量，在于文字。

因有了文字，文化才能铺陈为文明。

丈量文明的三种标志，首先是文字；第二是城市；第三是礼仪。以文字为基础，城市和礼仪的双重赋能，文明便诞生了。

人类文明几千年来，是“文字民族”淘汰“无字民族”，也是“字符民族”与“字母民族”的竞争，未来更会发展到“文字民族”和“数字民族”（人工智能）的双雄并存的全新局面。

对文字，心存敬意，不断创新、发展，是文化，也是文明的核心命脉。

六、东阿的仓颉文化

仓颉造字，在中国是妇孺皆知的事情。现在已知的仓颉墓地有十处，遍及中国北方黄河中下游流域，其中在河南的有开封、新郑、南乐、虞城、原阳、洛宁、鲁山七处，陕西白水县一处，山东寿光和东阿两处。此外，西安的仓颉造字台和新郑的凤凰衔字台，据传是仓颉造字之处。

虽然仓颉遗迹在全国各地都有分布，但是，没有一家能真正围绕“仓颉造字”来做好旅游的文章的。2017 年，我曾和白水县旅游局的李局长有过多次交流，就白水县仓颉庙提出相关建议，但最后都不了了之，未免让人遗憾。

没人去做，没人做出彩，这对东阿来说，是一个机会，也是一次挑战。

上文我说过，不去碰阿胶，那么，为什么要把视线聚焦在仓颉身上，而不是阿胶？

首先，东阿的阿胶是整个东阿旅游产业里的大头，其所指涉的养老、养生、医疗、保健等范畴，都过于宏大，必须要长期规划，坚定贯彻落实的，并且所要耗费的人力、物力和财力，至少要以百万级别计，如此才能真正地在营销上掷地有声。

其次，预算有限，又需要凸显效果，做到有的放矢，还能响应时代背景、大政方针，没有什么比打东阿的仓颉牌更好的了。

再次，就阿胶及其他来做事件、做话题，远没有就仓颉（造字）来做事件和话题更有可操作性、可传播性。

最后，为什么选择的旗号是“你的年度汉字”？这是天时地利人和的举措。

年度汉字评选起源于1995年日本汉字能力鉴定协会组织的年度世态汉字，选出的日本年度汉字一般会由日本清水寺住持亲笔写下，并在寺中陈列一年。

这在日本已经形成了一年一度的重大活动。

相反，在中国，虽然也做过年度汉字评选的事情，但都属于某一组织或单位的自娱自乐，没有真正地让人们广泛地参与进来，到了今天，依旧没形成气候。

东阿在2018年做这个年度汉字的事情，正当其时，正得地利，也得人和。这是表达欲的满足，有利互动和传播。

将年度汉字从小众的自娱自乐，变为全社会、全员参与的互动，除了全国性的年度汉字，每个人在经历了一整年的沉浮之后，都会有一个属于她（他）自身的年度汉字。

再者，每个人都有表达的欲望，尤其在年度汉字这一点上，千人千面，一个字就是一个故事、一段经历、一场悲欢离合。给他们一个表达的平台，也就给了东阿一次与全民互动的机会。

凡事只有落地，才会有效果。

东阿年度汉字的互动，既有线上的层面，也有线下的层面。线上是耍猴戏前的敲一声锣。线下则是齐天大圣大闹天宫。

2018年，你认为哪一个汉字才是年度汉字？

比如，娘。

2018年，青少年集体审美变得“娘”（对社会中的各类男性尤其是娱乐圈男性变得“鲜肉”“娘娘腔”“阴柔”“女性化”等的追捧和效仿）这一现象，引起了全民热议。从代表官方的新华社发表评论文章《“娘炮”之风当休矣》，人民日报发表了评论文章《什么是今天该有的“男性气质”》到众多主流新闻媒体、精英阶层、意见领袖再到民间草根自媒体，都加入了讨论。多方各执一词，公说公有理，婆说理更多，莫衷一是。之后，随着电视剧《娘道》的播出，又引爆了关于女权主义、男女平等、封建思想（糟粕）等的全民热议。“娘”这个字被裹挟在时代的洪流里，尴尬而又惆怅。

娘，在北方语境里，是母亲的称呼；对于女孩，是最美好的那个词——姑娘；对于亲昵，是小娇娘的宠爱；对于亲戚邻里，是小辈亲切的姨娘呼唤……这一切是美好的初始，到如今却演绎出了令人浑身不自在的语意，进入了等同于“国骂”的迷津里。

比如，税。

改革开放40年来，中国税收征管体制先后经历了三次变革，从20世纪80年代的两步“利改税”（将税收从利润中分离出来、税务从财政中分设出来）到20世纪90年代的分税制财政管理体制改革（建立了国家税务总局和地方税务局两套税务机构）再到今年的两支机构合并（合并国税地税机构，社会保险费和非税收入将交由税务部门统一征管），税费业务整合。2018年3月开始，第三次税收征管体制改革，实施了一系列的改革政策，涵盖降低增值税税率、增值税留抵税额退税、统一小规模纳税人标准等，尤其个税改革，起征点从3500元人民币提高到了5000元人民币，优化了税率结构，大幅拉开了中低档税率级距，改革红利更多地惠及中低收入人群，引起了全民热议。

在影视娱乐圈，中国传媒大学教授崔永元先生揭露了明星“阴阳合同”问题，明星偷逃税被查实，随之而来的明星大规模补缴税，更是掀起了全民热议。

比如，贸。

2018 年，中美贸易战，涉及金额 5000 亿美元，这是一场影响深远，发生在世界第一强国、全球第一经济体（自 1871 年以来，美国一直保持着世界最大经济体的地位）和世界最大的发展中国家、全球第二大经济体（2010 年，中国超过日本，成为仅次于美国之后的世界第二大经济体）之间的贸易战。

在美国的咄咄逼人下，中国不卑不亢、有礼有节，本着从维护两国共同利益和世界贸易秩序大局出发，坚持通过对话协商解决争议的基本原则，求同存异，同美国开展多轮对话磋商，提出系列务实的解决方案，为稳定双边经贸关系作出了艰苦努力。

中美贸易战，让我们想起了 100 多年前的鸦片战争，中学历史课本上写到，为了扭转对华贸易逆差，英国开始向中国走私鸦片，获取暴利，企图夺回流出的资本。1838 年，道光皇帝派林则徐奔赴广东查禁鸦片，英国借此噱头，发动了军事战争开端的“贸易战”，即第一次鸦片战争。

100 多年过去了，中国已经不再是当时的中国，我们有信心，也坚信能维护好自身的合法利益。

2018 年就要过去了，我们每个人都有属于自己的年度汉字，它或许是开心的，或许是悲伤的。但无论如何，它见证了我们的这一年，陪伴着我们经历了风雨彩虹。那么你的年度汉字是什么呢？

除了全国性的年度汉字，每个人都有表达的欲望，都有属于自己的年度汉字。

东阿可以通过奖品（东阿阿胶）、门票（东阿旅游门票）、现金等正向奖励，既吸引人们分享自己的年度汉字，写下相应的故事（爱恨情仇、悲欢离合），又巧妙植入了东阿特色产品阿胶以及东阿有关旅游景区景点的门票，带来“梦寐以求的门票经济”，何乐而不为？

锣鼓敲了，猴王出世了，大闹天宫也就该上演了。

我有个野心，就是要将“你的年度汉字”这个事情，做成东阿每一年的大亮点，做成东阿引领汉字的大节庆，让东阿处于中国汉字发扬与传承的桥头堡，成为中国汉字的“话事人”。那么，我们需要仪式感。

任何宗教，想要有所发展，就少不了仪式感。东阿“你的年度汉字”的

“大闹天宫”，一定要有仪式感：

（1）巨大的宣纸，3 米高，3 米长。矗立在特定的展架上，视觉效果惊人。

（2）巨大的毛笔，1 米长的毛笔。

（3）知名书法家，亲自书写。

（4）巨大的端砚，制作一个有脸盆大小的砚。

（5）在仓颉画像（雕像）面前，举行书写仪式，沐浴斋戒。

（6）邀请本地和全国媒体，进行报道。

（7）邀请旅游达人、直播达人进行现场直播。

（8）抖音网红现场拍摄抖音视频。

（9）若干名“你的年度汉字”获得者上台领取奖品。

……

我们还需要持续性。

务必在东阿县铜城街道办事处王宗汤村的仓颉墓（有关遗址），或者东阿县合适的地方选择一个点，作为展示年度汉字的“博物馆”。

从 2018 年开始，每一年的年度汉字都会呈现在此。让该地成为中国历史的一部分，成为汉字发展史的一部分，成为与仓颉造字的传说遥相呼应的一个寄托。

如此，既对东阿仓颉文化旅游进行了赋能，又相当于给东阿旅游增加了一大亮点。

一流的策划如果遇到三流的执行，那么，一切都将成为儿戏。

三流的策划如果遇到一流的执行，那么，一切都将成为经典。

东阿 2018 年“你的年度汉字”这一营销举措，不敢说是一流的策划，但不会比二流的策划差。

全国范围内，有十处仓颉遗址，如果东阿能真正狠抓落实，必然会脱颖而出，真正成为将仓颉造字、仓颉文化，通过旅游的形式发扬光大的旅游城市。由此带来的游客数量、旅游经济效益，是不可估量的。由此，也是响应文化和旅游融合发展的关键举措，是面子和里子兼得的举措。然而，肉食者是否鄙也，谁也不敢保证。东阿药王山有一牌匾云：回头是福。

唯有“二”的精神才能做好旅游

——策划海南南湾猴岛

南湾猴岛坐落于海南省陵水县南约14千米处的南湾半岛上。1995年的资源调查显示：保护区猕猴已从1965年的5群100多只发展到20多群1500只左右。

南湾猕猴属于亚热带猕猴，学名叫恒河猴，也叫广西猴，属于国家二类保护动物。由于近几年的保护性开发，猴子的数量已由1995年的1800只左右，增长到2500多只。猴岛公司又对野生猕猴进行驯养，使野性十足的猴子颇通人性。

中国各区域旅游目的地，群猴众多，其中不乏因猴而知名者。纵横比较分析，峨眉山的猴子野蛮；西陵峡的猴子胆小；河南济源的猴子牛气；千岛湖的猴子小气……

这些猴子都随着旅游发展得到了提炼，尤其峨眉山的猴子，经由河北延参法师大唱“生命歌”而全国飘红。在延参法师未与峨眉山的猴子“发生关系前”，延参法师写过四本书，其结局都是束之高阁，无人问津。自从在峨眉山被峨眉山的猴子“调戏”后，延参法师的第五本书《这个和尚有点萌》在任何一地的签售会上，都卖得异常火爆。延参法师曾说：“我有次在签售新书时发现，书店都没有我以前的书，问他们为什么，回答说：‘您以前的书都卖不动。’”2012年7月，因在峨眉山录制节目时遭猴子捣乱的视频出现在网络后，延参法师一下就成了红人，他的新书《这个和尚有点萌》的销量也迅速大增。后来，提到那只猴子时，延参法师满怀感谢之情，说：“唐僧取经是孙悟空帮的忙，我也是猴子帮的忙，感谢孙悟空的徒子徒孙。”

一只猴子捧红了一个和尚。这其中的缘由并不复杂。

首先，延参法师的言行举止具备红的特质，猴子的一举一动（调戏）更促进了这种特质。

其次，互联网时代的信息可达性超乎想象。我一再强调，信息时代，不是所有的信息都是有价值的，只有稀缺的信息才能创造价值。

再次，一只猴子与一个和尚的搭配，具有喜剧元素，更重要的是，它契合了中国古典文学名著《西游记》中的唐僧与孙悟空的故事，具备了丰富的联想性。

最后，延参法师的慈悲心肠也为这一出人猴故事增加了和谐的气氛。

换位思考一下，如果延参法师和猴子的故事发生在南湾猴岛，会带来什么效果？

本案的宗旨就是要立足于互联网信息营销的阵地，走拟人化营销的道路，让南湾猴岛的猴子先火起来，先火带后火，一起火。

然而，南湾猴岛的性格与个性又是什么？是幸福吗？是特立独行吗？是忧郁吗？……

针对动物来做营销，怎么做？做什么？这是本案要解决的核心问题。

针对此，我提出了“三才归元”的策划方略。

三才归元即天地人[①]三才归于南湾猴岛，践行自然的人化与人的自然化。

前面已经提到——

峨眉山的猴子，野蛮；

西陵峡的猴子，胆小；

河南济源的猴子，牛气；

千岛湖的猴子，小气……

南湾猴岛的性格与个性又是什么？幸福？针对动物来做营销，有些虚飘，不好做。

为了找到南湾猴岛之猕猴 DNA，我们先来问几个为什么。

女人们都说，嫁人就嫁灰太狼。灰太狼随着《喜羊羊与灰太狼》这一系

① 注：天，南湾自然生态环境，即群猴；地，南湾猴岛一切旅游产品、线路等；人，旅游生产经营者、旅游消费者。

列动画片而火遍大江南北。为什么？

《米老鼠和唐老鸭》这一对活宝，从美国肇始，红遍全球，几十年来，越演越烈，其势不褪，为什么？

《猫和老鼠》里面的汤姆与杰米，你追我赶，猫鼠大战，几十年如一日，吸引了一代又一代人喜爱，为什么？

取材于中国元素的《功夫熊猫》(123)，里面的熊猫阿宝被全球追捧，红得发紫，为什么？

日本动漫《哆啦A梦》里的机器猫，遇到老鼠就逃跑，愚蠢又暴躁，却一直红红火火，为什么？

《冰河世纪》里的树懒，愣头愣脑，却总比老虎和猛犸象深得观众热爱与喜欢，为什么？

……

为什么这些动物形象深受追捧与喜爱，这到底是为什么呢？它们凭什么如此被人喜爱？

答案很简单，一个字：二。两个字：很二。一句话：因为它们都有一个共同的特征——二。

喜欢动物的，年轻人居多，尤其是小孩子。凡是孩子喜欢的，父母必带其去看。

现在的年轻人，大多有点二的精神。二是一种不屑一顾，是一种青春期的叛逆，是一种标新立异，是一种个性张扬……

综上，南湾猴岛的猕猴，要做好了，只需抓住一个“二”字足矣。

怎么彰显猴岛猴子的“二”？

它们有星级监狱，有星级温泉，有星级别墅，有豪华游艇……我们大可解构这些内容，包装形式，让它们成为动物中的“二货”，一定深得年轻人的喜爱。

如此，“二”便是南湾猴岛旅游营销中的“元”。

猴子、猴岛、游客，归于这个“二”。如此，便形成了南湾猴岛天地人的三才归元策略。具体方案不在本书详细阐述，本书只作简略概述。

南湾猴岛的策划，是一场人与动物的交互。

一句话概括南湾猴岛的“二”策划，即“岛主产生，猴王出世”。

1. 牵引互动，让游客心跳

向来都是人围观动物，咱们却让动物围观人；向来都是人是主人，猴子是仆人，咱们让猴子成主人，人成仆人，进行人与动物的身份调换，大有宣传的噱头、看头。关键的是，让候选岛主与猕猴互动起来，与游客互动起来，实现了网上、网下的多人群、跨物种的互动。

2. 猴岛有故事，南湾变难忘

通过岛主，使南湾猴岛品牌互动营销充满故事性、趣味性。

湖南卫视《爸爸去哪儿》全国收视第一名。南湾猴岛的“难忘猴岛•你做猴王我做岛主”与《爸爸去哪儿》殊途同归，都是吸引眼球，吊人胃口的事儿。

继《爸爸去哪儿》之后，一档真人与猴子互动的很二，很好玩，很有趣的野外大戏拉开了序幕——

《猴子哪儿去》，《你是猴子搬来的救兵吗》。

搞活动与搞好活动不是一回事，搞一百个活动没有搞好，不如用心搞好一个活动。

中国历史上最伟大的一次躲猫猫
——策划山西藏山

从2013年夏接触藏山旅游策划以来，我一直在等待某种时机的降临。这种时机，犹如作家创造时的灵感，它有可能只是一句话、一个字，抑或一个动作，但经由它，却能引出一次成功的策划。在等这一时机降临的期间，我和藏山景区的老板杨华健兄、主管营销的韩国瑞兄进行了多次交流和沟通，期间提出了一系列的营销策划思路以及方案。

在这些策划方案实施的过程中，我一直没有停止寻觅那个时机，直到2014年6月，杨兄找我，我们在北京市朝阳区安定路的一家咖啡馆会面，那个时机才电光火石一般从天而降。

在讲述因这一时机带来的策划思路时，先向读者朋友们汇报一下这一年为藏山做的系列策划。

藏山（cáng shān)，古名盂山。国家级4A风景区，坐落在太行山西麓，山西省东大门的阳泉市盂县城北18千米处长池镇藏山村东的重峦叠嶂中，东临石家庄，西接太原市，南望娘子关，北倚五台山和西柏坡，造化神奇，钟灵毓秀。

相传春秋时晋国大夫赵朔被晋国公杀害，赵朔死前将遗腹孤儿托付给门客程婴，程婴舍去己子，携赵朔的孤儿赵武潜入盂山藏匿15年之久，后人就把盂山改名为藏山，并立祠祭祀，距今已有2600多年的历史，为山西省第三批文物保护单位。

一、简述分析

（一）区位现状

从区域地理坐标来看，藏山，位于山西阳泉，东临石家庄，西接太原市，南望娘子关，北倚五台山和西柏坡。从区域经济圈来看，辐射京津晋冀鲁豫鄂陕宁蒙。城市群及其所代表的经济圈是现代旅游消费的桥头堡，具有极强的旅游消费能力及需求。从区域文化圈来看，辐射燕赵、齐鲁、荆楚、三晋、三秦等多个文化带。

（二）旅游发展分析

从经济与文化两个纬度来看，藏山面临着巨大的发展机遇。经济层面，藏山所在阳泉，辐射之城市经济圈，旅游消费能力高，旅游消费潜力大，可以预见，未来三到五年内，必将给藏山带来丰厚的旅游收入。文化方面，藏山祭出“忠义”大旗，独领风骚。一方面，放诸四海，尚未有能在“忠义”文化品牌上比肩藏山之地；另一方面，藏山所辐射区域文化，虽然交杂并存，环伺左右，各有优势，但“忠义”二字，无不是各种区域文化之精华提炼与共同特质。尤其，赵氏孤儿这一悲剧的力量，让藏山更具竞争力。从这两个方面而言，藏山具备了旅游文化发展中的“第一”与“唯一”性。

纵观当下藏山旅游，以“历史文化观光游”“自然风情观光游”“登山探幽游”为核心的三大旅游板块虽已初具市场规模，但是，藏山旅游整体尚缺乏体验性、互动性与联动性，因而，藏山旅游结构要做调整，变当下的走马观花式观光为旅游体验、休闲与度假，即在观光的基础上，做好游客体验，继而从体验跃升到“休闲”“度假”，最终以“体验”“休闲”“度假”三驾马车的联动，实现做活藏山旅游结构，让游客在藏山的旅游停留天数呈几何级增长的目标。

（三）文化旅游突围

近十年以来，导源于赵氏孤儿案的历史文化游，在各级领导的高度重视下进行了大规模的产品升级改造，取得了显著的成效，在山西省以及周边区域内形成了较大的品牌影响力。然而，无论是文化诠释与包装层面，还是文化产品品质上，尚未形成与旅游消费者的深度互动，依然只是停留在听、说、看的层面，无法让藏山旅游品牌在消费者心中生根发芽；自然风情观光游也没有形成合力，只是依靠“以自然搭台、以历史文化联姻”的散点状产品体系；登山探幽游方面，同样也存在着五台山、横山、北武当、中条山等老牌名山的竞争威胁。

整个藏山旅游产业，由于丰富的历史文化资源未能与旅游消费者有机结合，使得藏山的旅游缺乏体验性、互动性与关联性，从而导致藏山的旅游形象模糊。无论历史文化、自然风情、登山探幽，若不与旅游消费者深度结合来运作，均会进入“阵地消耗战”，成为比拼资金与资源的竞争，既无利于阳泉旅游的综合发展，同时也有悖于藏山旅游的发展初衷。综合各方资料，不难看出，“从群众中来，到群众中去”才是一条经济又高效的发展之路，核心就是要以弘扬藏山忠义文化为主线，使之成为一条“纵贯线”，将自然风情与登山探幽串联起来，通过与游客的深度互动，实现藏山忠义文化旅游的全国大震动。

二、策划目的

挖掘藏山旅游精神内涵，传播藏山旅游品牌内质；立足藏山厚重的历史文化，发掘、包装并打造藏山旅游自主品牌。

整个策划过程，尝试探索“1+X”（创建一个藏山旅游自主品牌 + 围绕该自主品牌进行系列营销策划）的藏山旅游营销新模式。

立足新模式，借助新方式，依托互联网，打响藏山忠义文化旅游的第一枪。

建构藏山旅游自主品牌，放到后面来谈，因为自主品牌的构建必须具备天时地利人和。

三、策划内容概述

（一）借势营销——巧借电视热播剧《赵氏孤儿案》，捆绑藏山进行借势营销

“吾尝终日而思矣，不如须臾之所学也；吾尝跂而望矣，不如登高之博见也。登高而招，臂非加长也，而见者远；顺风而呼，声非加疾也，而闻者彰。”[30]

从陈凯歌的电影《赵氏孤儿》到电视剧《赵氏孤儿案》，藏山都竭尽全力借势。用曹雪芹在《红楼梦》中所写的一首词来描述藏山对赵氏孤儿影视剧

的渴望，再好不过：

“白玉堂前春解舞，东风卷得均匀。

蜂团蝶阵乱纷纷。

几曾随逝水？岂必委芳尘？

万缕千丝终不改，任他随聚随分。

韶华休笑本无根。

好风凭借力，送我上青云。[31]”

2013年夏，在中国电视剧普遍沦为“先天符合大众趣味的家斗、宫斗、谍战、武侠题材占据了荧屏绝大部分生存空间，历史情怀、现实承担与诗性品质早就在‘重口味’‘轻趣味’前沦为了牺牲品或者不值一提的点缀——传奇止步于传奇，争斗终结于争斗——一切只为刺激观者的感官，只为感官强刺激背后的收视率数据和曲线图”[32]的时候，导演阎建刚为我们带来了《赵氏孤儿案》，正如导演阎建钢所言：“对自己而言，《赵氏孤儿案》是我的静心之作，敬心之作，精心之作。一生只有一次面对这部经典的机会，唯有如此。”毋庸置疑，正如有学者在评价这部电视剧时所说：“导演对待历史经典的态度，决定了电视剧的品格。正因为静心，才可以心平气和，而不刻意献媚于观众喜好；正因为敬心，才有对民族文化经典的尊重；正因为精心，才能够奉献出这部融合了现代意识的古典悲剧优秀之作。”正是基于优秀的历史文本和导演的人文主义情怀，《赵氏孤儿案》才能在电视及互联网上掀起了一股收视热潮，获得业界良好的口碑。能搭上优秀的电视剧来做藏山的营销，是一种荣幸，于此，提出藏山本次的借势营销，已经不再是重点，重点反而变成了对电视剧《赵氏孤儿案》人文情怀的褒扬。

为了做好藏山借电视剧《赵氏孤儿案》的营销策划，我专门抽空一口气看完了电视剧。后来由于诸多原因，借势成了传统的借势，成了观看《赵氏孤儿案》领藏山门票的硬广式宣传。

这是一次失败的策划，但于失败中却获得了莫大收获，认识了杨华健兄和韩国瑞兄以及藏山一干人员，掌握了藏山旅游的第一手资料。

可以说，这次不算成功的策划，于我和藏山之间搭起了一座桥梁，如此才有了接下来的一系列动作。

这就是做策划的魅力。你永远不知道下一秒钟会发生什么。

（二）故事营销——“以藏山忠义文化为线，吸引全国网民讲故事、全网传播故事”的藏山故事营销组合拳

以藏山赵氏孤儿孕育的忠义文化为主线，发挥其“中国传统文化特质”的历史地位，将忠义、仁爱、孝悌、智勇、礼信等历史文化融入广大网民的日常生活中，祭出“大忠义”的旗帜。通过正向激励，吸引全国网民讲故事，讲述他们自身或别人身上发生的与忠义、仁爱、孝悌等有关的故事。通过藏山赵氏孤儿的故事、网民的故事、中国孤儿的故事等三大故事体系的互动，联动藏山忠义文化旅游品牌的大曝光，提升藏山旅游品牌的知名度与美誉度。在满足网民通过故事进行深度体验的同时，最终实现游客满意、旅行商愿意、企业受益的藏山旅游品牌大惊喜。

第一阶段：中国好故事

立意：横贯古今，走近历史，基于“忠义、仁孝”讲述中国好故事，感动网民，实现口碑相传的营销效果。

说明：借助近来火爆中国的“中国好声音”“中国最强音”“中国梦之声”等中国系列的势头，以“中国好故事”为基准，打造立足于藏山忠义、仁孝文化的中国好故事。

目的：打造基于藏山忠义名山的“中国好故事”。

第二阶段：中国孤儿案调查

立意：基于藏山赵氏孤儿，全国网民讲述身边孤儿的故事，进行中国孤儿案调查。

说明：突破以往只着眼于赵氏孤儿的点，辐射到全国孤儿，从面上研究这些孤儿的成因，形成调查报告，然后再从中选出几条核心成因，采取相应的措施，实施相关的公益项目，让一些可能成为孤儿的人不成为孤儿。

目的：突显藏山的社会责任感，提升藏山在全国范围内的知名度和美誉度。

（三）品牌营销——建构藏山旅游自主品牌

2014 年 5 月，北京，朝阳，安贞门，某咖啡馆。

藏山华健兄约我面谈藏山 2014 年下半年的营销策划，并希望能长线持续。

藏山，源于赵氏孤儿。虽然做了很多策划，花了不少资金，但直到如今，依旧踉踉跄跄。有现实的原因，亦有其他的因素。

在我看来，藏山，不应局限于赵氏孤儿，不应局限于忠义，而应基于赵氏孤儿以及忠义文化，开出符合当下时代需求的花来。

以前，我坚持这么认为。今天，我还是这么认为。

2014 年，我给华建兄从“藏”字上做了策划的文章。一个“藏”字就可以体现藏山旅游的风流。

2014 年上半年过去了，给藏山做的“藏起来”策划取得了圆满成功。这其中有两个层面的原因。

一方面，从来没有一个国家像中国这样，有那么多亚健康人口。越来越多的年轻人在外漂泊，打拼成了时下的中国关键词，而这个群体又是旅游的主力。在生存与生活的高压下，日子过得匆匆忙忙，紧紧张张。每个人都沦陷在亚健康的泥淖里，不能自拔。我们常常看到过劳、猝死、疾病、一场又一场生离死别的新闻。人们越来越渴望能通过旅游放松身心、追求健康、养生、修心，获取一个健康的人生。

另一方面，藏山周边，围绕着太原、北京、天津、西安、石家庄等一系列一线城市圈，尤其是京津冀城市圈，来自全国各地追求梦想的年轻人居多，加之深受雾霾的影响，很多人向往一种归园田居似的旅行。

从接手藏山的旅游策划以来，我就一直在和藏山的管理层说，主打健康的旅游目的地会是未来的一大趋势，藏山应该在这个趋势上，做好准备。

藏山旅游的“藏”字诀，便也是健康二字的一种体现。

果然，不久后，“健康中国”成了国家层面的战略决策。

我们每一个做旅游的或者其他各行各业的人都知道，2016 年，习近平总书记在全国卫生与健康会议上提出，“要把人民健康放在优先发展的战略地位”，从党和国家的高度，顺应民众关切，对“健康中国”建设作出了全面部署。

2016 年 10 月，中共中央、国务院印发了《“健康中国 2030”规划纲要》，并发出通知，要求各地区各部门结合实际认真贯彻落实。可以预见的是，未来 15 年，是推进健康中国建设的重要战略机遇期，随之而来的“健康旅游”也必将得到长足的发展。

我觉得欣慰的是，2014 年，对藏山针对健康做了一次“藏”字诀的营销。

言归正传。

藏山的“藏”字诀策划，总结而言，是因了以下几个方面：

首先，年轻人承受着巨大的生活压力，他们处在城乡二元矛盾的巨大对立漩涡中。在他们身上，无时无刻不在上演着“逃，却一直未遇终点”“逃，却无处可逃”的尴尬现实。

其次，城市病的蔓延。雾霾严重、交通拥挤、环境污染、饮食危机等，都让中国人的身心健康遭受着前所未有的考验，很多先天性的隐形疾病，加速爆发。都市快节奏生活，人们像上了发条的闹钟，马不停蹄，忙来忙去。忽然之间，便会有一种人生如梦幻空花的惆怅，这是现代人的迷茫，也是一个时代的迷茫。

再次，中国人对旅游的渴望。现代人越来越追求返璞归真，追求人的自然化，追求一种健康。

“藏”字诀策划，正是抓住了这些核心因素。

藏山旅游的“藏”字诀策划，表面上是以号召年轻人、广大旅游消费者到藏山“藏起来”，其本质是一场回归，是对这个时代人的一种人文关怀。

“藏”字诀宣传文案——

雾霾太重，我想找个地方藏起来。

生活太累，我想找个地方藏起来。

感情太痛，我想找个地方藏起来。

逃，一路未遇终点。

逃，无处可逃。

来这里，藏山。

来这里，藏起来。

藏山旅游“藏”字诀之“藏起来”策划，是本着藏山的旅游文化内涵以及历史底蕴，是本着一种可持续发展，并最终形成藏山旅游的自主品牌的原则。从“藏”字入手，以“藏起来”递进到“躲猫猫”（藏猫猫）。

为什么要把“藏”字诀的藏起来递进到藏猫猫？

1. 因缘际会

（1）中国历史上最伟大的一次“躲猫猫”

春秋时期，晋国，赵氏一家三百余口被政敌屠岸贾所害，围绕着赵氏孤儿赵武的生死存亡，程婴等人冒死历险，慷慨赴义，与屠岸贾上演了一场正义与邪恶的较量、善良与残暴的比拼。救孤之险，育孤之艰，失子之痛，丧妻之悲，被叫骂的屈辱，被误解的痛苦……16年藏孤历程，无一刻不与屠岸贾小心周旋，无一时不如履薄冰、如临深渊、在精神与肉体的双重磨难中，程婴身上闪耀着人性的光辉，折射出坚忍不拔、忍耐顽强的民族精神。这是中华民族一笔不可多得的宝贵的精神财富，也是藏山引以为傲的精神财富。

在中国旅游经由走马观花、到此一游迈入度假、休闲与体验三驾马车并驾齐驱的“智慧旅游”时代，我们怎样将赵氏孤儿、将程婴藏孤的精神文化底蕴与当下旅游的发展、旅游消费者的心理诉求相结合，变藏山旅游资源优势为旅游产品优势，盘活藏山旅游，弘扬与传承程婴救孤、藏孤的民族精神，与此同时，实现藏山从门票经济向商品经济、体验经济的跨越？

这是我们不得不思考、不得不探索与践行的现实问题。

毋庸置疑——

程婴藏孤，是中国历史上最伟大的一次“藏猫猫”。

程婴与屠岸贾的“躲（藏）猫猫”，改变了中国历史的走向，甚至于创造了历史。

南美洲一只蝴蝶振动了一下翅膀，就会在几个星期后给美国得克萨斯州带来一场暴风雨。

如果没有程婴藏孤并成功地与屠岸贾进行了这一场16年的“躲猫猫”，就不会有后来的“三家分晋”“胡服骑射”“合众连横”“秦始皇统一六国”……

（2）1600只大熊猫全球巡游

2014年，法国艺术家保罗•葛兰金亲手打造的“纸熊猫”人气和萌度大有赶超大黄鸭之势，其陆续在世界各地登场的“纸熊猫展”吸引了无数人围观。

保罗•葛兰金说，2014年全球野生熊猫数量大约是1600只，他因此制作了1600只纸熊猫，让它们在全世界“旅游”，以此唤起人们保护濒危动物的意识。

在中国香港，“1600熊猫”赢得了市民的热烈追捧，随后引入中国内地。

这是一场人与自然和谐相处的展览。它提倡的“生态环保”“保护动物”

的意识，与多年来藏山的旅游发展意识不谋而合。

2. 游戏营销的旅游再现

每个人，小时候都玩过“躲猫猫”（“藏猫猫”“捉迷藏”）的游戏。这是一个庞大的具有广泛群众基础的游戏，它是我们的共同记忆。

在当今都市或乡村生活中，不仅仅是儿童喜欢玩“躲猫猫”游戏，80 后、90 后等年轻人也热衷于约上三五好友，一起玩“躲猫猫”，它有趣，又能增加友谊。

3. “明修栈道，暗度陈仓”

以“在藏山，1000 只大熊猫邀你‘躲猫猫’”为宣传主题的营销策划，表面上是“跟风”保罗•葛兰金，以视觉冲击为吸引力来助力藏山夏秋季营销，实质上，我们是“巧借西风”，借保罗•葛兰金 1600 只大熊猫全球巡展的“西风”或“势头”，结合藏山旅游资源优势（自然资源优势与人文资源优势），来创建藏山旅游的“自主品牌”。

什么是旅游自主品牌（Self-owned Brand）？它是指由旅游目的地（景区景点）结合自身实际，自主开发，拥有自主知识产权的旅游产品，并将该产品逐渐升华成一国、一个区域独一无二的旅游品牌。

赵氏孤儿发源地是目前藏山的一个“半自主品牌”（学术界对赵氏孤儿藏身处还在争论中未有定论）。我们的方向不是与其他地方争论孰是孰非，而是站在现有基础上，升华隶属于藏山的“自主品牌”，这个“自主品牌”便是基于“程婴藏孤”这一中国历史上最伟大的“藏猫猫”而诞生的具备现代文化因素的“藏猫猫”形象，它是藏山硬实力（资源优势）向软实力（产品优势）转变的一个结晶。

藏山“躲（藏）猫猫”形象解读：

（1）它是一个人见人爱、老少皆喜的猫科卡通人物，是坚忍不拔、忍耐顽强、正义与英勇的化身（需要专业设计师根据“躲猫猫”的形象理念进行创作设计）；

（2）它是藏山旅游的形象大使、代言人，也是藏山的小主人、导游、吉祥物，更是藏山的镇山之宝；

（3）它可以变成商品玩偶售卖给游客，提升游客对藏山的记忆度，使浏览过的游客成为藏山旅游的回头客；

（4）它是藏山“躲猫猫主题馆”的讲解员，他串起了藏山旅游的思想文化脉络；

（5）它可以延伸出儿童故事、影视剧、话剧等文艺产品；

（6）它可以吸引现代社会众多年轻人前来藏山玩“躲猫猫”的游戏。

……

“明修栈道，暗度陈仓。”在1000只大熊猫的身后，藏着一只“躲猫猫”，我们创造出这只“躲猫猫”，让藏山成为中国成千上万家景区中第一、唯一一家拥有自主知识产权的卡通形象代言人的景区。

从赵氏孤儿，从程婴藏孤，从程婴与屠岸贾的“躲猫猫”身上，发散出符合当下旅游文化语境的“躲猫猫”产品，这是互联网思维的旅游营销。

我相信，经过一段时间的精心运作，假以时日，全国各地，都将布满我们的“躲猫猫”卡通形象。

4. 景区执行

（1）1000只大熊猫的摆放问题

1000只大熊猫运抵藏山后，摆在哪里？如何摆放？为什么？需要认真研究。

建议：

①大熊猫仪仗队

按照“迎来送往”的原则摆放，景区入口两旁，以“仪仗队”形式摆放大熊猫，为游客增加一道初进景区的游览程序——检阅“大熊猫仪仗队”。

②相得益彰

有特色意义的景点或景观处摆放大熊猫，摆放样式遵循该景点（景观）的文化寓意，做到水乳交融，切忌画蛇添足。比如藏孤洞，所摆放的大熊猫，应作“躲藏”姿势，饮马池则应作“饮水”姿势，迎宾瀑则要有“迎接”的姿态，诸如此类。让大熊猫的姿势与背景环境无缝对接。

③熊猫指路

设计制作出来的藏山旅游形象大使“躲猫猫”，建议摆放在藏山海拔最高处，并规划出一条登山及下山游览线路（线路囊括藏山主要景观），路线上按照一定距离和位置摆放指路大熊猫，告诉游客怎么寻找“躲猫猫”，比如一些鼓励加油、指路以及距离告知的标语。

（2）“躲猫猫”与游客的互动问题

①“躲猫猫”送祝福

游客抵达放置“躲猫猫”的地方后，用手机或移动客户端与“躲猫猫”合影，并将照片发布到微博或微信（任选一种），即可领取由专门工作人员赠送的“躲猫猫”祝福包，包里装有写着各式祝福语的小型“躲猫猫”和一串藏山寺庙开过光的佛珠手链。

②“躲猫猫”游戏专区

选取某个区域开发成“躲猫猫”的游戏专区，游戏背景以“程婴藏孤”为蓝本，让游客本色出演，各自扮演“赵氏孤儿案”中的不同角色，再现中国历史上最伟大的“躲猫猫”故事。游客需根据故事蓝本，凑足或组建好自己的队伍，每个队伍的游戏时间为 15 分钟。建议项目小组提前准备，包括故事蓝本准备、场地准备、道具准备，游戏规则制定的准备，等等。

5. 其他

其他方面，需要景区项目小组的努力挖掘。

总之一句话，不打无准备之仗，凡事预则立，不预则废。做好准备，面面俱到，发挥项目组的主观能动性，将本次活动办得有声有色，让游客流连忘返。

6. 宣传文案

（1）标题

主标题——到藏山 • 乐翻天

副标题——1000 只大熊猫邀你一起“躲猫猫”

（2）正文

程婴藏孤是中国历史上最伟大的一次“躲猫猫”。

程婴用“躲猫猫”来创造历史。

今天，我们用“躲猫猫”来乐翻天。

独乐乐，与人乐乐，众乐乐。

如何是独乐乐？一个人的藏山，行走坐卧，天人合一。

如何是与人乐乐？吆喝三五好友同学伙伴游藏山，登高望远，返璞归真。

如何是众乐乐？ 1000 只大熊猫陪你“躲猫猫”，快乐齐天，流连忘返。

要快乐，与其天涯海角，不如就去藏山！！

2014 年 7 月，1000 只大熊猫进驻藏山，问华建兄，他说效果很好。然而，由于种种原因，我所希望的“躲猫猫”这一拥有自主知识产权的自主产品没有以卡通（玩偶、公仔）的形式被设计制作出来，这原本是画龙点睛的一笔，然而却未能实现，不可谓不是一件憾事。

总之一句话，不打无准备之仗，凡事预则立，不预则废。做好准备，面面俱到，发挥项目组的主观能动性，将藏山“藏”字诀策划做得有声有色，让游客流连忘返。

策划便是如此，它需要卓越的执行力来配合。没了卓越的执行力，再好的策划，也只是隔靴搔痒。

有朝一日，希望“躲猫猫”诞生于藏山。

遇见你心中的日月

——策划云南香格里拉

“香格里拉”一词早在一千多年以前藏文文献资料中就有记载。香格里拉一词的含义与香格里拉市的藏语地名“尼旺宗”（意为“日光城”）“独克宗”（一个藏语发音包含了两层意思，一为“建在石头上的城堡”，另为“月光城”）相一致。

20世纪初，英国作家詹姆斯·希尔顿所著小说《消失的地平线》中虚构地名“香格里拉”。小说讲述了四名西方人闯入了神秘的中国藏区，经历了一系列不可思议的事件。这部小说使得“香格里拉”成为西方世界“世外桃源”的代名词，名满天下。

关于香格里拉到底在何处，目前学术界的观点不一。本案中的香格里拉，为云南省迪庆藏族自治州，地处青藏高原南缘、横断山脉腹地，是滇、川及西藏三省区交汇处，也是举世闻名的“三江并流”风景区腹地，总面积11613平方千米。

2013年年初，应迪庆州旅游发展集团的邀请，我两次前往香格里拉，对香格里拉旅游资源进行了全盘梳理、细化分流，提出了一系列策划建议，尤其是使用了中医四诊法作为策划香格里拉的基本方法，得到了普遍认可。

众所周知，中医博大精深，有四诊法，即望闻问切。

《素问·脉要精微论》说：“诊法何如？……切脉动静而视精明，察五色，观五脏有余不足，六腑强弱，形之盛衰，以此参伍，决死生之分。”可见诊法就是对人体进行全面诊察的方法，借以判断人的健康与疾病状态。

具体来说——

望诊，用肉眼观察病人外部的神、色、形、态，以及各种排泄物（如痰、粪、脓、血、尿、月经和血带等），来推断疾病的方法。

闻诊，通过医生的听觉和嗅觉，收集病人说话的声音和呼吸咳嗽散发出来的气味等材料，作为判断病症的参考。

问诊，医生通过询问病人或知情人，了解病人的主观症状、疾病发生及演变过程、治疗经历等情况，作为诊断依据的方法。

切诊，主要是切脉，也包括对病人体表一定部位的触诊。中医切脉大多是用手指切按病人的桡动脉处（腕部的寸口），根据病人体表动脉搏动显现的部位、频率、强度、节律和脉波形态等因素组成的综合征象，来了解病人所患病证的内在变化。

中医四诊，相互联系，你中有我，我中有你，不可分割。中医历来强调“四诊合参”，即必须将四诊收集到的病情进行综合分析，去粗取精，去伪存真，才能作出由表及里的全面的科学判断。

九年义务教育三年制初级中学语文第一册第22课有一篇文章，即《扁鹊见蔡桓公》（《讳疾忌医》），就是中医四诊法的一个生动例子，想必大家都很熟悉：

扁鹊见蔡桓公，立有间，扁鹊曰：“君有疾在腠理，不治将恐深。”桓侯曰：“寡人无疾。”扁鹊出，桓侯曰：“医之好治不病以为功。”

居十日，扁鹊复见曰：“君之病在肌肤，不治将益深。”桓侯不应。扁鹊出，桓侯又不悦。

居十日，扁鹊复见曰：“君之病在肠胃，不治将益深。”桓侯又不应。扁鹊出，桓侯又不悦。

居十日，扁鹊望桓侯而还走。桓侯故使人问之，扁鹊曰：“疾在腠理，汤熨之所及也；在肌肤，针石之所及也；在肠胃，火齐之所及也；在骨髓，司命之所属，无奈何也。今在骨髓，臣是以无请也。”

居五日，桓公体痛，使人索扁鹊，已逃秦矣，桓侯遂死。故良医之治病也，攻之于腠理，此皆争之于小者也。夫事之祸福亦有腠理之地，故曰：“圣人早从事焉。”

改革开放以来，中国旅游业得到了长足发展，时至今日，在信息时代的催生下，以智能化为基础的智慧旅游成了中国旅游的发展方向，然而，放眼望去，今之中国旅游，面临着信息过剩、产品过剩、品牌空乏、资源优势有余产品优势不足等问题和困境。要实现中国旅游迈向智慧旅游，就不能“讳疾忌医”。

针对香格里拉，通过望闻问切，层层展开，步步诊断，最终开出“药方”。

一、望

从宏观和微观两个层面来观察香格里拉的神、色、形、态，以及当下面临的诸多困境，最终得出问题所在。

（一）宏观把脉

兵法云：“知己知彼，百战不殆。”

香格里拉地处滇藏川交界，人文风情方面，南有大理、丽江之堵截；自然风情方面，西有秘境藏地、东有稻城亚丁之围困。由东往北而去，亦有川陕甘三省之觊觎。

香格里拉的旅游存在如下问题：

（1）香格里拉旅游消费者多被昆明、大理、丽江、西双版纳“咀嚼”“盘剥”过，到了香格里拉，已经没有多少“油水”。

（2）香格里拉成了昆明、大理、丽江、西双版纳的附庸，停留在可去可不去的境地里，始终是一个旅游集散地而非旅游目的地。

（3）香格里拉的游客，多背包探险，是具有文艺情结的人。这个群体的消费能力不是不高，所以不愿意过多消费。他们把主要的消费都花在了老三点上（昆明、丽江、大理）。对于这一部分人，我们亦没有很好地进行培养和挖掘，导致其旅游兴趣仅仅停留在猎奇探幽上，带来的旅游经济效益也不是高。急需要丰富香格里拉的旅游产品内涵，让更多的探险类游客前来徒步探险。

香格里拉必须要扭转这种局面！如何扭转？必须剑走偏锋。

另外，基于历史原因，对于《消失的地平线》一书所提的香格里拉，虽已将书中“香格里拉”这一地标定在迪庆，但学术界仍有争议，难免影响香格里拉在旅游消费者心中的形象。

综上，如何实现突围？如何实现香格里拉从游客可去可不去（顺便去看看）转变为游客必去之地，继而成为旅游消费者心中坚信不疑的、唯一的“香格里拉”圣地？如何实现香格里拉从旅游聚散地到旅游目的地的战略性蜕变？

以上三大问题，是当下香格里拉必须要着手解决的现实问题。

（二）微观识别

大理有风花雪夜，丽江有小资艳遇，昆明有春暖花开，西双版纳有热带雨林，四川（广元，阆中，成都等）有厚重的历史积淀，西藏有神秘风韵……

他们的“有”都具有独特性，是高度提炼的识别性 DNA。

香格里拉有什么？

虎跳峡：三级跳；普达措：神助乘舟到达湖之彼岸；月光古城：中国保存得最好、最大的藏族民居群之一；滇金丝猴：国家一级保护动物（最美动物，雪山仙灵）；梅里雪山（哈巴雪山、白芒雪山）：日照金山；香格里拉：心中的日月。

三江并流、松赞林寺、东竹林寺、寿国寺、茨中天主教堂、飞来寺、白水台

小中甸草原

月亮湾大峡谷

明永冰川

……

从以上旅游资源中，围绕“香格里拉”提炼出整个迪庆州基于“香格里拉”的终极识别 DNA，形散神不散。

二、闻

基于香格里拉独特的旅游资源，通过整合资源、提炼精髓和升华内涵，找出香格里拉的识别性 DNA：一虎一猴一城一山。

（一）虎：虎跳峡

务必从既往的险峻雄奇中，提炼出符合大众旅游消费者心理诉求的文化因子。让虎跳峡从单纯的面向专业人士的徒步、探险游变为能满足普罗大众

心理诉求的文化游。从虎跳峡“三级跳”（上虎跳、中虎跳、下虎跳 3 段，共 18 处险滩）来展开提炼：

下虎跳——福愿之跳（丽江大具乡——下虎跳——核桃园——一线天）

中虎跳——转运之跳（丫杈角——永胜村）

上虎跳——圆梦之跳（虎跳石——桥头）

如上，在下虎跳祈福许愿，中虎跳实现转运，到上虎跳圆梦。虎跳峡“三级跳”以“福愿之跳”“转运之跳”“圆梦之跳”为组合，提炼出虎跳峡的文化因子，让旅游消费者在徒步、探险、游览虎跳峡的过程中，既享受了虎跳峡的“险峻雄奇”，又满足了内心对祈福许愿、转运圆梦的心理诉求。

虎跳峡是旅游消费者进入香格里拉的第一个 DNA 并且贯穿整个香格里拉。

（二）猴：滇金丝猴

务必对国家一级保护动物进行文化创意包装，让单纯的滇金丝猴与香格里拉发生关系，与旅游消费者发生关系，实现滇金丝猴、香格里拉与游客的交互。

香格里拉之图腾。没有滇金丝猴，香格里拉就不是香格里拉。

滇金丝猴是香格里拉的图腾，它是世界上最漂亮的动物，其“美貌”倾倒众生；黑白二色“裘皮大衣”，显得高贵、典雅、富态；美丽的红嘴唇，令人心动。

香格里拉之仙灵。滇金丝猴是香格里拉的仙灵。在滇西北，古往今来都是人们崇拜、尊敬的“神灵”。

逍遥、自由之神。滇金丝猴是世界上除人类以外栖息地海拔最高的灵长类动物，是生命力最顽强的灵长类动物。它们活动量大，活动范围广，达上百平方千米。正如庄子说的那样，“没藐姑射山，神人居焉，吸风饮露”。滇金丝猴，它是逍遥、自由的象征，是当今背包客的精神象征。

（三）城：月光古城（独克宗古城）

理想国。佛经中的香巴拉、理想国、乌托邦、普达措的辽阔悠远。

月光之旅。月光古城，月亮湾大峡谷。普达措。

莲花之旅。寺庙祈福许愿，转运圆梦。松赞林寺、东竹林寺、寿国寺、飞来寺等。

（四）山：梅里雪山（太子十三峰）

日照金山。卡瓦博格，世界上最美的山，雪山之神，男性之山，不被征服之山。

日光之旅。高原日光浴；健身、减肥、治疗疾病；祥瑞、健康、幸福。

朝圣之旅。八大神山，朝圣转山。梅里，藏语的意思是药王，因盛产雪莲花而得名。进德钦如果第一眼能看见梅里十三峰，会幸运一整年。

综上，将抽象的香格里拉提炼出具象的识别DNA，让香格里拉变成摸得到、看得到、闻得到、感觉得到的香格里拉。

三、问

香格里拉，是谁？

香格里拉，她是消失的地平线，她是精神家园，是理想国，是乌托邦，是城市化背景下的旅游消费者最后的洗旅天堂。

香格里拉，是各民族和睦相处，不被种族、信仰、习俗所隔阂的圣地。

香格里拉，是人与自然和谐相处的典范。

香格里拉，体现了人类高度理性的人文永恒主题：和谐、自然、发展。

综上，可用八个字来概括香格里拉的精神理念：天人合一，归园田居。

天：香格里拉，心中的日月。大自然，雪山，草甸，湖泊，峡谷，等等。日月天成，神山，仙猴，藏獒，神灵……自然的人化。

人：生活在香格里拉的人，前往香格里拉的人，要去香格里拉的人，人的自然化。

合一：人与香格里拉的碰撞，人的体验，感悟，与香格里拉、与自然，实现最终的合一。

归：返璞归真，现代都市喧嚣，人们需要回归。

园：不是花团锦簇、浓妆艳抹，而是包容、接纳、简约而不简单的园——香格里拉。

田居：久在樊笼里，复得返自然。倦鸟归林，池鱼入渊。怡然自得。

“天人合一，归园田居”是香格里拉的精神理念及思想文化内涵的精准概括。

四、切

根据香格里拉现实情况，掌控营销香格里拉的关键部位、宣传频率、推广强度、营销节律等因素，整合出符合香格里拉现实情况的营销宣传策略。

基于互联网，围绕“洗旅•香格里拉”营销宣传主题，涵盖吃住行游购娱，图文并茂，推出紧扣香格里拉特色的六大文化旅游：洗旅之福愿游，包括香格里拉的寺庙、玛尼堆、雪山，以及任何可以祈福、许愿的点线面；洗旅之转运游，包括香格里拉的任何一个具有转运解读功能的点，如世界最大转经筒等；洗旅之圆梦游，圆梦游除了放置虎跳峡上虎跳一段，其余景点也可放置，如日照金山；洗旅之月光游，主要面向月光古城之藏民生活习俗、藏医、赛马、月亮湾大峡谷、普达措等；洗旅之日光游，主要着力点有日照金山、高原日光浴等；洗旅之莲花游，佛教有“（莲）花开见佛性”之说，人有了莲的心境，就出现了佛性。在香格里拉，有众多佛教寺庙、雪山、滇金丝猴、藏獒、小布达拉宫等物质基础，又有其本身散发出来的高洁、神圣之精神氛围。莲花游即为洗心之旅、朝圣之旅、转山之旅、洛克之旅、它是一次精神上的超越自我，灵魂上的自我洗礼与回归。

借由六大洗旅，将香格里拉“天人合一，归园田居”的精神理念及思想文化内涵展示出来，使其进入广大旅游消费者的视野中。

中国人历来对“福运”都很看重。前三种切合了大众游客的心理诉求，后三种切合年轻人（80后、90后）的心理诉求，将原本要去大理、丽江的游客，直接引入香格里拉，让香格里拉在与大理、丽江的竞争中掌握主动。

六大洗旅，共分两个阶段两大专题来宣传。

（一）第一阶段

主题：洗旅香格里拉，福运圆梦游。

内容：

洗旅香格里拉•福愿游；

洗旅香格里拉•转运游；

洗旅香格里拉•圆梦游。

关键词：祈福、许愿、转运、圆梦。

宣传内容：虎跳峡、普达措、小布达拉宫、松赞林寺等寺庙、梅里雪山、最大转经筒、天生桥温泉、长寿村等。

受众：

特定受众——学生、公务员、商人。

普遍受众——国内外希望在圣洁之地祈福许愿，期待转运与圆梦的旅游消费者。

同期，针对“洗旅香格里拉，福运圆梦游”进行借势营销（借高考的势），通过专题与微博联动宣传。

事件标题：洗旅香格里拉，高考学子福运圆梦游。

副标题：高考学子凭借准考证可免费游览香格里拉。

事件内容：高考学子在虎跳峡、小布达拉宫、松赞林寺、转经筒等景点祈福、许愿、转运、圆梦。

事件意义：抓住了高考学子对大学生活的憧憬，对金榜题名的期待，对名落孙山的担忧，吸引年轻旅游消费者前往香格里拉，提高香格里拉旅游收入。

（二）第二阶段

主题：洗旅香格里拉，心中的日月游。

专题内容：

洗旅香格里拉•月光游；

洗旅香格里拉•日光游；

洗旅香格里拉•莲花游。

关键词：月光古城、太子十三峰、日照金山、藏传佛教莲花生、天人合一、归园田居。

宣传内容：月光古城（独克宗古城），月亮湾大峡谷，伊拉草原，普达措（一海一湖），梅里雪山，滇金丝猴，香格里拉的藏族民俗及藏医等。

受众：

特定受众——80后及90后年轻一代，具有浪漫主义情怀和小资情调的旅游消费者。这批人也是未来中国旅游业的主要消费者。

普遍受众——国内喜欢探险猎奇，追寻激情与乐趣的旅游消费者。

经过“望闻问切”，我们对香格里拉进行了资源整合、DNA 提炼、品牌阐述，将原本散点状的香格里拉的品牌理念、诉求与形象统一起来，成体系化、系统化。让香格里拉的形象更加深入到旅游消费者的心中。

相信，通过一系列有阶段、有节奏、有步骤的营销宣传——

香格里拉必定能从东西南北的夹击围困中实现突围！

香格里拉必定能成为旅游消费者继大理、丽江之后的最佳旅游目的地！

香格里拉必定能成为年轻一代人追求自由、浪漫、纯洁与梦想的圣地！

借势营销 + 刺激营销 + 事件营销 = 品牌大曝光。实现社会效益、经济效益及政治效益的共赢。

任何旅游策划，都绕不开以下这个原则：

以资源为基础，以市场为导向，以创意和收效为出发点，以游客为中心。

香格里拉，亦如此。

以资源为基础——整合提炼香格里拉既有资源，不破坏，不乱造，让香格里拉旅游资源最大程度贴近广大消费者的心理诉求，尤其是每年几十万的高考学子。

以市场为导向——中国人热衷许愿祈福，有着丰富的“福文化”土壤，结合香格里拉“净土”“佛教”“虎跳峡”“普达措”等资源，发掘强大的市场需求。

以创意和收效为出发点——多种营销手段并举，实现旅游创收，没有创收和效益的策划，都是耍流氓。

以游客为中心——抓住不同受众群，有的放矢，比如针对高考学子、父母在高考过后的心理，为其提供极佳的旅游选择与服务满足感。

旅游策划，在某种程度上，应该遵循 PEEST 原则。

P：Political（政治），有公益之实，政治正确，实现政治效益。

E：Economic（经济），以点带面，拉动旅游创收，实现经济效益。

E：Ecological（生态），香格里拉是心灵圣地，乃清静世界，十方净土，是祈福许愿、转运圆满的所在。策划香格里拉，不破坏，不改变，不乱造，充分考虑生态环境之保护，实现生态效益。

S：Social（社会），祈福、感恩，有利于家庭和睦、社会稳定，实现社会效益。

T：Technology（技术），以互联网为技术支撑，方便、及时、快捷，最大限度地保障了活动的完美实现。

结合上面的两大策划原则，我提出，香格里拉将高考学子作为主要争取的受众群。

时下，中国旅游消费主力军为70后、80后这两代人。其中，70后是消费主力，80后是消费中坚。这一拨人，已经习惯了云南旅游必选昆大丽西双版纳，香格里拉很难争取这拨人前来直接消费。

未来3到5年，90后乃至00后将成为中国旅游消费的生力军，他们有主见，有看法，有选择，有消费能力，有传播能力，是香格里拉必须争取的潜在、既在的旅游消费者。

借势每年的高考，以互联网为平台，以旅行社为辅助，线上线下多渠道，多向互动，打出借势营销牌。借全国高考之势，抓住一波又一波高考学子，结合香格里拉旅游产品，多种营销手段并举，将一批批年轻人吸引到香格里拉，奠定香格里拉在他们心中的优越地位。

90后、00后高考学子希望不靠父母、自己赚取学费的心态已经具有普遍性，香格里拉以万元学费为正向激励，恰逢其时，将产生巨大的连带效应。

我建议，香格里拉每年7月都以万元学费来做一个正向刺激，将会收到奇效。

抓住了一批批高考学子，他们考取大学后，将在全国各地2000余所大专院校，在大学同学之间宣传香格里拉，口碑相传，从而引起蝴蝶效应，促使更多年轻大学生在寒暑假前往香格里拉直接消费。一段时间后，必将促使香格里拉成为云南旅游第一站。

没有考取大学的，步入社会，参加工作，结婚生子，他们拥有各种各样的旅游机会，也必将把某些旅游机会用在香格里拉身上，产生广泛的社会化传播效果。

比如，高考学子免费游香格里拉，其父母，极有可能陪同前往，如此，既带动了香格里拉的家庭游，又促进了香格里拉的组团游。

给高考学子提供免费游，赠送一万元学费，有利于他们的学业进步，有利于其家庭团结、和睦，有利于社会稳定，必将产生积极的社会效益。

迪庆州政府部门、旅游集团牵头做这件事情，是正面的、积极的，是有利于国家和社会的“公益”活动，将产生积极的政治效益。

从长远看，抓住了年轻一代，就是抓住了未来3到5年内的广大旅游消费者，就是促进了香格里拉旅游大创收，将为香格里拉、为迪庆州带来可观的经济效益。

人无我有，人有我优。放眼全国，还没有任何一个旅游城市或景区将目光对准高考学子来大做旅游文章。此为天时。

香格里拉从虎跳峡（三级跳）、普达措（神助乘舟到达彼岸）、滇金丝猴（仙灵）到梅里雪山（日照金山，太子十三峰），以及诸多景点如松赞林寺、转经筒、五彩经幡、玛尼堆、雨崩村、月光古城（独克宗古城），等等，都可以串成一条“福来运转、许愿祈福、转运圆梦”的旅游产品线，完全符合中国人几千年传承的福文化，以及父母望子成龙，子女感恩父母、老师，祈求考个好分数，上个好大学的心理诉求。此为地利，人和。

天时地利人和，机不可失。在综上背景分析下，香格里拉旅游宣传大有可为，大有作为！

香格里拉针对高考学子“福来运转，许愿祈福，转运圆满”产品设计。

1. 产品线第一站：虎跳峡

将虎跳峡单纯的观光探险与徒步，丰富延展出带有中国传统祈福转运文化色彩的精品旅游线路。

提炼出虎跳峡的文化因子，让旅游消费者在徒步、探险、游览虎跳峡的过程中，既享受了虎跳峡的“险峻雄奇”，又满足了内心对祈福许愿、转运圆梦的心理诉求。

虎跳峡是高考学子免费游香格里拉的第一站。虎跳，高考学子都是老虎，老虎之跳，寓意高考学子即将开始人生的转折之跳，以英姿飒爽的“虎跳”迈入大学或社会。

2. 产品线第二站：普达措

普达措的藏语意思：神助乘舟抵达彼岸。

高考学子在普达措游览、许愿，希望自己能在神的帮助下考取大学。

3. 产品线第三站：松赞林寺，雨崩村、东竹林寺、寿国寺、飞来寺等

在松赞林寺等寺庙许愿，为父母祈福；在最大转经筒转经祈福、感恩；在时轮金刚像前许愿、祈福；在雨崩村转经许愿、祈福；挂五彩经幡，堆玛尼堆，许愿、祈福、感恩。

4. 产品线第四站：梅里雪山

香格里拉寓意：心中的日月。

日照金山。卡瓦博格，是世界上最美的山，是雪山之神，是男性之山，是不被征服之山。寓意高考学子在今后的人生路上，勇敢、坚强，战胜一切艰难困苦！

日光之旅。高原日光浴；健身、减肥，治疗疾病，寓意祝福高考学子家庭祥瑞，父母健康，阖家幸福。

朝圣之旅。八大神山，朝圣转山。梅里，藏语的意思是药王，因盛产雪莲花而得名。进德钦第一眼如果能看见梅里十三峰，会幸运一整年。祝福学子幸运一生，祝福学子亲朋好友幸运一生。

……

综上产品线，迪庆州旅游集团可根据景区实际情况进行完善，打包成“福来运转，许愿祈福，转运圆满”产品，提供给旅行社，进行渠道促销宣传。

此次借助高考学子的事件营销，将大有可为，大有作为。

此次活动，多种营销手段并用，既有“公益”之名，又有旅游营销之实。必将为香格里拉，为迪庆州，为迪庆州旅游集团带来可喜的社会效益、经济效益与政治效益，并带来喜人的营销成果。

向左走还是向右走

——策划四川达古冰山

2017 年 6 月，我在达古冰山管理局朱红明老师的介绍下，与管理局文定清局长做了两次交流，就达古冰山的整体营销策划，提出了自己不成熟的“谬论”。与朱老师自 2012 年相识以来，深得老师厚爱，于学、于行、于思，受益颇多，不胜感激。

一、旅游目的地短视频营销势在必行

2017 年 8 月 17 日，我应邀参加了山东省旅游营销大会（山东省旅游市场工作会议），与旅游行业各方面的资深人士进行了交流座谈。会上，山东省旅发委的有关领导，全国各类旅游企业代表，山东旅游目的地负责人，都不同程度地对展开旅游目的地的短视频营销给予了高度重视。

可以预见的是，用短视频来丰富景区景点的特色，将会成为旅游目的地营销的重要手段。

原因有以下几个方面：

第一，移动 4G 时代（5G 已经来临），比起图片和文字，人们越来越倾向于通过视频来获取资讯。视频有着图文所不能比拟的优势：一方面，它传递的内容更生动、更形象、更吸引人；另一方面，它更省时、省心、省力，原本要耗费半个小时才读完的图文游记攻略，一个三五分钟的短视频，就能全部涵盖。

第二，短视频经过在其他行业的发展，已经逐步成熟，无论是创意制作层面、营销宣传层面，还是整体及细节的把控层面，都已经到了一个相对成

熟的阶段，为辐射到旅游目的地（景区景点）奠定了坚实的基础。

第三，旅游目的地自有的宣传矩阵（官网、官微、微信公众平台等），亟须在传播内容上推陈出新，从以往的单纯的图文传播形式，递进到短视频+图文的传播形式，吸引更多的旅游消费者，聚合属于自身的粉丝群。

第四，自媒体时代，每个人都具有了媒体的属性。随着移动客户端的普及，上网成本的降低，自媒体群在旅游行业，从最初的喜欢拍照写文章，发展到了用拍摄短视频来传播旅游目的地的形式。

第五，广大的旅游消费者在游览的过程中，越来越喜欢拍摄小视频（朋友圈小视频就是一个明显的例子）与朋友分享。

综上所述，旅游目的地的短视频营销，一定会成为一种势在必行的营销手段，谁能抢先从创意、制作、宣传等层面形成自己的短视频营销矩阵，并全方位丰富之前单纯的图文游记攻略，谁就能赢得更多的旅游消费者，最终赢得品牌、口碑和旅游经济效益。

视频化的游记攻略，必将成为旅游目的地的大势所趋。

（2017 年 8 月，我写下了上述文字，2018 年，抖音短视频便异军突起，诞生了众多网红景区 / 景点，短视频掀起了旅游传播的大高潮，可以说，2018 年是旅游短视频元年。同年 10 月 11 日，我担当总策划和总导演的山东十大旅游文化品牌之“水浒故里•给你一个江湖”的 5 组短视频，在青州举办的山东省旅游市场营销大会上，引起了积极反响。）

二、达古冰山的短视频营销策略

达古冰山是阿坝州继九寨沟、黄龙后开发的又一精品景区，是中国•四川•阿坝•大九寨国际旅游区的重要组成部分。

三者间，九寨沟的龙头老大地位毋庸置疑；黄龙由于营销策略、营销思维、资源和产品的同质化，一直被临近的九寨沟逼迫着，处境尴尬；达古冰山则不然，她具有九寨沟、四川，乃至全国范围内少见的得天独厚的旅游资源。把这种资源优势转化为产品优势，将会带来可观的经济效益。我认为，达古冰山是阿坝州后九寨沟时代最为关键的一环。

打造达古冰山的产品优势，不是说要研发出一二三四五个旅游产品，而是要从全域旅游的战略上，将达古冰山作为一个“大产品”的概念来塑造，即整个达古冰山，就是一个充满独特性的旅游产品。

让更多的旅游消费者，了解、认知、爱上达古冰山，将达古冰山作为一个必然去的旅游目的地而非可去可不去的集散地，需要采取不同形式的营销策略。短视频营销策略，是重要的一环。用短视频来承载和传播达古冰山的旅游资源、产品、线路、玩法以及纪念品，比起单纯的图文形式，更具有优势。

那么，我们需要做好基础工作，通过大开大合的方式，提炼达古冰山的看点和亮点。

达古冰山是一年四季都可以成为旅游旺季的景区。每个季节都有独具特色的视觉效果，尤其秋季的红叶，搭配冰川之皑皑白雪与湖光山色，散发出迷人的浪漫主义气质和童话气息。

达古冰山的核心灵魂无疑是冰川。

由冰川作用所形成的各类冰蚀地貌（红运坡、凌云瀑布等）以及各种让人匪夷所思、难以预料的奇特景观，让人流连忘返。加之其长冬无夏，春秋相连，积雪时间长达 10 个月，每年 2—4 月举办的冰雪旅游节，3—4 月的达古湖“开湖”之旅（破冰之旅）是独具特色的旅游活动。

看点和亮点提炼如下：

1. 雪国之旅

达古冰山积雪时间长达 10 个月，比同属于四川的螺髻山更有冰天雪地的质感（我曾于 2012 年前往螺髻山做过考察）。日本著名作家、诺贝尔文学奖获得者川端康成的代表作《雪国》，讲述了浪漫凄美的爱情故事，在中国知识分子心中，影响深远，记忆深刻。

达古冰山，提炼出“雪国”的爱情元素，会吸引众多年轻情侣前往。

2. 红运之旅

红运坡是第四纪冰川褪去后留下的冰渍石。殷红的石河与浪白的溪水相融着、包裹着，与四周青山绿水形成强烈的色差对比。在当地藏民中流传着这样一个传说：藏传佛教中的五姓财神之一的红财神云游四海至此，见此地冰川纯净、雪山刚毅，遂衣袖一挥叹道：“佛山、婵石，红运也！”立足之处的山坡随之生出了一大片方形红石。之后，凡在红运坡前虔诚许愿者都能应验，红运当头。

3. 凌云之旅

凌云瀑布从海拔4300多米的银措海飞流直下，它属于典型的冰蚀地貌，宽约300米，高约700米。在冬季凌云瀑布将结成一座3米厚的冰瀑，晶莹剔透、异常壮观。

4. “开胡”之旅

达古冰山每年春季的达古湖（仙女湖）都有“开湖”的概念。“开湖”，谐音“开胡”。“开胡”，我们都知道这是麻将里的专用语（一般是方言），指的是之前一局都没有赢，后来终于赢了一局，并且将会得到好运气。

另外，在达古湖“开湖”的时候，可以借鉴都江堰的“放水大典”（我2013年为都江堰策划放水大典，具体见“策划都江堰：不一样的放水”），做一个“开胡仪式”。

三、仪式感营销，是所有营销中的内核

将“开胡”作为达古冰山的一大亮点，进行营销传播，必然不会比当下全国泛滥的“冰雪文化旅游节”要差。

（一）杜鹃花

达古冰山有万亩高山杜鹃林，每年五月，杜鹃花开，与冰川之皑皑，形成了鲜明的视觉对比。

看点和亮点提炼：

1. 相思有你

杜鹃花的花语有“永远属于你”的意思，代表着爱的喜悦，当见到满山杜鹃盛开，就是爱神降临的时候。

2. 幸福是你

杜鹃花是“望帝春心托杜鹃”，也叫映山红，代表着勤勉、负责任。

幸福的根便是勤勉和负责。

（二）彩林

黑水县是彩林的世界，达古冰山的彩林保护比九寨沟做得还要好，在雄奇的冰川下、美丽的雪山上、独特的藏寨边、蜿蜒河流旁均有成片的彩林分布。金秋十月，大红、紫红、探红、糯红、粉红、金黄、鹅黄、草绿、墨绿、咖啡色、褐色的树叶交汇成一个万紫千红、五彩缤纷的彩色世界。

看点和亮点提炼：七彩之恋。

将彩林的缤纷多彩与恋情结合，金秋时节，以七种色彩寓意爱情。

（三）索道

达古冰山的索道，是全球海拔最高的索道。

乘坐索道，3628 米至 4860 米之间，只 15 分钟左右的时间，却可以一览无余地欣赏到万亩高山杜鹃林，由冰川作用所形成的各类冰蚀地貌以及各种让人匪夷所思、难以预料的奇特景观。

结合关键词“全球海拔最高”，我们可以将其看点和亮点提炼：高海拔之恋。

杜琪峰在丽江拍过一部电影，叫《高海拔之恋》。其中雪山、湖泊、森林、蓝莲花、经幡、玛尼堆等意象，都有爱情和祝福的美的含义在里面。

（四）藏寨

达古冰山的雪山圣水孕育了风姿绰约的达古藏寨。

在中国，少数民族的寨子，做得最好的是苗寨（比如西江千户苗寨）。达古冰山的藏寨风情，是一副美丽隽永的画，让人想起了仓央嘉措的情诗（当然，后人附会的太多）。

看点和亮点提炼：一首诗　一座寨子　一个爱人。

上中下达古藏寨，建筑巧妙，施以彩绘，点缀着野猪头、奇石、莲花台等图腾，四周林木苍翠，白雪皑皑，冰川辉映，房前房后插满了各色经幡，迎风飘扬，给人古朴沧桑之感和浓郁的佛教气氛。用情诗，点缀达古藏寨。

四、找到达古冰山的卖点

达古冰山的看点和亮点，不胜枚举。

我们要做的是在众多看点和亮点中，选择主要的看点，提炼出具有情感的元素可以让游客得到心灵和精神双重寄托的卖点。一是故事＋情感，是达古冰山的卖点之一；二是记录＋写意，是达古冰山的卖点之二。

结合达古冰山，我们提炼出来的看点和亮点，将达古冰山的卖点以“故事＋情感”和“记录＋写意”的形式，用短视频呈现出来，传播出去。

（一）第一季：最近的遥远

考虑到多方面因素，尤其是响应国家政策方面的号召，结合达古冰山特色，深耕传统文化领域，第一季先主打“记录＋写意”的卖点。

目的：用短视频来逐步代替达古冰山的图文游记攻略，并最终形成“两条腿走路”、各有侧重的局面，丰富达古冰山的旅游品牌形象，让游客看到视频就知道达古冰山是谁，有什么，看什么，玩什么，吃什么，买什么。

通过“记录＋写意”的短视频策略，形成达古冰山以短视频为主、图文游记攻略为辅的动态体验模式和静态体验模式有机结合的传播局面。

策略：每个短视频各有侧重，立足达古冰山“藏寨风情”，结合达古冰山资源特色，辐射达古冰山的美食、美景、美人（淳朴的当地人）等，拍摄制作五个短视频。全方位，又不失重点，凸显出达古冰山的独特气质。

风格：这五个纪录片，风格浑厚，画面上乘，各有特色。

美食篇——将呈现《舌尖上的中国》的质感。

美景篇——将采取航拍，结合自然光线的变化，铸造光影交错、湖光山色的达古冰山“最近的遥远”之美。

美人篇——通过厚重纪实的影像风格，展现当地人的独特天赋，如达古冰山独特的多声部民歌、祭祀礼仪、歌舞及民间歌会等。

（二）第二季：一生所爱

在第一季对达古冰山的方方面面都有了成熟的认知后，结合达古冰山的看点和亮点，以“故事＋情感”的卖点，创意五个爱情故事，引爆达古冰山的浪漫主义情怀和童话色彩。

（三）达古冰山有故事吗？

要想让别人记住你，莫过于讲述一个个动人的故事。

我们每个人都离不开故事。我们每个人都有故事。

每年我们都会去电影院看几次电影，都会在电脑上保存着很多喜欢的电影。电影的本质就是故事。

小时候，我们经常在爷爷奶奶讲述的故事中，睡去。

现在，我们可能结婚了，也开始给自己的儿女讲各种各样的故事。

两个陌生人初次相逢，都会说自己经历了什么，彼此交换各自的故事，以此拉近距离。

中国好声音等各类火爆的综艺节目，那些让人难于忘记的选手，无不都是有故事的。

故事伴随着我们的一生。

我们会去很多地方旅行，旅行的本质不是看风景、吃美食，而是渴望遇见一些故事，发生一些故事。

把达古冰山的绚烂，纳入一个个唯美的爱情故事中，让情景交融，会是怎样的美好？

每一个优秀的景区，都有很多故事。不管是丽江、大理、还是耳熟能详的西湖，谁不是靠故事得到了情感的共勉？

石林有个阿斯玛。广西有个刘三姐。庐山呢，那部叫《庐山恋》的电影几十年如一日还在放着。

不是景区成全了故事，不是人们成全了故事。而是故事成全了景区与游人。

（四）达古冰山应该有配得上它的故事

没有任何一个景区是没有故事的，也没有任何一个人是不喜欢故事的。

如果要让别人记住你，莫过于讲述一个动人的故事。达古冰山应该有配得上她的故事。

一个故事，可能让游客记得不那么清楚，如果是十个故事呢？一百个故事呢？这很多个故事组合成的达古冰山故事，是不是就会形成达古冰山自身的品牌效应？

我相信，答案是必然的。

人是有情感的动物，没有谁能离得了情感。

用“故事＋情感”的形式，结合达古冰山的爱情元素，打造达古冰山的DNA，建构属于达古冰山自身别具一格的“故事营销＋情感营销”体系。这是第二季值得做的一件事情。

（五）达古冰山的五个故事

如果用五个词语形容一个人的一生，你会用哪五个？

我会用：等待、失去、忘记、陪伴、选择。

人生一世，草木一秋，没有谁能逃得出这五个词语。我逃不出。所以我决定用这五个词语，来赋予达古冰山直击心灵的故事。

1. 关于等待

在爱情中，等待是最让人感同身受的普遍经验。人们也说，等待是最初的苍老。

结合达古冰山的藏族风情，讲述一个感人至深的关于等待的故事。

女主角是一个藏族女孩，18 岁那年，认识了一位从城市来考察的青年。青年因为特定的事由，离开了达古藏寨。临走的时候，告诉女孩，一定会回来。青年一去不回。女孩终生未嫁，一直等到今天，从花季少女，变成了耄耋老妪。

5 分钟内，这样的一个故事，融入达古冰山的雪山、彩林、湖泊、溪流、藏寨中，经由唯美的画面、动人的音乐，传递给当下都市里的人们，必然会引起强烈的情感共鸣。

2. 关于失去

2017 年，达古冰山曾举行过“带着婚纱去达古”的营销活动。

如果只是穿着婚纱拍婚纱照，远没有让一场求婚发生在达古冰山更吸引现如今的旅游消费者。

美好的爱情，让人羡慕，但记忆短暂；凄美的爱情，让人泪下，但永远记得。

人们记住的永远不是所得，而是失去。

在遥远的南方，有这样的传说，人死后，会再回到生前他所走过的地方，将所有的脚印收集起来，才能断了对人世的念想。

男主角和女主角是青梅竹马。他们曾经三次来过达古冰山，并且约定男主角要在达古冰山向女主角求婚。遗憾的是，男主角去国外出差，遇到了车祸，再也回不来了。女主角想，要是他们一直在达古冰山定居下来就好了，这样就永远不会失去他了。

这些年来，她一直走在他生前到过的每一个地方，走在他生前曾走过的每一条路上，为的只是在他回来收脚印的时候，能遇见他，说出相思的美好与满腹委屈。

3. 关于忘记

没有人能够做到彻底的忘记。有时候不能爱一个人并不痛苦，无法忘记一个人才最痛苦。

男主角在达古冰山遇到一位女孩。她失去了所有的记忆，也忘记了自己，每天坐在达古湖畔，发着呆。男主角爱上了她，照顾她。他也曾失去过记忆。

要忘记一个人，最好的办法是忘记自己，直到再次遇见。

4. 关于陪伴

爱情中，陪伴是最长情的告白。不一定是占有，能远远地守护着她 / 他，也是最好的福报了。

自从藏寨的宋爷爷过世后，宋奶奶就天天找不到回家的路了，独自彷徨在寨口，喊着宋爷爷的名字。每次都是李爷爷去把她领回家，身上穿着宋爷爷的衬衫。

五十年前，李爷爷就爱着宋奶奶了，五十年后，他们终于可以每天都一起回家了。

5. 关于选择

每个人都想要走运。财运，福运，桃花运。

女主角是一个大龄剩女，30 岁了还没找到合适的男朋友。她一个人来到达古冰山，想要让雪山的纯洁、彩林的绚烂，赋予自己爱情的好运，让自己在婚姻大事上“开胡”。

达古冰山一行，她遇到了一个男孩。从最初的心动，到争吵，再到醒悟，她终于知道了自己为什么会成为剩女。

人生是由无数个选择组成的，不同的选择，成就不同的你。

综上五个故事，紧扣“爱情”主题，人景结合，人在景中，情景交融，带给互联网快餐时代的人们一场不一样的爱情体验，直击人们的普遍心理痛点。

五个故事，形成了达古冰山短视频营销中的第一个局面，为来年的第二个局面，打下了坚实的基础。

人们因故事而记住达古冰山，爱上达古冰山，从而产生去达古冰山的冲动。就像丽江的艳遇、大理的风花雪月，达古冰山也有了自己的爱情启迪。

达古冰山的故事，必将经由一次又一次的点击和播放，流传在互联网时代的每一个角落里，掠过人们心灵深处某个柔软的地方。

白天请你吃扬州炒饭，夜里请你吃我

——策划江苏扬州

不只是扬州，中国众多的旅游目的地，无论大小，都面临着这样的一个尴尬：品牌知名度高，品牌价值低，即知道你的人不少，但知道你好在哪里，美在哪里的人却不多。只知其名，不知其人，此之谓也。

有关扬州的历史文化，无论是文学、音乐、艺术、经济、政治、哲学，等等，花上三天三夜也讲不完。如何从中提炼出当下旅游消费者热爱的点线面，并将其串联起来，让游客与扬州产生充分的互动，是首先要解决的问题。

一、策划背景

很多年前，我20来岁，交了一个笔友，是扬州人，她曾给我写过一封信。信上说："如果你来了，白天请你吃扬州炒饭，夜晚请你吃我。"

面对这样的邀约，你能拒绝吗？

这封信让年轻的我脸红心跳，但终于还是有贼心没贼胆，未敢赴约，直到多年后，才以旅游策划的名义，到了扬州。这个小插曲，也成了我在做扬州旅游策划时的一个灵感点。

告子曰："食色，性也。"孔子曰："饮食男女，人之大欲存焉！"扬州之美，当从美食而起。

（一）美食

在饮食文化上，世界上还没有哪个国家像中国这么五彩缤纷，还没有哪个民族在吃上比华夏民族更丰富多彩。天上飞的，地上跑的，水里游的，洞里穴居的……只要吃不死人的，经过一番考究的工艺制作后，便成了光鲜无比、美味甲天下、让世人叹服的佳肴。

在最先的四大菜系里，最独特的当属淮扬菜。淮扬菜是人文菜，更能反映出美食与人文的联系。这是其他菜系所不能、所没有的。淮扬菜经过千百年的各地演绎，已形成诸多小菜系，从中衍生出皖菜、浙菜等，形成后来的八大菜系。今日的淮扬菜盛名远播，上至官宴，下至街头饭馆，远至西洋诸国，凡有华人之地，皆有淮扬菜。而扬州，是由中国烹饪协会正式认定的“淮扬菜之乡”，素有“吃在扬州”的美誉。

翻开扬州美食谱，美味佳肴，扑面而来，诸如——

扬州十大名点：三丁包子、千层油糕、双麻酥饼、翡翠烧卖、干菜包、野菜包、糯米烧卖、蟹黄蒸饺、车螯烧卖、鸡丝卷子。

十佳风味小吃：笋肉锅贴、扬州饼、蟹壳黄、鸡蛋火烧、咸锅饼、萝卜酥饼、鸡丝卷子、三鲜锅饼、桂花糖藕粥、三色油饺。

十佳特色小吃：四喜汤团、生肉藕夹、豆腐卷、笋肉小烧卖、赤豆元宵、五仁糕、葱油酥饼、黄桥烧饼、虾籽饺面、笋肉馄饨。

不胜枚举。

唯美食与美女不可辜负。

（二）美女

自古扬州出美女，无论是真人真事，还是文学作品，抑或民间传说，扬州在世人心中，自古出美女。如刘细君、赵飞燕、林黛玉、杜十娘、冯小青、方婉仪、李端端、李翠娥、琼花仙子、芍药女……扬州美女已成了无数人心中所向往的对象，对于扬州美女的情结朦朦胧胧地存在于无数人的心中。现在的扬州，目力所及，也是美女荟萃。

扬州历史上经济的繁荣、文化的繁荣，无不与扬州的美女文化有着无法割裂的渊源。如果不提美女文化，就无法体现扬州传统文化的完整体系。

美是文明的使者。美女不仅仅是一种文化，一方资源，也是一种精神力量，运用得当，可以获得社会与经济的双重效益。

（三）美景

扬州旅游资源十分丰富，集北方妙景之雄，兼南方佳境之秀，被誉为“淮东第一观”、竹西最佳处。

扬州最具代表性的瘦西湖，晚清第一名园何园，中国四大古典园林之一个园，鉴真大师曾经修行过大明寺，杜牧写下“二十四桥明月夜，玉人何处教吹箫”的二十四桥，享誉中国人文艺术殿堂的扬州八怪纪念馆，等等，从自然到人文，再从人文到自然，人文中有自然，自然中有人文，你中有我，我中有你，水乳交融，相得益彰。

二、策划缘起

（一）借势

先是《舌尖上的中国》，接着是《美食探秘》，现在又是《行走的餐桌》，扬州频频亮相央视美食节目。时下的中国，更是在《舌尖上的中国》的引领下，发起了一场声势浩大的“吃货运动”。

享受美食是旅游的重要体验，美食与旅游的结合具有重要意义。美食旅游预示着旅游市场由传统、标准的团队观光旅游向个性化休闲旅游转型的趋势。随着旅游市场越来越细分，美食旅游将会成为今后旅游市场的新热点。

如今很多城市、很多景点千篇一律，而美食最能体现地方特色。越来越多的游客希望自由体验和探索目的地的风土人情，品尝地道美食。

扬州应当借央视美食纪录片大热的东风，借助美食旅游大热的东风，借助美食经济成为体验经济重要组成部分的东风，走上发展旅游的快车道。

（二）顺势

2011 年，扬州举办了首届“扬州美女大赛”；2012 年，扬州广播电视总台再次联合扬州市旅游局，与中国广播影视艺术人才网合作，共同举办“2012 中国扬州美女大赛”。有了第一届的成功经验，第二届扬州美女大赛必将取得极大成功。

以扬州美女经济带动扬州美女旅游，推进扬州旅游大繁荣大发展。除了在传统媒体上加强营销外，还应在新媒体营销（网络营销）上做足功课。另外，扬州也曾策划过最美公交妹妹等活动，在人们心中留下了美好印象。现在的扬州，既有丰富的美女经济运作经验，也抓住了美女经济的发展契机，应再接再厉，顺“扬州美女大赛”这一势头，阔步向前。

（三）乘势

扬州风景独好，淮左名都，竹西佳处。现代旅游已经不重摩登豪华之城市，而向往清新典雅的古风乡韵，并倾向于于美景中多享受、重体验。

扬州有良好的景观基础，丰富的古风乡韵，又有优秀的人文底蕴、美女资源和美食资源，扬州应当乘美女之势、美食之势以及美景之势而行，一飞冲天、一鸣惊人。

综上所述，2012 年扬州旅游新媒体营销应狠抓“美食 + 美女”的策略，以“美景”做依托，三美发力，以美食 + 美女 + 美景的饮食新美学共创扬州旅游新纪元。

三、策划策略

（一）美女私房菜

众所周知，现代男人累，在快节奏的现代生活中，男人承受着更大的工作压力，更多的家庭责任，更多的经济负担，遭受更多的挫折与打击……据世界卫生组织调查表明：男士的平均寿命普遍低于女性。

男人本色，食色，性也。看美人，吃美食，观美景，无疑是释放压力的一种好方式。有一句广告语说：“男人对自己狠一点。”在商场，在政坛，在各种舞台，男人确实应该要对自己狠一点。但是，如果你到了扬州，就应该对自己好一点，多交几个美女朋友，多品尝几道美食，多观赏几道风景。

在美景中，与美女一道制作美食，一起品尝美食。

在美景中，看美女制作美食，品尝美女制作的美食。

在美景中，跟着美女学做美食，与美女一道品尝美食。

此情此景此人。

情是真情，景是美景，人是美人。

再点缀多彩美食。

“扬州，给你色香味的诱惑。”

美女之色，美食之色，美景之色。美女香，美食香，美景香。美人之味，美食之味，美景之味。

"男人，对自己好一点；扬州，给你色香味的诱惑。"

男人，来吧！观赏扬州美景，品味扬州美食，欣赏扬州美女，从身、心、精、气、神等五个方面，养精蓄锐，喷薄而发，睥睨天下，做男人中的至尊。

每一个美女配一道美食，画龙点睛，点出扬州旅游精品点和精品线。

（二）街拍扬州

近年来，"街拍"活动正逐步成为国内年轻人的一项新的街头文化活动。

用手机、相机等照相设备，走上街头，寻找并拍摄街头时尚、妙趣横生的枝节、值得回味的场景、戏剧性的画面。

扬州三美，历史悠久，既有时尚之美，也有古典之美，更有江南水乡、小桥流水人家之美。然而，你随意在互联网上，想要搜索到扬州美女的街拍，实在是少之又少，相较于北京三里屯、重庆解放碑、成都春熙路，扬州是不是更应该有一个美人打望处呢？

街拍扬州，天时地利人和。

1. 街拍秀

拿起你的手机（相机），随意、随心、随机拍摄扬州的美食、美景、美人，拍摄扬州的大街小巷，人文风情，拍摄那些妙趣横生的枝节、值得回味的场景、戏剧性的画面。

将拍摄的照片上传到新媒体平台，诸如各大主流旅游网站，移动客户端，微博、微信，等等，以多种正向激励手段，刺激并吸引网民参与互动。

2. 街拍达人

街拍扬州活动结束后，将由网民评选出三位优秀的街拍客，由扬州旅游局授予"街拍达人"荣誉称号，并由扬州旅游局提供一次"全家免费游扬州"的机会。

（三）扬州美女来信

老子说："万物生于有，有生于无。"

情书，是所有人的共同记忆——美好，怀旧，眷恋。

我们给扬州创造一出浪漫的情书故事。通过一封封情书，讲述一段扬州美女和她恋人的动人爱情故事、美食故事，并借助互联网，形成网络点线面的营销攻势。

让《扬州美女来信》成为点燃全国网民写情书的热潮，并最终促使扬州旅游如火如荼地发展。

在互联网专门连载扬州美女的来信。创造故事，写一封给游客（恋人）的情书，点出扬州的美食、美景、美人情感故事。

表面上看，是扬州美女把写给恋人的情书公布在了网上，实质是扬州旅游写给全国乃至全世界游客的情书。

老子说："天下之至柔，驰骋天下之至坚。无有入于无间，吾是以知无为之有益。不言之教，无为之益，天下希及之。"又说："天下莫柔弱于水，而攻坚强者莫之能胜，以其无以易之。柔之胜刚，弱之胜强，天下莫不知，而莫能行。是以圣人云：爱国之垢，是谓社稷主；受国之不祥，是谓天下王。正言若反。"[33]

扬州旅游打出"美人"牌，而美人似水，柔情蜜意，正是"水以无形入有间，驰骋天下之至坚。"

扬州是江苏的扬州，是中国的扬州，更是男人的扬州。

上有天堂下有苏杭，扬州是男人的天堂，货真价实。

（四）软文营销

一篇优秀的软文对用户有价值，用户喜欢读，搜索引擎乐于收录，对推广就会起到极妙的作用。有时候，软文营销甚至比硬广告的效果更惊艳。

美国健身产品零售网站 Bodybuilding.com，雇佣 400 个写手，写了 16000 篇软文，创造了每天 16 万独立访客的流量，全年销售额高达 500 万美元。这 400 个写手都是各自领域内的专家，这 16000 篇文章是关于营养、健康、健身、体重方面的专题内容，这些文章起到了说服的作用。这些专业的软文通过不停地拷贝、转载，推广的作用不停地释放，为该网站带来持续的流量和收入。

20 世纪 90 年代，三株、红桃 K 等都以软文营销的方式用极低的成本取得了攻城略地的效果，而脑白金更是将软文营销发挥到了淋漓尽致的程度。[34]

软文没有时间限制，寿命长。通过转发、转载、分享、评论，产生地毯式营销的效果，很久以后也会被用户看到。软文没有载体限制，无论发在微博、行业 BBS、博客、论坛还是发在门户网站，都可以做到随时随地发布。

好的软文最具说服性，能说服用户为何要去扬州旅游，为何要在扬州消费。

与硬广告相比，软文之所以叫作软文，精妙之处就在于一个“软”字，好似绵里藏针，克敌于无形。

网络 + 广告 + 软文 = 成功。

紧扣核心点，整合多家重点网络媒体，如新浪、搜狐、百度、腾讯、天涯等，以“男人，对自己好一点；扬州，给你色香味的诱惑”及“‘如果你来了，白天请你吃扬州炒饭，晚上请你吃我！’——扬州美女来信”为标题，从“美景”“美食”“美女”三个方面，邀请相关的旅游达人、专栏作家、美食家、背包客等专业人士，展开扬州旅游的地毯式软文营销攻势。以乐途为主导，扬州退居幕后的方式，既避免了扬州在此软文攻势中的博弈风险，又让扬州“美景、美食、美女”的“三美”风暴掠过每一个网民的心，从而带动扬州旅游的大发展大繁荣，提升扬州作为一个旅游城市、历史文化名城的知名度和美誉度。何乐而不为？

四、结语

扬州是江苏的扬州，是中国的扬州，更是男人的扬州。

上有天堂下有苏杭，扬州是男人的天堂。

美女 + 美食 + 美景 = 扬州旅游大发展。

美女经济 + 美食经济 + 体验经济 = 扬州旅游大繁荣。

一半是海水，一半是火焰

——策划辽宁红海滩

一位游客在游览了红海滩后，如是说："这世界上没有一处风景是上帝的笔误，但这里，绝对是上帝无数作品中经典的一幅。"

与红海滩结缘源于我当时的直属领导安然（后为红海滩营销副总），之后，我曾三次进入红海滩，每次的收获都不一样。红海滩的老板——魏总是一位诗人，曾参加过21世纪初由中国《诗刊》组织的大型诗会"春天，送你一首诗"。第一次去红海滩，魏总拿出自己的诗集，高声朗诵，当着碧海蓝天，当着遍地红草，给了我强烈的浪漫主义刺激，至今想起，仍激荡不已。

红海滩风景区坐落于辽宁省盘锦市大洼区赵圈河乡境内，总面积133.3平方千米。这里以举世罕见、闻名遐迩的红海滩为特色，以全球保存得最完好、规模最大的湿地资源为依托，以世界最大的芦苇荡为背景，再加上碧波浩渺的苇海，数以万计的水鸟和一望无际的浅海滩涂，成为一处自然环境与人文景观完美结合的纯绿色生态旅游系统，被喻为地球上唯一一处拥有红色春天的自然景观。

红海滩为什么那样红？红海滩的红，是由一种叫作"碱蓬菜"（当地人称为"荒碱菜"）的植物带来的。碱蓬菜每年5月份生长，6、7月份长到约一尺高，颜色由碧绿转成嫩红，之后以层级形式逐渐渐变。极具观赏价值，且可以食用，是盘锦的"特产"，只此一家，别无分店。碱蓬菜非常适合在盐碱地里生长，而盐碱地不适合其他植物生存。而且，海水浸泡次数越多，其颜色就愈浓重。

20世纪60年代三年困难时期，红海滩成了救命滩。人们采来碱蓬菜，用其叶和茎掺着玉米面蒸红草馍馍，几乎拯救了一整代人。

一、红海滩湿地文化旅游产品建设

近年来，随着生态旅游的兴起，湿地旅游得到了长足的发展，大量的湿地资源被用于旅游开发。从 2003 年开始，全国许多城市兴起了一股“湿地热”。据统计，仅在长三角地区已部分建成、在建和规划中的大小湿地公园 16 个，总面积接近 200 平方千米。可见，湿地旅游已经成为具有普遍性的旅游项目之一。此类专项旅游也成为当下学术界研究、旅游界看重、旅游消费者向往的热点。针对红海滩湿地，必须有一个全面的系统化的统筹，才能在既保护了红海滩湿地，又取得了显著的旅游经济发展，做到最终的生态、社会与经济三效益的共赢。

红海滩湿地文化旅游产品建设，可以从以下几个方面出发：

（一）产品建设目标

（1）丰富红海滩景观旅游内涵，具象美景，指导观赏；

（2）提高产品体验度，动静结合，寓教于乐；

（3）增加游客在红海滩停留时间，为下阶段推行休闲游、度假游以及周边餐饮综合服务产品建设打基础；

（4）积累操作经验，培养思考氛围，锻炼研发团队，创造红海滩模式。

（二）产品建设方针

1. 四有

有故事，让游客相信，传诵。

有承载，让游客看到、走到、摸到。

有体验，让游客参与其中，培养惯性。

有商品，让游客肯消费，能带走，可转赠，被收藏。

2. 四不

不颠覆，继承创造，循序渐进。

不另造，依托现状，改良内容，改进产品，改变现实。

不破坏，尊重自然，最大限度地理解与提炼，在湿地中孕育文化。

不媚俗，创意包装，不生硬，不儿戏，不脱离文化。

（三）产品建设内容

1. 做足草文化

碱蓬菜能加快海滩土壤的脱盐过程，掉下的茎叶腐质后还肥化了土壤。它走过的地方，为树木、蒿草、芦苇、野菜、花果提供了舒适的温床，它宁可粉身碎骨，用自己的茎叶喂养无数的小鱼小蟹，这是一种大无畏的奉献精神。

碱蓬菜的象征意义：无私、奉献、分享、坚强、肝胆相照。

抓住人类的三大情感（爱情、亲情、友情）结合碱蓬菜的象征意义，推出“红海情景”。

（1）第一情景：恋恋风尘

根据碱蓬菜红色变奏，结合爱情中的四种变奏，按照不同时令，推向不同的旅游消费者。

①嫩红——暗恋红

情窦初开，暗恋顿生。碱蓬菜开始显现出粉嫩的红，是一切暗恋的肇始。这一时令的碱蓬菜，面向那些有喜欢的人，却又无法表白的旅游消费者，打出“暗恋红”（无私）的牌，向旅游消费者介绍“暗恋红”的寓意，并将碱蓬菜通过工艺手段，制作成不同形状的礼品。如此，既让旅游消费者有了景观审美体验，又有了可以带走的纪念体验。

②紫红——初恋红

初恋是人生中最美好的一件事情。当碱蓬菜逐渐成熟，变成紫红，便可以面向那些正处于初恋阶段的旅游消费者推出“热恋红”（奉献）。将碱蓬菜制作成“千千结”“中国结”，每一对初恋情人到了红海滩，都可以免费得到。

③深红——热恋红

热恋如干柴烈火，激情昂扬。针对热恋中的情侣，推出“热恋红”产品（分享）。

④暗红——失恋红

失恋是痛苦的，是忧郁的。红海滩是每一个失恋人的温暖怀抱，只要你失恋了，到红海滩，领取一份“失恋红”（坚强），爱情的春天便将再次来临。

一切爱情，都在碱蓬菜的红色变奏中，通过碱蓬菜的象征意义，告诉恋爱中的人们，要无私，要奉献，要分享，要坚强。

（2）第二情景：寸草春晖

唐朝诗人孟郊在《游子吟》一诗里写道："慈母手中线，游子身上衣。临行密密缝，意恐迟迟归。谁言寸草心，报得三春晖。"

父母之爱，犹如这碱蓬菜，他们为儿女提供了舒适的温床，他们宁可自己多受一些苦，也不愿意儿女遭罪，他们脸朝黄土背朝天，他们风里来雨里去，无不都是在无私地对儿女奉献。红海滩之碱蓬菜，其红红火火，不就是父母对儿女们的爱之红吗？谁言寸草心的寸草，不就是这碱蓬菜吗？

世界上最不能等的一件事情就是孝敬父母。针对这一情景，每年的父亲节、母亲节、妇女节、重阳节等与长辈有关的节日，红海滩都可以做一些活动来吸引旅游消费者，比如带你的父母来红海滩，给你一次孝敬父母的机会；重阳节，凡是带着父母来红海滩的游客，只要出示户口簿，证明相互关系，即可以获得免费门票。

此举一出，天下瞩目，红海滩的碱蓬菜出名了，红海滩的红有了亲情之红，有了孝心之红。加之恰到好处的媒体公关，红海滩的品牌、口碑，将会得到莫大的提升。

（3）第三情景：肝胆相照

红海滩有南大荒之称，当年无数知青来到这里，在艰难困苦中，相互帮扶，相互鼓励，一起挺过艰难险阻。没有粮食，就吃碱蓬菜，是碱蓬菜陪伴了他们。从这一层意义上看，碱蓬菜便是友情之中的肝胆相照。

从碱蓬菜的生存环境、植物属性看，碱蓬菜相互聚集，聚群而生，同生死，共进退，要红就一起红，有福同享有难同当，正是应了中国那句古话："苟富贵，勿相忘！"

红海滩可以针对碱蓬菜这一特性，开发"肝胆相照"旅游产品，好朋友、好兄弟到红海滩，互赠碱蓬，肝胆相照。

2. 做足芦苇文化

红海滩的芦苇不能单纯是芦苇，要把它们做出文化。中国第一部诗歌总集《诗经》里有一首《蒹葭》，将芦苇与爱情巧妙结合，产生了凄美唯美之感。红海滩之芦苇，与碱蓬菜、水相结合，便能开辟出"诗经"主题。

芦苇的象征意义：相思、自由、思想、顽强。

（1）诗经里的芦苇

《诗经·秦风·蒹葭》：“蒹葭苍苍，白露为霜，所谓伊人，在水一方。”蒹葭苍苍这一产品要与之前的“恋恋风尘”相融合。情侣到了红海滩，走红地毯，体验爱情的炙热火红。

移步换景，一景一名，月亮湾里的芦苇、水和轻舟，分别以《诗经》里的名词来命名。比如“蒹葭苍苍”“白露为霜”“所谓伊人”“在水一方”，等等，具体命名，视具体情况而定。

游人到了红海滩，走水路游荡在月亮湾，宛如穿越到了古老的《诗经》时代，体验诗三百思无邪的纯美境界。

（2）会思想的芦苇

著名哲学家帕斯卡尔说，人只不过是一根苇草，是自然界最脆弱的东西；但他是一根能思想的苇草。

将红海滩的芦苇文化提炼出来，举办以“思想、自由、文化”为主题的芦苇节；“青青芦苇 悠悠芦笛”，也可以举办芦笛制作大赛，制作芦笛作为旅游工艺品出售；可以将芦苇制作成中草药材出售给旅游消费者，等等。

（3）能辟邪的芦苇

芦苇在古代用来辟邪，用芦苇制成“苇索”“苇茭”，很早即被作为辟邪灵物。传说神荼、郁垒曾在度朔山上大桃树下用芦苇绳索捆缚恶鬼，后来黄帝仿照此举，创设了“悬苇索以御凶魅”等一系列法术，苇索辟邪法同桃木辟邪术一样，都是非常古老的巫术形式。

旅游消费者到了红海滩，可以拜取辟邪消灾的“苇索”，或祈求给情人、亲人、友人，或祈求给孩子。

让红海滩的芦苇能够留在旅游消费者身上，继而促进红海滩的知名度和美誉度。

综上所述，将碱蓬菜和芦苇的文章做足，融于水文化中，提炼出红海滩的旅游产品和品牌：

碱蓬菜＋芦苇＋水＝红海滩湿地旅游；

草文化＋芦苇文化＋水文化＝红海滩湿地文化旅游。

二、产品宣传推广策略

（一）总体宣传策略

1. 张弛有度

视角不激进，方式不恶俗，游客不抵触，坚持不动摇。

在红海滩旅游产品宣传推广过程中，切忌不要忽略红海滩既有品牌对消费者的强大影响力，按照“理论铺垫—意识灌输—消费引导”三部曲，平稳、高效地实现由“纯湿地旅游”向“文化湿地旅游”的华丽转型。在这一过程中，尤其重要的是开局对红海滩文化湿地旅游的理论铺垫与市场预热动作，既不能火小而夹生，亦不能火大而饭焦。故，2013 年事关全局，1、2、3、4 月决定全年。

传播第一年：完成过渡，实现“景观红海滩”；

传播第二年：构建体系，目标“度假红海滩”；

传播第三年：塑造模式，打造“情境红海滩”。

2. 点线轮动

由点带线，由线促点，点线轮动。

在整个红海滩湿地文化旅游新产品线上提炼出几个具有传播力，同时又不偏离主题的宣传点，将宣传的重心由一个品牌大面聚焦到某几个宣传点上，如“草文化”“芦苇文化”，继而完成对整个旅游产品的“拆分”与“组合”，使同一个产品线可以从不同角度去体验，进而满足多种不同游客的游览诉求。

宣传热点选择要求：

（1）具有传播力与延展力；

（2）不脱离“地理”“文化”“湿地”等背景；

（3）符合大众尤其是年轻一代人的审美情趣。

3. 动静结合

借广告宣传活动，用活动聚焦人气，让口碑传递品牌，让品牌有故事、有文化。

所谓“动静”结合是指“实景体验”“虚拟体验”“动态视频”之间的有机结合。在选择传播视觉创意和传播内容上，须遵循“视觉焦点—引发兴趣—详细了解—感受氛围—激发动力—实地体验”广告传播六要素。

即通过一部别具一格的微电影的强冲击力表现形式牢牢捕捉游客的目光。创意具有极强煽动性的故事内容，引发舆论关注，让旅游消费者产生进一步了解详情的欲望，并指导游客登录到网站进行详细了解。在游客登录网站详细了解的过程中，巧妙使用口碑、互动、分享等手段，实现“众人推荐”的口碑传播效果，最终激发游客到红海滩实地体验的动力。

好的品牌，必须有一个让消费者难忘的故事。如果想让消费者记住你，莫过于讲一个动人的故事。

红海滩的产品建设和宣传推广，立足于红海滩的资源特色，提炼出其内在文化（碱蓬菜不再是单纯的碱蓬菜，而是具有人类三大情感的“情草”；芦苇不再是简单的芦苇，而是有深厚文化内涵的芦苇），将景观与文化融合，以微电影整合新媒体，充分利用自媒体如微博、微信、社交媒体如 SNS 等进行宣传推广，最终实现红海滩从纯自然景观到集自然与人文一体的一流文化湿地体验区的升华。

三、结语

小本经营，难成大事。然而，积沙成塔，积少成多，积跬步以至千里，无不可。

2013 年国庆，由于诸多客观原因，我在乐途的上司安然辞职，前往红海滩任职营销副总，我继续留在了乐途。我和安然常以兄弟之礼相待，由他牵线，我为红海滩拍摄了一部关于“伴游”的微电影《因为爱情》，融入了红海滩旅游品牌和产品的特色。影片上线后，在 56 网首映礼进行首映，并陆续登录腾讯实拍、爱奇艺、搜狐视频、PPlive 等平台，获得了上百万的点击和良好的口碑。

可以毫不夸张地说，《因为爱情》是中国第一部涉足“伴游”的影片。

在我们这个什么都讲究“大”的时代，通过一群小人物的小举动、小情绪，精准捕捉现代都市里人们疲惫不堪的灵魂痛点，带给世人不一样的情感体验。

以《因为爱情》中的一场戏作为本次红海滩策划案的结束吧。

男女主角来到红海滩。

男主角：你看，这些红草，要红就红到极致，即便最后枯萎了，也为世界留下了它们那骄傲的红。明年，它们依旧这么红。爱情也一样，每一次恋爱，都是一次红，每一次失恋，都是为了再一次的红。

女主角：是啊，人们总说，花谢花会开，春去春会来，只是，那再开的，那再来的，已经不再是曾经。

两人在红海滩的红草间，沉默了。

让我们好好享受当下的“红”吧！

神仙眷侣　快意江湖

——策划浙江建德新安江

建德市隶属于浙江省杭州市，位于浙江省西部，钱塘江上游，东与浦江县接壤，南与兰溪市和龙游县毗邻，西南与衢州市衢江区相交，西北与淳安县为邻，东北与桐庐县交界。

我应建德市旅游局的邀请，两次前往建德新安江考察调研，留给我最深记忆的，除了它醉人的风景外，当属当地的杨梅酒。

浸泡杨梅酒是建德很多百姓的爱好。杨梅酒是一种大众化的酒，喜好的人每家都要浸泡几十斤上百斤不等，今年泡的明年喝，连续不断。据旅游局的工作人员介绍，喝杨梅酒有利于人的肠胃，如果拉肚子，吃一两颗浸泡一年以上的陈杨梅，保证药到病除。另外，在夏天喝一点杨梅酒可以防止中暑。

我两次都在建德新安江的码头上喝醉了，却醉得舒服，不禁感慨，建德新安江，就是“神仙眷侣，江湖百年”的不二选择。

一、策划背景

最近几年，建德市旅游做得有声有色：新安江旅游节、中国•建德温泉养生节、中国•建德草莓节、建德•三都柑橘节、中国（建德•新叶）三月三农耕文化节、严州文化周等节事活动都开展得不错，“17 度新安江”的旅游品牌亦有了一定知名度。

现在问题来了，如何在具有了一定知名度的基础上，实现其旅游品牌价值的提升？

建德市目前的旅游宣传口号为“清凉世界•梦幻新安”，针对不同季节，又有不同对应的口号，诸如冬季为“温暖之城•梦幻新安”；春季为“山野清风•梦幻新安”；夏季为“清凉世界•梦幻新安”；秋季为“五色知秋•梦幻新安”。这些宣传口号都很好，但建德市的文化内涵却没有充分体现出来。

其一：季节不同口号不同，兵力分散，易被各个击破，不易深入人心，亦不利于提升主打口号对消费者的凝聚力。

其二：“新安江牌”的非唯一性让建德直接面对黄山的竞争，市场影响力有限。“清凉牌”，全国各地，到处都在打，有泛滥弊病。

其三：一方面，“清凉世界•梦幻新安”没有明确指向建德市，造成消费者不明白该口号是指安徽境内的新安江，还是浙江境内的新安江，即便明确是浙江，那么，又是哪一个城市的新安江？另一方面，梦幻一词太虚，难接地气，过飘，难于落地。

为了深入地彰显建德市旅游文化内涵，将建德市建设成为杭州西部交通枢纽和区域级旅游集散中心、一流的山水旅游目的地城市。鉴于上述策划背景和策划缘起，特为建德市“把脉”，提出以下营销策略。

二、策划策略

（一）势篇

《孙子兵法》势篇云：“善战者，求之于势，而不责于人，故能择人而任势。”建德市的旅游发展与繁荣，必须发挥出最好的“势”效益，就是懂得创造态势和借用态势。

古人云，上有天堂下有苏杭。杭州自古有天堂之称。建德市作为省会杭州的一个地级市，要借势杭州。

建德市最近几年的营销策略，无论是宣传口号还是具体执行，都没有充分利用杭州。前不久的利川，曾在网络上引发了强烈争论，进而一炮打响。利川的成功在于充分发挥了背靠重庆的地缘优势和资源优势，尤其提出“我靠重庆，凉城利川”的营销口号，更是让利川从最初的寂寂无闻，到现如今的喧嚣火热。

荀子《劝学》云：“登高而招，臂非加长也，而见者远；顺风而呼，声非加疾也，而闻者彰。假舆马者，非利足也，而致千里；假舟楫者，非能水也，而绝江河。君子生非异也，善假于物也。”

取长补短，去粗取精，不学习利川的“我靠”，但要学习利川的“善假于物”——充分借势杭州。

借杭州的鸡，下建德的蛋。

立足建德市既有旅游资源，整合各类旅游资源，着力将建德市打造成杭州的后花园，让到杭州旅游的消费者，都前往建德。既解决了杭州旺季游客承载量不足的问题，又贯彻落实了杭州西进战略，一箭双雕，何乐不为。

（二）地篇

孙子曰：“用兵之法，有散地，有轻地，有争地，有交地，有衢地，有重地，有记地，有围地，有死地。”

1. 心安之旅

新安江——我得则利，彼得亦利者，为争地。我可以往，彼可以来者，为交地。争地，趋其后；交地，谨其守。

新安江是一条有文化的江—新安文化—徽文化。在打新安江牌上，建德市直接面临休宁、淳安、富阳等地区的竞争，谁先打响新安江牌，谁就占据有利地位。新安江牌，建德市目前打的是“17 度新安江”即“清凉牌”。然而，此牌依然未彰显建德的旅游文化内涵。

建德，建功立德也。新安，心安也。苏轼诗云：“此心安处是吾乡。”

除了继续做好“17 度新安江”外，建议再唱一出“心安”戏，将建德所有跟祈福、修行、许愿有关的旅游资源整合，推出“心安之旅”。

景区：玉泉寺（祈福心安）；好运岛（许愿心安、好运心安）；灵栖洞（灵栖—圣灵、神灵栖居之所—灵栖心安）；大慈岩（大慈大悲、慈航普度—慈悲心安）。

2. 快意江湖

江湖（新安江、富春江和西湖、千岛湖）——诸侯之地三属，先至而得天下之众者，为衢地。衢地，固其结。

旅行就是一场行走江湖的风花雪月。中国是武侠文化繁荣的国度，金古梁温，有华人的地方，就有武侠。最近襄阳重金打造了金庸武侠小说《射雕英雄传》里的郭靖黄蓉雕像，引爆眼球。

西湖是很多武侠小说的故事发生地，犹如襄阳。

建德市立足新安江，打包情人谷、龙舟漂流、七里扬帆、十里荷花等特色旅游产品，结盟西湖、千岛湖、富春江，来一个诸侯结盟，强强联手，推出“快意江湖”之旅。

人生百年，快意江湖。

到西湖不到建德新安江，就不是真正的老江湖。到千岛湖不到建德新安江，就不是真正的江湖客。

（三）**突围篇**

建德市东有沪苏杭扬，西有安徽，南有两江（江苏、江西），北有齐鲁。建德新安江处于如此重围中，如何实现“突出重围”，打响旅游强市第一枪，是不得不考虑的现实问题。

建德新安江是一个旅游大市，拥有各种类型的旅游资源，最近几年，“17度新安江”品牌初步建立，但别的景点相对薄弱，难与新安江品牌互为犄角、相互补充、相互支援。要“突出重围”，实现把建德市建设成旅游强市的战略目标，急需在“17度新安江”的基础上，强势推出大慈岩、好运岛、灵栖洞、情人岛、七里扬帆、水上婚礼等特色景点。

1. 突出重围第一枪

放眼全国，打“亲情牌”的不计其数，但鲜有亮点。

经实地考察与调研，建德市有足够的实力来支撑打响与众不同的“亲情牌”。

鉴于此，突出重围第一枪即“孝行建德，大爱心安”。

建者，健也，寓意家人身体健康，个人事业强健。

德者，孝德也，孝德之行，天下和谐，家庭和睦。

心，取新安江之新，引申为孝心。

安，取新安江之安，寓意心安，平安。

这一枪打响、打准、打好，建德市随后的突围将会迎刃而解。

（1）社会基础

①一条微博引发的亲情大讨论

2010年12月8日深夜，一条小小的微博让不少人生发感叹。在短短的时间内，这条微博被转发、评论成千上万次，引发了互联网时代关于亲情的一次大讨论。

a. 漂泊一族

如果你和父母分隔两地，每年你能回去几次？一次几天？中国人的平均寿命是 72 岁，就算父母活到 85 岁，算一算，这辈子你到底还能和父母相处多久？毕业之后留在外地工作，一年也就春节回家一次，真正在家的时间不超过 5 天。5 天里，大概还有 3 天出门和朋友聚会、应酬。剩下的时间除开吃饭睡觉和上街购物，真正能陪父母的时间大概只有 20 个小时。假如你的父母今年 55 岁了，如果上天眷顾他们能活到 85 岁，在你父母最孤独那 30 年里，你能在他（她）身边的时间不超过 600 个小时，也就是 25 天，还不到一个月！

b. 上班族

如果你的父母在你身边，你每天早上 7 点出门，晚上 7 点到家。花在上班工作的时间是 12 个小时，回到家里，还有 6 个小时的睡眠时间。每天 24 小时，还剩 4 个小时。4 个小时，你还要处理自己的事情，还要陪孩子老婆，你能陪父母的时间最多也就是 1 个小时，甚至 1 个小时都没有。

这次社会性大讨论，仅仅停留在理论层面，还没有任何一个城市、一家景区，将此社会事件作为营销卖点。别人可以错过，建德不可以，这是上天赐给建德打响“突出重围”第一枪的绝好机会。

②世界上最不能等的一件事

世界上最不能等的一件事就是孝敬父母。

抓住三个节庆——八月中秋、国庆黄金周、九九重阳（敬老节），打出如下宣传口号：

放下你没完没了的工作，带着你白发苍苍的父母来，给你一次在建德孝敬父母的机会，好不好？

（2）政治基础

活动进行的时候，正是十八大召开之际。在十八大召开之际，发起这样的一个活动，既是响应党和国家的方针政策，促进社会和谐的实践行动，又是有利于促进建德市旅游大发展，提升建德市知名度和美誉度的伟大壮举。

十八大，为建德市打响“突出重围”的第一枪奠定了坚实的政治基础。

（3）经济基础

经济基础决定上层建筑。有群众支持，有政治优势，还必须要有经济基础。

建德市有充分的经济基础来承载这一枪的打响、打准与打好。

①资源优势

建德市旅游秋季主推旅游线路为：①七里扬帆＋三都柑橘采摘＋新安江水电站＋新安江龙舟漂游＋千岛湖好运岛；②大慈岩＋三都柑橘采摘＋绿荷塘楠木林＋灵栖洞。

我们从中提炼出几个具有代表性的景点，重新诠释，赋予新的寓意。借力打力，将这几个景点中的大慈岩一炮打响，成为中国数一数二的知名景点。

三都柑橘采摘：寓意“苦尽甘来”，父母对儿女的养育之恩有了回报。

新安江水电站：寓意“忆苦思甜”，参观新安江水电站，让父辈们追忆曾经的辛苦和今天的幸福，也教育年轻一代要懂得感恩和回报。

好运岛：寓意“祈福好运”，父辈们为儿女祈福，事业有成，婚姻幸福；儿女们为父辈祈福，身体健康，安享晚年。

大慈岩：寓意“慈母慈父慈悲”，古诗云：“慈母手中线，游子身上衣，谁言寸草心，报得三春晖。”大慈岩作为“江南悬空寺、长谷溪流、全国第一天然立佛”，有“山是一尊佛，佛是一座山”的得天独厚之优势。借助这一枪，让佛教文化和孝文化相结合，将大慈岩包装成中国孝行第一站，促使大慈岩脱颖而出，成为继新安江后建德市的又一张旅游名片。

灵栖洞：寓意“身有所依，心有所依、老有所依”，父母希望子女居有定所，子女希望父母老有所依。

综上所述，推出建德市旅游秋季线路：①七里扬帆＋三都柑橘采摘＋新安江水电站＋新安江龙舟漂游＋千岛湖好运岛；②大慈岩＋三都柑橘采摘＋绿荷塘楠木林＋灵栖洞。

我们从中凝练出几个具有代表性的景点，重新诠释，赋予新的寓意。三都柑橘采摘（苦尽甘来）＋新安江水电站（忆苦思甜）＋好运岛（祈福好运）＋大慈岩（慈母慈父慈悲）＋灵栖洞（老有所依）。

②心理优势

a. 地理方面

建德市地处长三角经济圈，北有环渤海经济圈，南有珠三角经济圈。之前的重重围困，作为SWOT中的劣势，在这里，就可以转变为优势，将皖浙赣苏鲁以及北上广等省市的游客吸引过来。

b. 情感方面

三个经济圈以北京、上海、广州（深圳）为中心，聚居了成千上万流动人口，其中以中青年为主。他们远离家乡，漂泊在大城市，一年到头，和父母在一起的时间不超过一个星期。建德市的孝行活动，既响应、传承、弘扬了中国几千年的孝文化，又增进了现代社会快节奏生活背景下的父辈和子女之间的情感，必将得到强烈反响。

c. 社会方面

孝敬父母是中华民族的传统美德，活动的发起，必将引起全国各大媒体的主动关注，在新浪、搜狐、腾讯等平台上，实现热议互动，成功掀起一股孝文化的热潮。

2. 打响打准打好

孝行建德，大爱心安。

从2012年9月29日开始到11月1日（囊括中秋、国庆、重阳），凡是拿着户口簿，带着父母到建德旅游的游客，建德部分旅游景点（以大慈岩为主）或者全部景点对他们免费。

此举，主要在于以孝文化为底蕴，集中优势兵力，强势推出“大慈岩”，带动好运岛、灵栖洞、玉泉寺等一系列景区的发展，形成一个优质产品，一条精品线路。

表面上看，虽然失去了“门票收入”，但却带动了住宿、交通、饮食、娱乐、服务等行业的经济收入。

可参考杭州西湖的免门票案例。

（四）图穷匕见篇

元四家黄公望《富春山居图》的实景地到底在哪？历来有争议，建德说在建德，桐庐说在桐庐，而且还出了四大实景地，公说公有理，婆说理更多。

这为事件营销奠定了基础。

把《富春山居图》的实景地与建德市相结合，让《富春山居图》落户建德市，以“七里扬帆”为切入点，进行一次事件营销，强势推出七里扬帆、夜游新安江等景点。

常言道，“不鸣则已，一鸣惊人。”《富春山居图》落户建德，需要一鸣惊人，祭出组合拳。

实施细则：

（1）邀请媒体、专家、学者，召开新闻发布会，郑重宣布《富春山居图》实景地在建德新安江一段。

（2）依托新媒体平台，以专题的形式，发起全国画家重画《富春山居图》活动，选出 10 幅最佳仿作，作者将获得免费前往台北“故宫博物院”参观《无用师卷》的奖励。

（3）各请一位大陆知名画家和台湾知名画家，分别仿摹《剩山图》和《无用师卷》，然后在建德市隆重举行“合璧仪式”。

（4）凡是到建德市旅游的台湾同胞，游览《富春山居图》实景地免门票费。

（5）发起互动活动，设计“大家来找茬”找出两幅《富春山居图》的不同处。设计“拼图”游戏，通过一定的顺序，将《富春山居图》完美拼凑。完成以上活动，寄语两岸和平统一，就有机会获得免费游台湾的机会。

（五）快意江湖篇

人生百年，快意江湖。庄子云：“相濡以沫，不如相忘于江湖。”

江湖（新安江、千岛湖）。

针对 2 月 14 日情人节和中国传统的七夕节，主打爱情牌，立足新安江，打包情人谷、龙舟漂流、十里荷花等特色旅游产品，推出“快意江湖”之旅，强势推出情人谷、九姓渔人水上婚礼等景点。

1. 快意江湖，相濡以沫

策划的本质乃是让人们通过全新的角度认识建德、感受建德，增加建德的亲和力。

在 2013 年 2 月 14 日及七夕，以“江湖•爱”作为主导思想，通过定制

minisite 的专题宣传及媒体的前期公关软文宣传，邀请相爱的情侣、相濡以沫的夫妇、寻找另一半的有情人相聚建德新安江，共同携手游情人谷，分享爱的甜蜜、体验爱的真谛。

2. 爱情集结号

依托新媒体平台以及各类婚恋网站如珍爱网、世纪佳缘等共同组织招募一批情侣、夫妻等旅游爱好者赴建德新安江体验。

三、结语

本案通过多种形式（整合媒体、整合资源、整合渠道、新媒体营销、创意营销等）系统化、持续化、科学化，做大、做强、做实建德市旅游品牌。从以下几个方面来做建德市旅游：

（1）成体系化、全面化合作；

（2）整合营销（媒体整合、渠道整合、人才整合）；

（3）应景应季，落地，接地气；

（4）长三角覆盖率的提升（以游客增长率计算）；

（5）提供专业团队服务（建德市旅游项目小组）；

（6）合作的持续性（长时间合作）；

（7）经费适宜（实现建德市旅游的利益最大化）；

（8）综合性（宣传渠道的系统化，微博 + 微电影 + 博客 + 社区 +SNS）；

（9）互动性（活动具有互动性，如“孝行建德，大爱心安”）；

（10）创新创意营销（类似于独立寒江的良性事件营销、话题）；

（11）建德市旅游品牌的提炼、传播和巩固；

（12）文化层面（打好建德市旅游的严州文化、佛文化、孝文化等牌）。

神仙眷侣，江湖百年，建德新安江的营销策划打出了情感牌、事件牌，一统全市旅游营销宣传。我心安处，即故乡，祝福建德。

从《诗经》到中国好誓言

——策划河北白石山

2013 年夏，我在北京见到了涞源白石山旅游开发有限公司的营销副总，就白石山营销策划，进行了一番深入沟通和长谈。

一、策划背景

（一）中国山水旅游文化

中国历来是一个流行山水崇拜的国家，孔子云，智者乐水，仁者乐山。无论是帝王封禅，还是文人骚客登山临水吟咏赋诗，抑或画家的水墨山水，无不表明中国人的骨子里，有着浓厚的山水情结。

在山和水之间，石头成了中国人乃至整个人类生命记忆中最永恒不变的存在。

我曾在一篇文章《石头的革命美学》中专门写过石头之于中国文化的重要觉醒作用。

现摘引部分文字如下：

在建筑美学方面，埃及金字塔、中国长城，向我们展示了这一惨烈的和解过程。

在器物美学方面，对美玉的病态迷恋，对翡翠的精雕细琢，对钻石与各种矿物（世界上已有近 40 个国家选定了自己的国石，石头站在国家权利美学的巅峰，面无表情地注视着人类的癫狂）的狼奔豕突，成了和解的惨烈献祭。

我们将石头烧制成各种瓷器，这其中，青花瓷达到了石头作为器物美学的巅峰。中国更是在石头与骨头的和解这一过程中成为 China（china 小写为瓷器）的命名。

“Ou/pantos/plein/es/Korinthon”（不是每个人都能去科林斯）。

我是科林斯的建立者，我是科林斯的王。

我就是西西弗斯。

不是每个人都能去科林斯，你可以有很多种解读，我不在乎，我在乎的是，只要你藐视我的沉默，不管你是至高无上的神祇宙斯，还是阴冷无情的死神，亦不管你给我何样的惩罚，我都会砸碎你的骨头。

让我无穷尽地重复着推石头，你们以为这是给我最残酷的惩罚，让一个革命的英雄去做毫无效果的事业，必然能使我屈服。但是你们错了，我无穷尽地重复着推石头，这是对高高在上的神祇，对死神，对一切打着神的旗号的人的惩罚。我才是审判者。

加缪说我是荒谬英雄，说我在重复推石头的过程中体验到了幸福。加缪他到死都是糊涂的，他可以抵达诺贝尔，却永远都抵达不了我的科林斯。在我这里，加缪，他是一个彻头彻尾的局外人。

克尔凯戈尔喋喋不休地念叨着一个叫无聊的东西，他说无聊是一切罪恶的根源。耶和华因为无聊创造了亚当，神和人一起无聊；亚当因为无聊创造了夏娃，男女一起无聊；亚当与夏娃又与该隐和亚伯一家无聊……他永远不知道这一切的无聊，导源于一块石头的无聊。

加缪也好，克尔凯戈尔也好，他们都没有抵达我荒谬的核心，没有抵达我终极的无聊，那就是石头的无聊。

众所周知，在中国，玉是石头的代表。

从高古玉（新石器时代，春秋战国，秦汉玉），中古玉（唐，宋，辽，金，元时期玉）一直到现如今的玉，玉作为石头的典型代表，进行着各种神话、巫术、帝王将相、谦谦君子乃至美人等不一而尽的石头叙事。

剥开这些覆盖在石头表层的种种文化新衣，我们可以清晰地看见石头的本质，乃是充满启示的革命美学，这一点单从传国玉玺的身上便可窥一斑而知全貌。然而，即便已经用几千年的石头叙事（石头的器物美学——玉）来欲言又止地告诉人们石头的无聊，只要那么轻轻地一拨，我们就能抵达石头的本质，可惜的是我们始终陷入在红学的烟瘴里，无法自治，无法自拔。

水神共工和火神祝融，他们干了一仗，天崩地裂。女娲炼石补天，遗留的两块石头，成就了中国文学史上的两大巨著——《红楼梦》与《西游记》。

其中一块石头，化身成人，取名贾宝玉，坠落在“红楼”中。另一块坠落在花果山，感应而成石猴，取名孙悟空。从贾宝玉的叛逆、挣扎与斗争，到孙悟空的大闹天宫。他们的一切生命体验，无不都在述说着石头的原罪、无聊与感伤，以及在石头的原罪、无聊与感伤掩盖下的革命美学。

令人遗憾的是，贾宝玉也好，孙悟空也好，由于人子的堕落（我们无法认知到石头的原罪、无聊与感伤所指涉革命美学），从而一个遁入空门，黯然神伤不知成佛与否，另一个西天取经，历经九九八十一难，修行成佛。

佛门成了化解与容纳石头革命美学的最终归宿，这是一场荒谬的自我修饰，是彻底的石头的自戕。

比较研读东西方神话谱系，我们发现其惊人一致的内在逻辑性，都是赎罪似的无意义重复。

桂树在享受着吴刚无休止砍伐它时所带来的幸福。斧头在享受着一次又一次的高举与落下。

鹰在享受每一次对普罗米修斯心脏的啄食，普罗米修斯和他的心脏在享受着被鹰的啄食。

在库布里克的电影《2001•太空漫游》里，我因为发现了石头，得到了石头的启示，将骨头高高地抛起。库布里克用一个科幻史上的经典蒙太奇镜头将骨头变成了宇宙飞船。

骨头在这里成了石头与宇宙飞船的精神桥梁。从石头到宇宙飞船，中间就隔着一根骨头的距离。

无论换成哪种器物，石头终究还是石头，任何器物不外乎是石头的另一种化身罢了。

贾宝玉的化身是十二钗，是大观楼，是刘姥姥，是贾府，是皇宫，是一切的一切，无论贾宝玉被化身成谁，被代表了何种意义，石头的本质始终如初。

就像孙悟空七十二变，变来变去，从二十四节气到七十二候，斗转星移，石头终究是石头。

无论是西西弗斯，普罗米修斯还是吴刚，也无论是鹰，还是斧头，石头终究是石头。

……

（二）白石山的旅游破局

涞源县之白石山，它有着上亿年厚重的时间沉淀，地处太行山、横山、燕山交界，是涞水、易水等知名河流的源头。

白石山要做好旅游，务必让游客能体验到它，从而记住它，牵挂它，形成一传十十传百的良好口碑。

因此，找到白石山的DNA，就变得至关重要。

白石山的DNA，就一个字——“情”。人类三大情感之爱情、亲情、友情。以爱情为主。

白石山的旅游破局，当属“情感营销”。

（三）白石情结

白石，在古今中外，都代表着一种圣洁、纯情，是人们表达情感的信物。

中国第一部诗歌总集《诗经》里，就提到了白石在感情表达中的地位。

《诗经·国风·唐风·扬之水》：

“扬之水，白石凿凿。素衣朱襮，从子于沃。既见君子，云何不乐？

扬之水，白石皓皓。素衣朱绣，从子于鹄。既见君子，云何其忧？

扬之水，白石粼粼。我闻有命，不敢以告人。”

这首诗歌，抛开为政治服务的过度解读，它就是一首写给心爱之人的情诗。通过“白石凿凿”“白石皓皓”“白石粼粼”，来表达对心爱之人的美好情感以及一种微妙的不能白头偕老的惆怅，正切合了白石前盟的要旨（化木石前盟为白石前盟）。

18世纪苏格兰诗人罗伯特·彭斯(Robert Burns)写了一首叫《友谊地久天长》的诗歌，后来成了脍炙人口的世界名曲并被好莱坞米高梅电影公司用作经典电影《魂断蓝桥》的主题歌。1941年，中国版的电影《魂断蓝桥》上映，由戏剧家梅阡导演。影片主题曲沿用了《友谊地久天长》的旋律，由作曲家陈歌辛编曲，梅阡作词。梅阡写的歌词非常有意味，其词提到了白石云：

“白石为凭，明月作证，我心早相许，今后天涯，愿常相忆，爱心永不移。白石为凭，明月作证，我心早相许，天上人间，愿常相忆，爱心永不移。”

白石作为情感的见证，尤其是爱情的见证，古往今来，数见不鲜。白石山的旅游发展，即为“白石 + 爱情 + 互动 + 体验”模式。

二、策划思路

以白石山为圆点，300 公里为半径，画圆。在这个圆内，包括了北京、天津、石家庄、太原、大同等京津冀晋城市圈。而这些城市夏季普遍炎热，涞源县由于独特的地理区位，气温要比这些周边大中城市低 3℃～5℃，加之涞源县之河流、泉水、高山，未来的涞源县，以白石山为依托，“三驾马车”（休闲、度假、体验）为动力，必将成为继承德避暑山庄、秦皇岛北戴河后的又一个极佳的避暑胜地。

任何营销手段，务必要与旅游消费者互动，在互动中传递产品感觉、品牌形象，提高旅游消费者对景区的体验度。

任何营销活动，务必要与景区实际情况相结合，在恰当的解构与建构中，最大限度地亲近旅游消费者，加深消费者记忆度。

综上所述，本次白石山的策划思路为：

基于提炼出来的白石山 DNA，结合涞源县“凉城”的城市感觉，主打“情感营销牌”，面向周边大中小城市的 70 后、80 后、90 后目标消费群体，借助互联网线上线下（OTO）这两个拳头，以七夕情人节为杠杆，撬动白石山旅游在夏秋两季的大发展，为白石山来年的营销宣传打响极具现实意义的第一枪。

每个人都对别人许过山盟海誓！

你还记得你曾经对心爱的人许过什么样的誓言？

现如今，你想对你心爱的人许下山盟海誓吗？

三、策划执行

以“中国好誓言”为主基调，辅于“凉城美景·白石前盟之爱的誓言石”的小调，让白石山成为天下有情人（年轻人）慕名而往的情感圣地，提升涞源县与白石山的社会知名度与美誉度，实现涞源县及白石山旅游经济的大创收。

期间，依托有关新媒体平台，面向各大社区、论坛、主流网站、SNS 等，整合互联网有效资源，实行地毯式轰炸宣传，吹响“凉城美景•白石前盟”的七夕爱情集结号。

游客抵达白石山，在白石山上指定位置，进行“白石前盟”活动，一起喊出自己的誓言，每人将获赠一块白石，并在白石上写下誓言，景区将妥善保管这些“誓言石”，任何时候再来白石山都能看到。

游客发布的誓言，将由活动组织方选出 520 条最具代表性的誓言，在白石山宣传专题上展示，并选出最感人的一条“中国好誓言”。

入选“中国好誓言”的游客，将终身免费游览白石山。

“中国好誓言”将被雕刻在白石山上特定区域，做永久纪念。

四、结语

此次白石山营销策划，以一个主题活动，贯穿三个系列阶段活动，通过线上线下的形式，带动网民互动，让白石山成为“中国唯一，第一，专一”为天下有情人提供许诺发誓的“誓言山”。

如此一来，白石山就活了。白石山活了，也就火了。

将白石山提炼成誓言山、许诺山、见证情感之山，将促使白石山从粗放的观光游向着精细化的“三驾马车”发展。

白石山要在未来中国大旅游舞台上有所作为，必须要驾驭好这“三驾马车”。我们此次营销策划的活动，只是吹响了白石山前进的号角，只是扬起了催促“三驾马车”拉着白石山疾驰的鞭子。

一场诗歌的围城

——策划安徽宣城

众鸟高飞尽，孤云独去闲。
相看两不厌，只有敬亭山。

——李白《独坐敬亭山》

越过千年的沧桑，我们看到诗仙李白寂寥的背影，独坐在敬亭山，手中有杯，杯中有酒，酒中有诗。

诗人用诗歌酿造了一座城，诗情画意。这座城便是宣城。

宣城位于安徽省东南部，与江苏、浙江两省接壤，是东南沿海沟通内地的重要通道，处在沪宁杭大三角的西部腰线上，是中部地区承接东部地区产业和资本转移的前沿阵地。敬亭、柏枧、水西、龙须四山峰峦叠翠；青弋江、水阳江两水相依。

一、以诗“宣”城

宣城据山为城，枕水为邑，物华天宝，人杰地灵。宣城地控荆吴，星分牛斗，为天下心腹，江南奥壤。宣城具山川之胜，兼海陆之丰。文人骚客，举于斯邑，闾巷之间，吟咏不辍。高人逸士逢宣城必仰止而快登也！

2012—2015 年，宣城市档案局（方志办）编辑的《宣城古代诗词全集》（1 ～ 5 卷），辑录有南朝至清末外籍和本籍歌咏宣城诗歌 22225 首，诗人 3661 人。就唐代一朝，现在可考的留有诗作的诗人总数大约 3400 人，与宣城有关系的诗人约占 1/21。当时全国有州 360 个，县 1600 多个，作为全国的一个县，与其有关的诗人数量有这么多，成为中国古代文学史上的一大奇观。

与宣城有关的唐诗数量，通过检阅《全唐诗》，大约有290余首，与宣城有关的唐代诗人大约有150余人。

对宣城景点进行全面描写的是李白。李白诗中写到敬亭山13次、宛溪11次、琴溪6次、谢朓楼5次。在李白之后描写宣城景点最多的诗人是杜牧，他写得最多的是开元寺，共6次，其次是宛溪、谢公楼、水西寺、敬亭山。被唐代诗人吟咏次数最多的是敬亭山，共31次。[35]

白居易从宣城起步，韩愈也从宣城起步，晏殊曾在宣州从政兴学。宣城籍的两位巨匠梅尧臣（宋诗鼻祖）和施闰章更令人自豪。

从古至今，宣城无不散发出浓郁的诗文芬芳，熏陶和孕育了无数风华绝代的名门名士。从宋诗鼻祖梅尧臣，光绪年间的“红顶商人”、一代巨贾胡雪岩到徽墨传人胡开文，再到新文化运动倡导者胡适，“湖畔诗人”汪静之，等等，而距离我们最近的则是前国家主席胡锦涛，这些无不彰显并巩固了宣城这座中国第一诗城的地位。

综上所述，宣城是天下诗城，是中国诗城，是第一诗城。

一城，一山，一楼，一群人，一段情，一幅画，诗意地栖居。

诗城——宣城。

诗山——敬亭山。

诗楼——谢朓楼。

诗人——谢朓、李白、杜牧、白居易、韩愈……

诗情——玉真与李白，李白与汪伦……

诗画——小桥流水人家，画中有诗，诗中有画。

诗意——诗意地栖居（荷尔德林）——生态、自然、环保。

诗城为主线，诗山、诗楼、诗人为珠子。主线串珠子，串出诗情画意。

诗情是爱情、友情、亲情，以情赋予珠子生命。

诗画之诗，即宣城之诗文（文化）底蕴；诗画之画，即宣城之风景如画，小桥流水人家，古道西风瘦马。中国这些年一直呼号的“休闲”旅游，休闲旅游所要达到的最高境界便是这“诗中有画，画中有诗”。一个旅游目的地，能达到这最高境界的，宣城便是。

诗意。中国这些年一再讲生态旅游，讲乡村旅游，讲回归自然，讲和谐理念，说到底，便是诗意之旅游——诗旅。德国诗人、哲学家荷尔德林说，人活在大地上，充满劳绩，但诗意地栖居。现代人追求一种“诗意地栖居”的生活，已经成为潮流。宣城，便是这诗意地旅游、诗意地栖居的最好目的地。

没了诗文底蕴，宣城的旅游资源将平淡无味。

以诗的名义，向全中国，乃至全世界，宣告宣城旅游的强势崛起！

二、以诗“兴”城

宣城目前主打的口号是中国“文房四宝”之乡。从传播学角度来看，都不足以彰显宣城的旅游资源和旅游形象。原因有三：

其一，众所周知，主流普遍认可的“文房四宝”指的是湖笔、徽墨、宣纸、端砚。宣城只占其一。

其二，即便文房四宝都属宣城，但在旅游业上，起到的旗帜作用也不明显。文房四宝与旅游的关系不强，十分单薄。

其三，打“中国文房四宝之乡”这一口号，对徽州、端州、湖州等地，会产生一种排斥心理，也很难得到第三方的认可。

故而，宣城的对外旅游宣城主题口号应为：

（1）天下诗城，中国宣城；

（2）一座诗城；

（3）一座诗城，万古风情；

（4）诗人之城，中国宣城；

（5）画中有诗，诗中有画。

目前，中国打“诗城”旗号的城市只有四川江油。与江油相比，宣城在诗人数量、质量、名门名士、旅游资源等方面，都具有极大优势。江油因李白而号“诗城”，并自诩李白故里，李白之于四川，顶多算是寓居。江油因一个诗人而号“诗城”，与宣城因一个宣纸而号“中国文房四宝之乡”是一样的，都不具备强度、厚度和韧度。

宣城号“诗城”，不是局限一点、一线、一面，而是着力于点线面相结合的系统化工程。

以诗“宣”城，再以诗“兴”城，最终将“诗”打造为宣城的终极名片。

而文房四宝，从另一个层面，将对“诗城”的大繁荣大发展，作出积极贡献。笔墨纸砚，写就天下诗城。

中国自古就是诗歌大国、强国，虽然当今中国诗坛泥沙俱下，鱼目混珠，但可以预见，不久的将来，中国诗歌将迈入又一个黄金时代。

从今以后，凡提起宣城，人们必想起“诗中有画，画中有诗”的美好风景。“诗中有画，画中有诗”这一句话，有了最好的载体，最好的诠释——宣城。

好风凭借力，送我上青云。

一宣接一兴，宣兴相继，宣城必兴。

2019年春节，我再次走访宣城，在敬亭山看着自己策划的江南诗山，感慨万千，写下了一首不通韵律的打油诗：

江南诗楼诗人地，一座诗城藏诗山。

人生百年飞鸿过，轻狂崔郎弄华章。

打造中国清文化体验圣地

——策划河北清东陵

清东陵位于河北省遵化市境内，是我国现存规模最宏大、体系最完整、布局最得体的帝王陵墓建筑群。

2012 年秋，我和当时的直属上司安然一道接了清东陵项目的策划，展开了为期近两年的调研考察，最后从产品建设、品牌传播、活动创意等层面做了本次方案。

一、策划背景

（一）休闲旅游

德国诗人、哲学家荷尔德林说，人活在大地上，充满劳绩，但诗意地栖居。现代人越来越追求一种“诗意地栖居”的生活，已经成为潮流。

根据对近年来国内旅游抽样调查资料的分析，中国大陆白领阶层对于休闲旅游的热情持续高涨。在这样的需求心理、时代背景下，中国这些年来的旅游趋势已经由单纯的观光游逐步向休闲度假游转型。休闲旅游势必成为未来旅游的主导。

（二）何为休闲旅游？

主流的定义是指以旅游资源为依托，以休闲为主要目的，以旅游设施为条件，以特定的文化景观和服务项目为内容，为离开定居地而到异地逗留一定时期的游览、娱乐、观光和休息。但在我看来，专家和学者普遍认同的休闲旅游被动性地缺失了最核心的灵魂——文化体验。

文化体验，是休闲旅游的底色、核心与魂魄。

摒弃文化体验来谈休闲旅游，休闲必将变得苍白。

没有文化体验的休闲，不可称其为休闲。

（三）文化体验

1. 文化

从广义上讲，文化指的是人类在社会历史发展过程中所创造的物质财富和精神财富的总和；从狭义来看，文化是指意识形态所创造的精神财富，包括宗教、信仰、风俗习惯、道德情操、学术思想、文学艺术、科学技术、各种制度等。于我而言，文化就是作为人的自觉、自律与自省。

2. 体验

新时代的旅游业，其发展方向越来越呈现以“体验”为主、观光为辅的局面。旅游业也成了体验经济（experience economy）的重要组成部分。其基本点在于：消费商品不再是满足物质和生理需求，更多的是满足精神和心理需求。简单地说，就是人们愿意更大程度为自己的感觉，或者仅仅为获得快乐而投资和消费。体验经济，是世界经济发展的又一次浪潮。发展旅游体验经济，是当下、未来旅游行业发展的必然选择。

3. 文化体验

近几年来，“曲江模式”名震大江南北，其主打的“周秦汉唐”四大文化旅游区，更是让人褒赞不已。

以遗址青铜点睛礼仪周朝，以秦始皇陵辐射赳赳大秦，以发扬文景之治的汉景帝之汉阳陵彰显巍峨大汉，以武则天乾陵囊括盛世大唐。“周秦汉唐”四大文化旅游区形成了陕西省“不可替代”的旅游产品。以文化体验为魂魄的陕西休闲旅游，吸引了大量的游客前往。

（四）旅游与新媒体营销

现代旅游营销中关键的一环是客源市场的区分和定位，只有对客源市场进行准确区分，才能保证有效的市场、产品和品牌定位。我们的营销行为应当以消费者需求和欲望为基本导向，强调的是比竞争对手更及时、更有效地了解并传递目标市场上消费者所期待的满足，强调的是抢占新媒体的制高点，掌握信息的话语权。

旅游业是信息密集型产业，旅游产品的无形性使得旅游市场流通领域的对象不是商品，而是有关旅游产品的信息。在全球社会网络化程度迅速提高的背景下，信息化对旅游业的影响已深入到产业的各个环节。

二、策划缘起

一座清东陵，阅尽300年清王朝。就目前来看，它面临着三大困境：

首先，产品单一，以门票经济为主。

其次，以观景听史为主，缺乏参与性和体验性项目。

最后，配套设施不完善、交通不便、周边景区不成熟，孤掌难鸣。

如何解决这些问题？

需要三大步骤：

其一，创新卖点，推陈出新，以吸引更多游客；

其二，深化体验，互动穿越，调动游客积极性；

其三，巩固卖点，成“清文化体验园”之气候。

三、策划思路

（一）清东陵现在的卖点是什么？

清东陵一直以来的卖点都集中在“清朝皇家陵园”上，产品单一。旅游项目大多是围绕陵墓展开，进行历史介绍、故事讲解以及陵墓建筑美学的欣赏等，游客在整个游览过程中都是信息的被动接受者，游客参与性和互动性差，导致游客的审美知觉无法深入到审美对象中去，造成游客与目的地的断层与脱节。

围绕清东陵现有旅游资源和旅游产品，依托有效的市场推广、媒体推介手段和产品优化组合方式，重点诠释清东陵旅游文化，提炼包装清东陵旅游产品、线路，为游客提供多方位的审美、娱乐、休闲体验，激活受众市场和旅游消费市场，大幅提升清东陵对于散客、自驾游市场和旅行社团队市场的影响力和吸引力。

（二）如何创新清东陵的卖点？

清东陵是清王朝最高统治阶层的陵墓，集中体现了清王朝荣辱兴衰的历史。做大、做强清东陵旅游，应将焦点集中在“文化”上，打“文化体验”牌。集中优势兵力，各个击破，让清东陵迅速崛起，成为中国规模最大、内容最丰富的“清文化体验园”！

上面我们已经提到“曲江模式”所创造的“周秦汉唐”大文化旅游，也是依托秦始皇陵、武则天乾陵及汉景帝汉阳陵等陵园文化辐射出去，囊括整个秦朝、汉朝和唐朝文化。清东陵作为全国重点文物保护单位，中国最后一个王朝首要的帝王后妃陵墓群，中国现存规模最大、体系最完整的古帝陵建筑。如今，要以清东陵的陵墓文化为依托，辐射整个清王朝的文化，具有充分的可操作性、可实现性。

（三）**清东陵的“文化体验”游怎么做**？

上面关于文化和文化体验，我们已经做了细致分析。现在我们来看看清东陵的“文化体验”游怎么做。

从八个方面展开，面面俱到，将整个清王朝的文化囊括于清东陵，有序、有节地进行。

1. 衣——穿在清朝

满族基本都编入八旗，有旗人之称，服装被称为旗装，式样分男女两种。

清东陵在陵区各主要入口，配备旗装，以皇室旗装为主。如皇帝装、皇后装、格格装、阿哥装、宫女装、文官装、武将装，等等，分级适当标价，让游客选择。比如皇帝装，只需在门票价格上再加20元，即可穿皇帝装进入陵区，待游客离开景区后，将服装归还。其他以此类推。将清文化中的服饰经济化，从第一个层面上实现与游客的互动，让清文化体验游有了第一个刺激点。

2. 食——吃在清朝

以清东陵为中心，四周所有提供饮食的单位，都一律以提供清朝时候的饮食为主。比如清朝四十九道美食、满汉全席、宫廷养生宴、贵妃菜、黄金饭等，主打食疗养生、宫廷盛宴这两张牌。

清东陵内，可设置一些固定或流动摊位，贩卖清朝时期的民间饮食，以北京小吃和南方小吃为主。

所有店家和店主，穿着打扮都需是清朝服饰，酝酿一种时空错乱感，增强游客的体验强度。

3. 住——住在清朝

要增加游客停留清东陵（遵化）的时间长度，就需要在住宿上下功夫。以清东陵为基点，辐射 10 千米范围，所有的住宿单位都需要仿古化，按照清朝风格进行布局，以客栈、酒肆、酒馆、酒家等命名。服务人员以掌柜、小二、酒保等称呼，穿着打扮也以清朝服饰为主。

4. 行——行在清朝

在景区，以马车、轿子为主。马车需注意环境卫生。另外，也可以将电瓶车进行仿古包装。

让游客在景区，最大限度地产生一种“行在清朝”的感觉。

5. 游——游在清朝

游客穿着清朝服饰，吃着清朝饮食，住着清朝客栈、酒馆，游着清朝陵园，整个氛围都是一种时空错乱感所带来的“穿越”体验。结合时下火爆的清朝穿越剧，时不时在景区出现一次甄嬛、四爷、八王爷，等等，效果可想而知。让游客满意，不如让游客惊喜。

6. 购——购在清朝

在景区内，展览清朝时期的文物，比如扇子、瓷器等真品以及销售一些仿清朝文物的工艺品，带动游客参与购物，为清东陵增加额外的经济收入。

7. 娱——玩在清朝

开展“冰嬉”“摔跤”“射箭”“牌九”“麻将”“京剧表演”等项目。

娱乐这一块，务必最大限度地让游客参与进来，以分组比赛、对抗等形式展开，激发游客兴趣，真正把“清文化体验游”发挥到极致。

8. 学——学在清朝

这一层面，主要集中于学习、了解满族的发展史。

可在景区设置博物馆、展览馆，让游客在体验清文化的同时，对满族的发展史有一定程度的了解。对清朝的各种制度、文化、经济、军事、政治等都有一个大概的认知。

综上，游客穿着清朝服饰，吃着清朝饮食，住着清朝客栈、酒馆，以清朝的出行方式，游着清朝陵园，购买清朝工艺品，参加清朝各种娱乐活动，了解满族的发展史。最终，使游客在清东陵这一“清文化体验园”获得最美妙的文化体验感觉，过一把穿越清朝的瘾。

（四）如何推广并巩固“清文化体验园”之地位？

加强宣传造势，做足宣传。

结合以上八个方面，以“中国规模最大、样式最全的清文化体验园”为主题，设计若干宣传专题，全方位、多层次，多角度，将清东陵展示给全国旅游消费者。

清东陵应进一步加强景区配套设施的建设与健全。在不违背相关规章制度以及不破坏固有资源的基础上，以“清文化体验园”为中心，搭建相应的配套设施。做到有支撑点，有发力点，有贯穿线，有整体面的大系统陵园区。

倘若前期效果评估不错，后续可将清东陵的清文化体验园的体验产品进行深化开发，从猎奇、养生、探险、求知等层面，将清东陵的体验产品逐级升级，最终形成一个系统化的清文化体验园。

越是文化的越有难度，尤其是历史的，涉及民族因素的，就更加难上加难了，需要步步推进，全盘考量，坚持立足特色化和差异化，实施精准传播策略，强化旅游营销效果，进一步提升清东陵旅游市场竞争力和吸引力，进一步丰富和深化清东陵旅游内涵，进一步提升清东陵品牌知名度与美誉度，促进清东陵旅游新业态发展与产业升级。

四、产品建构细则

有了思路、活动及传播策略，就需要配比组合相关旅游产品，打造出一系列符合清文化体验的清东陵专属的旅游产品，作为构建清东陵清文化体验园的核心基础。

（一）清东陵在产品建设上应遵循“四有四不”原则

1. 四有

有故事，让游客相信，传诵。

有承载，让游客看到、走到、摸到。

有体验，让游客参与其中，培养惯性。

有商品，让游客肯消费，能带走，可转赠，被收藏。

2. 四不

不颠覆，继承创造，循序渐进。

不另造，依托现状，改良内容，改进产品，改变现实。

不杜撰，尊重历史，最大限度地理解与提炼，在教科书中寻找故事。

不媚俗，创意包装，不生硬，不儿戏，不脱离文化。

（二）线路产品建设基础内容点

第一期东陵福地文化旅游产品线路共 29 个体验步骤，全程涉及 33 处福点，总体验时间预估为 4 小时 30 分钟（未记入点与点之间的交通时间以及游客等候时间）。其他未包括线路产品可单独前往。

产品建构如表 1 所示：

表 1 清东陵旅游产品设计内容

步骤	内容	地点	分类	福点	形式	时间（分钟）
1	迎祝福	石牌坊	求福（福）	石坊迎福	摄影讲解	10
2	过红门	大红门		红门映德	过路讲解	1
3	绕功德	大碑楼		神功颂德	过路讲解	1
4	观龙脉	影壁山		龙脉奇观	摄影讲解	20
5	得加持	石像生		狮势平安	祈福体验	30
				狻猊献瑞		
				和贵包容		
				贵人贵相		
				麒麟送子		
				马到成功		
				文臣武将		
6	跨龙凤	龙凤门		龙凤福门	祈福体验	5
7	走一路	一孔桥		驱煞	祈福体验	5
8	平步青云	七孔桥		平步青云	祈福体验	15
9	喝口水	裕陵井亭	助运（财）	降福神水	助运体验	15
10	开龙头	裕陵三路三孔桥		水到财来	助运体验	5
11	摸鹿鹤	裕陵隆恩殿月台		鹿鹤同春	助运体验	3
12	系玉带	裕陵玉带桥		玉带琉璃	摄影讲解	5
13	敬乾隆	裕陵地宫		—	常态讲解	15
14	捧敷土	裕陵哑巴院		—	非常态活动	15

（续表）

步骤	内容	地点	分类	福点	形式	时间
15	驱杂病	慈禧陵小碑楼	趋吉（禧）	龙生福子 少师太师 富贵春风 六合同春 七级浮屠	趋吉体验	15
16	丹陛神兽	慈禧陵丹陛石		守宫福兽	寓意讲解	3
17	得万福	慈禧陵恩殿旁		万福流云	摄影讲解	5
18	凤点头	慈禧陵隆恩殿月台		凤引龙追	寓意讲解	3
19	观五福	慈禧陵隆恩殿内		五福捧寿	常态讲解	10
20	捧五供	慈禧陵石五供		五供齐福	寓意讲解	3
21	尊慈禧	慈禧陵地宫		—	常态讲解	15
22	奉金囊	慈禧陵隆恩门出口		—	非常态活动	1
23	看大典	孝陵祭祀大典	求福	—	非常态活动	30
24	太平有象	景陵石像生	旺势（禄）	太平有象	摄影讲解	5
25	显灵瑞	景陵隆恩殿		—	旺势体验	15
26	念生财	二郎庙大殿		二郎献瑞	旺势体验	5
27	望成材	二郎庙龙松		龙松降福	旺势体验	5
28	观天人合一	大红门（回程）		天人合一	摄影讲解	5
29	看龙门跃鲤	龙门湖（回程）		龙门跃鲤	摄影讲解	5

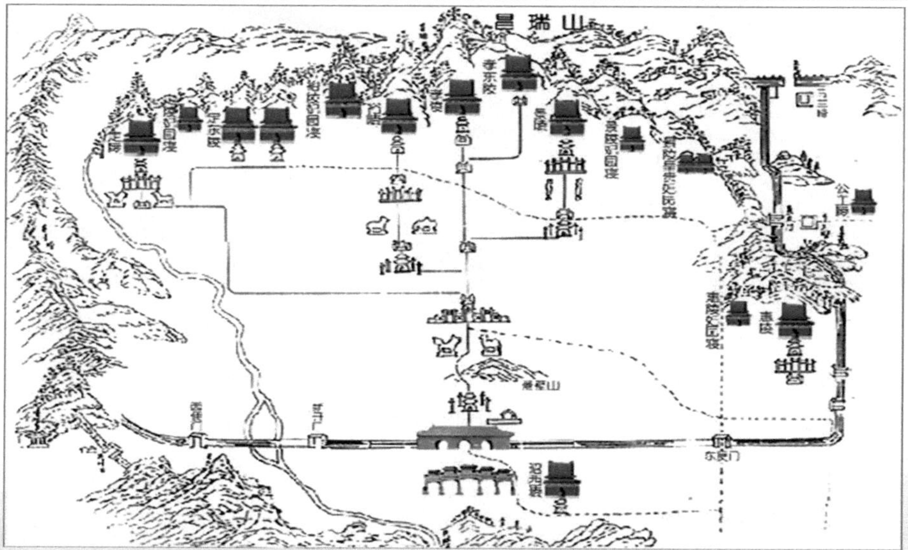

图 1 清东陵游览图

1. 第一步 迎祝福

游客自售票处买完门票，乘观光车至石牌坊停靠处下车，导游在此处讲解石牌坊的建筑功能及其雕刻图案的吉祥寓意。讲解应主要突出该处景观的迎宾祝福之意，提示游客至此已进入东陵福地。

图 2 石牌坊

2. 第二步 过红门

游客在石牌坊处参观结束后，乘车经过大红门景观时，导游介绍大红门在整个清东陵核心区内所起到的总门户作用，并重点铺垫“红门映德”“天人合一”，提醒游客在回程的时候，务必在此停留，拍照留念。

3. 第三步 绕功德

观光车途经大红门后来到大碑楼前，并不停车，依然由导游在车上介绍大碑楼的建筑功能以及周边四处华表的作用。

4. 第四步 观龙脉

图 3 影壁山

观光车离开大碑楼后，来到影壁山下，停车下客后空车前行至一孔桥停车处等候。游客自此登影壁山，观东陵风水，赏龙脉奇观。在此过程中，导游介绍内容将重点围绕清东陵整体的风水布局以及影壁山偶然天成的案山作用。考虑旺季时游人登山数量，故建议登影壁山观龙脉奇观的攀登线路应从影壁山南麓开始，跨越整个影壁山后，到达北坡“龙脉奇观”标志石处，一番观龙赏气，留影留念后，从此处下山，直接向前步行。

5. 第五步 得加持

游客步行大约 800 米后，走进东陵最壮观的石像生群，根据游客所从属或心仪的不同职业，选择不同的石像生给自己进行祝福加持。物流运输动金者拜狮子以求“驱煞平安”；公检法政公务员必要拜狻猊以求“无私为公”；为官从政造福百姓者要学习骆驼“和德兼修”；老年人拜大象祈求“福安满堂”；求子者双手合十默拜麒麟祈求“麒麟送子”；从事私营生意商务人士需得“马到成功”祝福。正在从事的行业参拜可选择立狮、立狻猊、立骆驼、立麒麟、立象、立马，已退休或计划投身该行业的可选择卧狮、卧狻猊等进行参拜。诚心自然力，无须分主次，国家建设者，多业肯担当。在完成各自事业加持后，众游客齐聚文臣武将石像生前，参照满族民族方式向文臣武将行“巴图礼”（神情庄严肃穆，右手掌心向内护心以表虔诚，左手掌心向外背腰以示威武，左腿前弓似马步，右腿直绷比弓弦，点头行礼，口中默念“洪巴图鲁”），取意“神武加持，忠勇可嘉”。完成以上所有体验步骤后，游客继续向前步行，来到龙凤门。

6. 第六步 跨龙凤

图4 龙凤门

在民间，一直流传着“龙驭宾天”的说法，而这里所提到的“宾天”则是指“回到天上”。全文大意就是“皇帝乃天之子，只是到人间来奉天行事，故行事期满，自然回天述职”。东陵中的龙凤门，虽名为龙凤，但实则有龙无凤，因形状与“棂星门”相同，故民间又称此门为南天门，特指此门为天庭入口，区隔人间与仙境。又因天庭仙境非常人所能靠近，需虔诚参拜前面的奇瑞祥兽与天兵天将，得到智慧、勇气的加持后，才能真正步入天庭，体验到来自仙境的种种祥瑞祝福。故游人在此，需先虔诚拜祭石人瑞兽，得到加持，后步行穿过，方可解自凡间步入天庭仙境之意。

7. 第七步 走一路

步行穿过龙凤门后，直接来到一孔桥处，游人需步行通过此桥，从而消除身上从凡间带来的煞、躁、嗔、颠四气，净身净心。步行穿过此桥后，游

图 5 七孔桥

人上车前行。

8. 第八步 平步青云

游客乘车来到七孔桥前，下车体验“穿越平步青云桥，不受刀光棍棒之苦。不受囹圄牢狱之灾”。

9. 第九步 喝口水

游客乘车来到乾隆裕陵停车场，下车参观这座修建于清朝历史上最富裕时期的帝王陵寝。参观裕陵首先要从裕陵的井亭开始。相传井亭中的水，水质甘甜凛冽，矿物质含量丰富，被民间奉为神水。每位游客可至此自行打水饮用。

图 6 裕陵井亭

10. 第十步 开龙头

游客喝完水后，步行来到裕陵三路三孔桥处，此处三桥九洞十八面上各刻一吸水神兽，所谓吸水即是吸财，游客刚刚饮完神水，定要在此处开一下水龙头。开龙头的方法：游人持硬币（以五角金币为善）掷向所见龙头，以击中为开，用力太大则见龙回避，用力太小则力不及心。故劝君，既有一开小财进，何须十八路财神来。

《开龙头》民谚

一开小财进，二开大有财。
三开岁不断，四开财广进。
五开、六开财源滚滚，
七开、八开财气冲天。
九开五福临门，十开富贵满堂。
君至此，莫贪心，
十一、十二不常见，

图 7 裕陵三路三孔桥

十三、十四古难寻。
若要十五、六、七、八，
须得十八路财神来。

11. 第十一步 摸鹿鹤

游客开完龙头后，步进隆恩门，来到隆恩殿前月台，这里摆放着铜鹿铜鹤各一对，起名“鹿鹤同春”，寓意“六和同春”。此处民间有彦“摸鹿首，福禄不烫手，摸鹤腹，百福不漏富”。

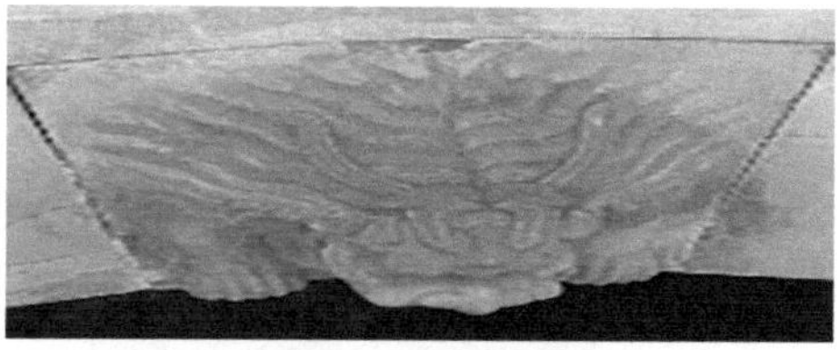

图 8 吸水神兽

图 9 裕陵隆恩殿胎

12. 第十二步 系玉带

摸完鹿首鹤腹，参观完隆恩楠木大殿后，在裕陵必要看一下隆恩殿后的玉带桥，此桥用汉白玉镂雕而成，通体洁白，玉质玲珑，与桥后紧邻的琉璃花门共同组成鎏金玉彩、金玉奇观的无双美景。在玉带桥上，还雕有12 组靠山龙，取意“寿与山齐”，望所有步经此桥的游客能玉带琉璃，福寿绵长。

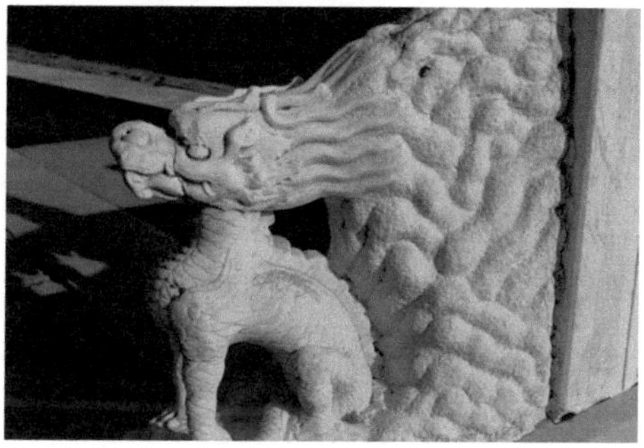

图 10 裕陵玉带桥

13. 第十三步 敬乾隆

裕陵地宫，照常规讲解，此处仅突出游人对乾隆皇帝的尊敬之意。

14. 第十四步 捧敷土

游人观完裕陵地宫后，来到哑巴院，参加这里的“敷土礼”活动。参与此活动的游人可在此购买一式两袋五色土，将黄色锦袋中土倒入哑巴院东南侧排列的黄布筐中，将红色锦袋中土带走他用。逢初一、十五，在乾隆裕陵组织敷土礼表演活动，届时，将由满族王公后裔、游客代表共同参与仪式，将五色土敷在裕陵宝顶上，以示民族融合，同敬先人之意。

15. 第十五步 驱杂病

参观完裕陵，游客步行至紧邻的慈禧陵（普陀峪定东陵）。观慈禧陵，首先要从慈禧小碑楼看起，在慈禧小碑楼上，四方雕有“太师少师”“富贵春风”“六和同春”“七级浮屠”式样，寓意“功、贵、和、德”，游人至此需从正南面起，逆时针绕碑楼一圈后，复从南小门入内，度碑文，摸赑屃，常言道：“摸摸赑屃头，再也不发愁，摸摸赑屃腚，再也不生病。”出北门。这也正是人生的根本写照，当大家经历一番“追名、求贵、悟和、仁德”之后，恐怕就不会为俗世所愁，疾病也就自然不会找上门来。

16. 第十六步 丹陛神兽

在慈禧陵隆恩门前有一块被废弃的丹陛石，上面雕有一神秘小兽，需要游人仔细寻找，细心辨认，据说此兽源自满族密教萨满，男人先找到它，它就会降福受功，女人先找到它，它就会庇佑寿宫。

17. 第十七步 得万福

摸完神兽，进入隆恩门，来到慈禧陵月台前，此处还有一个游人必看的景致，就是站在隆恩殿月台西南角处，远远可观见慈安陵明楼，两边建筑雕檐上的流云造型巧夺天工，若再能与天上的流云形成动静相承，则可真谓“万福流云”美景。若是能在此留影纪念，必将万福带回家。其实能得此万福之景，完全是偶然之作，因普陀峪与普祥峪两陵仅隔一条马槽沟，且两陵建筑规制一一对应，仿若孪生，故两陵能同时出现在一个画面构图中形成几何对称美。相传当年堪舆术士在此处选好两处吉穴，被慈禧、慈安选中，但因为两处风水位置相错，且与周边地势不符，故慈禧慈安两宫商定，将慈安吉位向北、向西拉开一段距离，将慈禧吉位向南、向东拉开一段距离，相互找平，才得以形成今天游人所看到的双陵对称的样子。

18. 第十八步 凤点头

观完万福流云美景之后，移步月台，月台上雕有飞凤柱头，栏杆上双面刻两龙，取意凤引龙追之意，相传凡至此的女游客只要在此点到48个凤头，就能在家中大施凤仪，佐佑家政，统内照外，当真值得一试。

19. 第十九步 观五福

慈禧隆恩殿内五福捧寿万寿无疆式样，照常规讲解。

20. 第二十步 捧五供

游客从隆恩大殿游览参观后，来到殿后石五供处。石五供上摆放鼎式炉一座，炉上紫砂石炉顶一个，其上雕刻有龙纹，三足刻成狻猊状，其旁烛台两只，上有紫砂石刻蜡烛各一只，花瓶两只。石五供下端石檐雕有暗八仙。葫芦：铁拐李之宝，能炼丹制药普救众生。宝剑：吕洞宾之宝，有天盾剑法，威镇群魔之能。宝扇：汉钟离之宝，能起死回生。渔鼓：张果老之宝，能星相卦卜，灵验生命。笛：韩湘子之宝，有妙音萦绕，万物生灵之能。阴阳板：曹国舅之宝，其仙板神鸣，万籁无声。花篮：蓝采和之宝，篮内神花异彩，能广通神明。荷花：何仙姑之宝，它出淤泥而不染，可修身禅静。太极：以黑白两个鱼形纹组成圆形图案，俗称阴阳鱼。太极意为派生万物的本源。阴阳鱼形象化地表达了阴阳轮转、相反相成是万物生成变化根源的哲理。神盘：是运动中的八卦图像，是极其完美的符号之象征。八卦与太极组合的八卦图为道家所利用，赋意为神通广大，震慑邪恶。这一些石雕均为祥瑞象征，保佑后人人生四平八稳、一帆风顺。莲子寓意为“连升三级”，柿子寓意为“事事如意”，琴和棋寓意为“琴棋书画”等。

21. 第二十一步 尊慈禧

游客参观完石五供后，进入慈禧地宫，此处按照常规讲解。为增加讲解的生动性，可增入一首打油诗，“慈禧执政四十八，维新势力被扼杀，挖空心思建陵寝，一凤二龙突出她。”

22. 第二十二步 奉金囊

游客参观完普陀峪定东陵离开时，在出口处设立“金囊”赠送点。此金囊只赠送给女游客，每个金囊中，内装一份复古样式的慈禧美容宫廷秘籍，秘籍背面则印慈禧手书“美意”二字。

23. 第二十三步 看大典

在孝陵原有的“祭祀大典”演绎活动基础上，内容稍加改良，增加游客参与环节，在游客乘坐观光车时，由当班司机或导游随机发放限量的黄绸子卷，每位有幸持黄绸进入表演现场的游客就有机会获得表演馈赠：男嘉宾获赠御酒一杯，女嘉宾获赠饽饽一块。

24. 第二十四步 太平有象

看完祭祀大典，游人可乘观光车前去景陵参观。在景陵神道上，有一身披云龙配饰、背驮宝瓶、长鼻及地的大象造型石像生。据载，此石像生乃乾隆皇帝后期补建，在气势上完全有别于其他各陵，增补的5对石像生沿景陵神路蜿蜒走势而立，与周边山色形势相得益彰，内敛而不失大气，简朴而不缺精致，共同构成了在整个中国皇陵历史上最独特的绝美景致，游人至此一定不要错过。

图11 景陵神道

25. 第二十五步 显灵瑞

细心的游客来到康熙景陵，就会敏感地发现景陵与前面所参观过的裕陵、孝陵，在感觉上有着细微的差异，一是它有皇陵史上唯一一条弯曲的神路，二是它的神厨库建在了砂山外侧。其实，清东陵当地守陵人后裔中，流传着很多关于景陵的种种神秘传说。其中最著名的莫过于“天火”与“祥瑞”之说。据载，景陵历经了三次大火，第一次在光绪年间烧掉了景陵的隆恩大殿。第二次在日本投降后从康熙金棺中喷出的怪火烧伤了两个盗墓贼。而第三次则是在新中国成立前后天雷引发大火烧掉了景陵的大碑楼。无独有偶，这三次大火分别毁掉了康熙千古一帝留在世上最关键的“功、供、棺”三个地方，其巧合程度，不得不使后人产生联想。而有关祥瑞之说，则是很多东陵周边村民上山砍柴时经常能捡拾到灵芝瑞物，其实有关于灵芝的记载，最早可以追溯到雍正年间。也难怪后人评述说，康熙爷一生爱憎分明，要是心存善念的朋友来了，定有好酒瑞物相迎，要是居心叵测的乱臣贼子，定要施天雷以示惩戒。其实，景陵的神秘之处还远远不只这些，像景陵小碑楼水盘“逢雨则盈”之谜，一孔桥附近神秘的“血印传说”之谜，景陵的“天雷频击”之谜，这其中很多现象至今仍没有一种科学的解释，需要游客到实地去仔细地探究解密。

在景陵隆恩殿内设一“福达”兑换处。游人凭10元人民币可兑换一条金色福达，在福达上亲笔写下自己的事业愿景，并持福达向康熙牌位鞠躬行礼，然后将福达献至殿内单独供奉处，以显精业有成。重要活动期内，在游人离开时，每位参观完景陵的游客都能获赠一份印有《大清皇舆图》的见方黄绸卷，背印康熙手书“锲而不舍”四字。

26. 第二十六步 念生财

参观完神秘的景陵之后，游客可以乘坐观光车到不远处的二郎庙参观游览，二郎庙是清东陵陵区内唯一的一座庙宇。二郎庙有一个传说，自从昌瑞山一带被划为皇家陵区以后，二郎庙作为一座普通小庙本在搬迁之列。负责搬迁的官员在马兰峪兴建了一座新的二郎庙，头天把二郎神的塑像从旧庙搬到新庙安奉好了，第二天发现塑像又回到了旧庙原处，一连搬了几次都是这样。官员无可奈何，只好把情况上报给康熙，康熙也迷惑不解，急忙召集文武百官询问原因，均不得其解。康熙闷卧龙床困意渐来，忽见一员神将顶盔胄甲，三只眼，手持尖刀乘祥云而来，对康熙说他是二郎神，他的庙前有大小猴山各一个，下面圈压无数猴精，它们是孙悟空的后代。为了镇住这群猴精，防止他们犯上作乱造反，特将他的庙宇建在猴山后面的山冈上，如今猴山正被划在昌瑞山陵寝范围内，他是为了保陵寝永久安宁才不肯离开此地，望陛下三思。康熙醒后恍然大悟，为答谢二郎神保佑，发出圣旨不可再搬庙，并大兴修建，从此二郎庙名声大振，香火旺盛，成为东陵唯一一处香火极旺的庙宇求福之地。传说或许玄虚，但经实地访查情况确实如此，所以二郎庙留在陵区内永镇猴山是完全有可能的。

27. 第二十七步 望成材

图 12 二郎庙　龙松

在二郎庙正殿后方，矗立着一棵神树，神树树龄 170 余岁，因远望像奔腾的黄龙，故当地人又称其为龙松，取意“望子成龙”之说。每年清明节，二郎庙内香火甚旺，有大批周边村民带子女到龙松前焚香许愿，祈求“子女成龙成凤”。在东陵一带流传了很多有关这株古松的传说。相传同治七年（1868 年），清明节前一天，在双妃陵当差的内务府官员把金银器皿存放到东朝房，以备第二天大祭用。傍晚，忽然来了几十名蒙面人闯进东朝房，抢走金银器就跑。护陵官兵发现后紧紧追赶，蒙面人直奔二郎庙，就在他们快爬上山岗时，忽见一条遍身鳞片的巨龙张牙舞爪，在山冈上拦着。蒙面人吓得当即瘫倒在地，被随即赶到的官兵捉住。第二天天一亮，人们来此处一看，只见这株龙松矗立在此，从此龙松的名字越传越广。

28. 第二十八步 观天人合一

游客参观完东陵，乘观光车离开时，路过大红门定要下车留影纪念，否则将错过整个东陵最有祝福寓意的一道景致。在大红门北侧，透过中央门洞，金星山全部被收拢其中，在天圆地方的构图格局中，出现了金星山这样一个有着“等边三角形”之妙的美学分隔线，将“天、地、人、和”之妙寓展示得淋漓尽致，美不胜收。游客拍照留影后，穿过大红门中央门洞，跨越天地界限，才算得上游览完整个清东陵。

图 13 大红门

29. 第二十九步 看龙门跃鲤

观完天人合一后，如此时已近日落西山，又恰逢天气晴朗，游客一定要在龙门湖畔稍事下车停留。此刻，金霞、金湖、金山，满目金光，尽收眼底，好一番“龙门跃金鲤”的别致景色。

（三）产品宣传推广策略以及方式概述

1. 总体宣传策略

（1）“张、弛”有度：视角不激进，方式不恶俗，游客不抵触，坚持不动摇

在东陵福地旅游产品宣传推广过程中，切忌不要忽略东陵既有品牌对消费者根深蒂固的强大影响力，按照“理论铺垫——意识灌输——消费引导”三部曲，平稳、高效地实现由“陵寝建筑”向“人间福地”的华丽转型。在这一过程中，尤其重要的是开局对东陵福地的理论铺垫与市场预热动作，既不能火小而夹生，亦不能火大而饭焦。故，2013 年事关全局，1、2、3、4 月

决定全年。

传播第一年：完成过渡，实现“景观东陵”。

传播第二年：构建体系，目标“度假东陵”。

传播第三年：塑造模式，打造“福地东陵”。

（2）“点、线”轮动：由点带线，由线促点，点线轮动

在整条清东陵福地旅游新产品线路上提炼出几个具有传播力，同时又不偏离主题的宣传点，将宣传的重心由一个品牌大面聚焦到某几个宣传点上，完成对整个旅游线的“拆分”与“组合”，使同一个产品线路可以从不同角度去体验，进而满足多种不同游客的游览诉求。

宣传热点选择要求：

具有传播力与延展力。

不脱离“地理”“文化”“历史”“皇陵”背景。

符合大众审美情趣。

（3）“动、静”结合：借广告宣传活动，用活动聚焦人气，让口碑传递品牌

所谓“动、静”结合是指“实景活动”“虚拟活动”“静态海报”之间的有机结合。尽量避免使用“清东陵欢迎你”“风水宝地，人间福地”等老八字纯品牌广告。

2. 市场策略

目前，清东陵旅游的热点主要集中在自驾游、清朝陵墓观光游、清朝文化体验游。清东陵的游客主要来自省内及京津唐、环渤海经济圈。从游客年龄特征分析，发现游客以中青年为主体（占 83%）；从游客旅游偏好分析，游客对清东陵的历史、皇家陵园等情有独钟。以此，我们对客源受众特征定位如下：

游客：摄影爱好者、户外爱好者、白领、情侣、学生

年龄：25 ～ 40 岁

地域：一级市场（省内、北京）

二级市场（华东、山西）

三级市场（其他）

收入：人均月收入 4500 元人民币以上

3. 产品策略

（1）在产品组合上走定制化旅游之路，让清东陵的旅游产品丰富起来。

（2）在深度体验上，定位为“中国最大的清文化体验园”，体验的内容以历史、清朝文化、参与性、陵墓建筑特色和自我感受为主。

4. 媒介策略

基于精准营销与整合营销的核心理念，以影响处于“旅游梦想”和“旅游计划”阶段的潜在旅游消费者为原则，以高密度整合、多阶层影响、大面积传播、高效力渗透、合理配比的方式，搭建与清东陵相匹配的网络媒介组合模型，开展既有“雷霆万钧”般的强势品牌曝光宣传，又有“润物细无声”的隐形品牌植入宣传。

精准传播：依托信息时代的新媒体平台，通过可量化的精确的市场定位技术突破传统营销定位只能定性的局限，借助先进的数据库技术及网络通信技术等手段保障潜在消费者的长期个性化沟通，使清东陵的营销推广达到可度量、可调控等精准要求，实现更精准、可衡量和高投资回报的营销宣传目的。

整合传播：以清东陵旅游潜在消费者为核心，综合协调地使用各种媒介传播方式，以统一的目标和统一的传播形象，传递一致的产品、资讯信息，迅速树立清东陵旅游品牌在消费者心目中的形象，更有效地达到广告传播和产品行销的目的。

五、活动创意概述

综合前面分析，为了更好地宣传和推广清东陵，我们特围绕清东陵产品架构，为清东陵量身打造一个系列主题活动，囊括互动体验、文化、美食、景观等层面。

基于新媒体平台，以“好梦一日游”为宣传主题，走定制化旅游路线。

（一）体验层面——“皇帝”征集令，“皇帝”盛宴及四面开花

O2O，从“线上广泛撒网”到“线下重点捕捞”直至最后的“四面开花”。

1. 征集“皇帝”——线上广泛撒网

2.“皇帝”盛宴——线下重点捕捞

线下体验活动是整个活动成功与否的关键。

征集到的“皇帝”，到了清东陵，能享受到什么？体验到什么样的清文化？

（1）选妃子（了解选妃的历史知识文化）；

（2）祭祖（进行祭祖大典，了解清朝祭祖文化）；

（3）上早朝（在文武百官的簇拥下，上早朝，宣布重大时政纲领）；

（4）吃满汉全席（上完早朝，享用正宗满汉全席）；

（5）坐八抬大轿（吃完满汉全席，坐八抬大轿微服出访，了解清朝政治、社会、文化）；

（6）御书房批改奏折（回到御书房，批阅奏折，体会皇帝工作状况）；

（7）娱乐（参与清朝各项艺术形式的活动，如京剧表演，牌九等）。

3. 由此及彼——四面开花

四面开花，即延展，是基于线上活动和线下活动成功后所得到的额外收益。

延展可以将典型性的“好梦一日游”做成常态化的精品旅游产品和线路。

比如，凡学历史专业的学生，以历史研究为主的组织和个人，可免费游览清东陵，但得在景区内为游客进行讲解。

这将有利于吸引更多专业的历史（清史）学者到清东陵进行研究，同时，学者专家的讲解，也可吸引更多游客的关注。

综上，互为犄角，步步为赢，层层递进，必将清东陵旅游产品推到全国旅游业的大舞台上，获得广大游客的认可，有利于提升清东陵的旅游形象，有利于提高清东陵的知名度和美誉度，有利于清东陵旅游品牌的巩固和升华。最终实现经济效益、社会效益、环境效益的共赢。

（二）文化层面——“洪巴图鲁”表演

巴图鲁（满语：Baturu.png，转写：baturu），即蒙古语的巴特尔，满语中为“勇将”之意，但翻译成汉语为拔都。明朝时女真人开始使用此称号，后来成为清朝政府的一种荣誉封号。

1.“洪巴图鲁”存在的意义

复原消失的满、蒙“忠勇”文化，不再是“守护者”，而是“传承者”。

具有极强的表现张力，观后热血澎湃。

有很强的延展力，易于传播，易于扩散。

2.“洪巴图鲁”的传播力

文化传播力：导游词（历史起源、表现形式、寓意介绍）

主题传播力：体验活动（获得直面困难的勇气）

口碑传播力：巴图鲁 style（成为一种可被复制的文化潮流）

（三）互动层面——“开龙头”互动活动

“开龙头”体验活动是清东陵产品建设中的一个亮点活动，属游客自发、自主体验行为。宣传线索主要围绕“普通游客”发生的“不普通举措”，以此聚焦社会的关注目光，形成对东陵福地的“另角度”宣传。

（四）景观层面——“彩云东陵”云摄影活动

清末诗人张从孔曾这样写道：“万载兴隆地，双峰锁口齐。金星高拱北，玉水曲流西。鸟语崖间树，鱼游石畔溪。举头陵上望，常有彩云栖。”

如此美景，怎可只用文字表达？

东陵在完成从“陵寝建筑”向“人间福地”的转型过程中，最关键的一个环节就是需要出现一批能充分体现“人间福地”内涵的标准照片素材。而这些素材可以采自游客，亦可以由景区自行组织。素材内容可以围绕“云摄影”展开，策划“七彩祥云”“龙凤行云”等一系列主题活动，优中选优，选出最能阐释清东陵“福地”旅游内涵的“彩云东陵”照片，并将此应用于整个东陵福地传播过程。

在旅游业内，不乏这样的先例，其中最著名的莫过于三清山的“神光”。在阳光、湿度多重组合下，“三清神光”被巧妙地摄录下来，成为一张流传甚广的三清山标准照，甚至很多中外摄影爱好者不远万里来到三清山，均为一睹神光风采。据三清山景区管委会的工作人员描述，为了拍摄三清神光这样一张照片，景区先后组织了不下百人的摄影团队，数十次到景区实地进行拍摄。

（五）美食层面——“祭祀大典”福食（切糕萨其马）

热词：切糕、满足（满族）

满族切糕（萨其马）：是满族的一种食物，清代关外三陵祭祀的祭品之一。原意是“狗奶子蘸糖”，是将面条炸熟后，用糖混合成小块。制作萨其马的最后两道工序：切成方块，随后码起来。“切”满语为萨其非；“马”，满语为玛拉木壁，“萨其马”便是这两词的缩写。

在产品应用上可以采取借势造势的方式，在春祭活动月中，推出类似“最大的切糕”“真满足”等一系列有吸引点、有亮点、有看点的产品活动，吸引游客到实地观赏体验。

整个清东陵的策划案，从宏观层面的谋篇布局到微观层面的产品打造、线路设计、活动编排、传播策略等，都在创意创新上做足了功夫，为清东陵发展旅游的大局奠定了坚实基础。

从十二生肖布局安徽旅游

——策划安徽

在安徽十二生肖营销之前，我们曾给河北做过一系列的基于旅游互联的星座营销，并依此形成了一套营销体系。

一、星座文化

正如中国的十二生肖，肇始于西方的十二星座越来越风行于神州大地，与十二生肖形成了二元平衡，成为中西方文化交流的碰撞之必然。像中国人对十二生肖的态度，从最初的迷信大于民俗到经过长时间的“民俗化”后，人们仅仅是把它视为一个象征、一个符号。十二星座亦然，经过多年的发展，它已经超越迷信的范畴以及对西方世界的向往，上升到了文化的层面，即“星座文化”。从心理学和社会学范畴来看，它是具有青年群体特有特点的一种文化现象，又受到个人心理和社会心理、社会环境以及社会文化等因素的共同作用。从其流行层面来看，它又是一种“青年文化”，作为亚文化中的青年文化，其本质是反叛性。

二、星座经济

星座文化与各种事项结合，产生了星座美食、星座体育、星座预测、星座影视、星座手机等基于星座文化的子文化。星座经济应运而生。

中国将近 5 亿网民，十之八九是中青年，其中又以青年成多。21 世纪作为互联网世纪，在信息大爆炸时代，谁引领了青年时尚的消费潮流，谁就占领了战略要地。

三、星座旅游

鉴于此，我们与河北省旅游局强强合作，推出了“欢乐冀·十二星座畅游河北”的营销宣传推广策略。从“星看点——30大景区春意大比拼”“星旅程——3大线路河北寻春”“星运地——12星座河北幸运守护地”到“星发现——河北春光摄影展”四大方面，点线面相结合，切入河北旅游，对整个河北旅游资源、旅游线路、旅游景点做了包装。依托乐途旅游网，整合媒体、整合渠道、整合人才，以精准传播策略，将河北旅游品牌强势推到中国大旅游的舞台上，引发了河北旅游的星座热潮。

四、星座营销

2012年数据显示，国内某知名门户网站星座板块的日均IP访问量达到2800多万。也就是说，平均每天有近3000万网友在该网站浏览与星座有关的各种话题，而类似的网站平台还有很多。星座营销的未来，具有强大的重复性利用潜力。

星座营销现在还处于开始阶段，缺乏经典案例以供研究，同时也告诉我们，星座营销还有巨大的挖掘价值，尤其是星座旅游的营销。星座经过这么多年在中国的发展，已具备相当庞大的群众基础，对于目标客户为中青少年（以青年为主）的旅游城市或旅游景区来说，星座营销不失为一种创新。

安徽省旅游局认可了我们为河北省旅游局做的星座营销，也接受我这次的“生肖策划”。从西方的十二星座到东方的十二生肖，唯一不变的是因地制宜。

结合中国传统文化，整合安徽特色旅游产品，提炼、打造安徽经典旅游线路，提升安徽旅游整体品质，促进安徽旅游产业又好又快发展。

借国人耳熟能详的中国传统文化“十二生肖”，借2012年12月12日全球同步上映的成龙电影《十二生肖》，“双借合璧”，为媒体传播制造热点，深度诠释安徽旅游资源及旅游文化，结合安徽特色旅游产品组合销售，刺激旅游消费者落实消费。

安徽省整个 2012 年的宣传呈“点、线、面”之态势，分上、下半年两个阶段。

第一阶段的营销策划：“旅游难忘安徽——群星璀璨•耀你欢乐”。立足于“面”，借由全国新旧媒体，全方位宣传推介安徽旅游资源、产品。此阶段营销可概括为“媒体造势”或“舆论造势”，并于“面”的基础上，从重“点”出发，将安徽具有代表性的旅游特色逐一推向旅游消费者，属于“乘势而行”。

第二阶段的营销策划：“旅游难忘安徽•十二生肖总动员”。借国人耳熟能详之“十二生肖”，借成龙电影《十二生肖》，从“线”的角度出发，提炼、整合出 12 条安徽经典旅游线路，并与十二生肖属相匹配。访客可根据自己的十二生肖属性，选择相应的旅游线路。本次营销策划可概括为“势在必行”。

本案重点介绍第二阶段的策划。

活用中国传统文化十二生肖，每一个生肖对应一条旅游线路，一共 12 条经典线路，涵盖大部分安徽经典景区景点。

鼠：

在十二生肖中，鼠排第一，而且鼠代表智慧。人与动物的区别就在于人有智慧、有思想，会思考。“鼠线”为与“人”有关的线路，包括历史名人及其故居、坟墓等，比如曹氏三杰、李白墓、虞姬墓、海子故居、刘铭传故居等。

牛：

牛代表勤劳，多劳多得，少劳少得，不劳不得。人们在勤劳中创造了很多物质财富和精神财富。“牛线”为与“城镇”有关的线路，比如历史文化名城、古镇、名寺、塔、楼等。

十二生肖第一对：鼠和牛。鼠代表智慧，牛代表勤劳。两者一定要紧密地结合在一起，如果只有智慧不勤劳，就变成了小聪明，光是勤劳，不动脑筋，就变成了愚蠢。所以两者一定要结合，这是我们祖先对中国人的第一组期望和要求，也是最重要的一组。因此，“鼠线”和“牛线”这两条线路要结合起来游玩，体验安徽人文精神之强大、（徽文化）北方之雄伟、南方之清俊。

虎：

猛虎出山，锐不可当。“虎线”与“山”有关，可专门介绍安徽名山大川，比如黄山、九华山、敬亭山等。

龙：

易曰：“初九，潜龙勿用。九四，或跃在渊，无咎。”

龙与水有关，“龙线”专门介绍安徽与水有莫大关系的景点，比如淮河、巢湖、峡谷河流等。

十二生肖第二对：龙虎对。云龙风虎，老虎代表山，寓意阳刚，龙代表水，寓意阴柔。阴阳合而万物生，古人云，登山则情满于山，观海则意溢于海。山清水秀，山水不分家。将这两条线路结合起来推介。

兔：

兔子敏锐谨慎，喜欢单独行动，所谓“狡兔三窟”。“兔线”和洞窟有关，可专门介绍安徽有特色的洞窟。

蛇：

蛇阴柔，冷寂，穴居。蛇与洞有关，“蛇线”可专门介绍安徽有特色的洞窟。

十二生肖第三对：兔和蛇。狡兔三窟，引蛇出洞。这两条线结合起来就是安徽的“洞窟”旅游，比如桃源洞、神狮洞、太极洞，等等。

马：

《周易》坤卦云：“元亨，利牝马之贞，君子有攸往，先迷后得，主利，西南得朋；东北丧朋。安贞吉。”马，以梦为马，一往无前，向目标奋进，龙马精神，马到成功。一阴一阳谓之道，马有阴柔之美，怀柔治国；马亦有刚烈之美，驽马十驾，指点江山。一阴一阳，文治武功。“马线”当与红色旅游有关，专门介绍安徽红色旅游资源，比如新四军旧址、百万雄师渡江第一船登陆点、大别山革命根据地，等等。

羊：

羊，古人云，羊大为美，君子与羊为群。群众，人群，羊与君子，与团结、和谐有关。“羊线”主要介绍安徽革命烈士、民风民俗与和谐生态旅游资源。

十二生肖第四对：马和羊。马代表一往无前，向目标奋进，羊代表团结和睦。中华民族是一个大家庭，我们更需要团结和睦的内部环境，紧紧团结在中国共产党的身边，弘扬爱国主义精神。

猴：

猴子灵活，通人性，常常与人一道表演戏剧杂耍。“猴线”与安徽的戏曲有关。“猴线”可专门介绍安徽的戏曲，比如黄梅戏、泗州戏、庐剧、徽剧，重点在黄梅戏和四大徽班进京的掌故上。

鸡：

鸡，报晓，打鸣，与时间有关。时间是永恒的，亘古的，“鸡线”可着重介绍“徽文化”，全方位、有深度、有高度地介绍安徽的“徽文化”，尤其是“徽商”的历史。

十二生肖第五对：猴和鸡。将猴的灵动、灵性与鸡的时间性之永恒相结合，赋予“徽文化”以新的灵气，让“徽文化”焕发出耀眼的光芒，弘扬“徽文化”，吸引八方来客。

狗：

狗，忠诚，不背叛。“狗线”与爱情有关。该线可专门介绍安徽适合情侣前往旅游的地方，比如凤阳狼巷迷谷、黄山情人谷、香溪漂流、天堂寨，等等。

猪：

猪寓意口味、尝新、品味，“猪线”可以安徽美食为主，以“徽菜”为主线，辅之以各种名吃、特色菜，比如伏岭玫瑰酥、方腊鱼等。以美食之味，吸引八方游客。

十二生肖第六对：狗和猪。狗代表忠诚，猪代表品味。这两条线要结合起来推介。美好的爱情需要美好的品味，美好的品味，也需要美好的爱情，二者互为基础，相互作用。俗话说，要留住男人的心，先留住男人的胃。夫妻之间、情侣之间，一起去安徽，品味安徽，难忘安徽，不抛弃不放弃不背叛，终得白头偕老。

五、巧借东风

万事俱备，只欠东风。

经过三五个月的前期宣传，通过新浪微博开设“旅游难忘安徽”旅游线路设计有奖互动活动，提升网民的参与兴趣，实现二次传播效应。参与网友针对12条旅游线路，提出自己的意见和建议，发表自己的观点、想法和建议。

何谓东风？东风即成龙大片《十二生肖》。

从所有参加建言的网友中，随机抽取100名幸运网友，奖励成龙电影《十二生肖》门票、成龙亲笔签名宣传海报各一张。

成龙粉丝千万计，成龙电影的影响力众所周知。届时，只要振臂一呼：“为安徽旅游线路建言便可免费领取成龙电影《十二生肖》门票及成龙亲笔签名海报一张”，势必吸引众多网民纷至沓来。

粉丝经济搭起了影视和旅游的桥梁。

仪式感营销，不一样的“放水”

——策划四川都江堰

都江堰位于四川省成都市都江堰市城西，坐落在成都平原西部的岷江上，是公元前250年蜀郡太守李冰父子在前人鳖灵开凿的基础上组织修建的大型水利工程，由鱼嘴、飞沙堰、宝瓶口三大工程组成，两千多年来一直发挥着防洪灌溉的作用，使成都平原成为沃野千里的“天府之国”。至今，灌区已达30余县市，面积近千万亩，是全世界迄今为止，年代最久、唯一留存、以无坝引水为特征的宏大水利工程。

都江堰清明放水节是都江堰市的民间习俗。历史上，每年农历的清明节在都江堰都要举行隆重的放水大典，以预祝当年农业丰收，这是川西平原源远流长的传统习俗。届时，地方官员要亲自主持放水仪式，举行盛大的庆典活动。

都江堰放水节做了那么多年，尤其与旅游结合了那么多年，至今依然不为人知。原因何在？

带着这个问题，都江堰市国际旅游城市建设委员会办公室副主任，青城山·都江堰旅游景区管理局副局长严晓霞女士和景区主管营销的副总张淼先生与我在北京进行了一次深谈。

我认为，都江堰清明放水节之所以不为广大旅游消费者所熟知和热衷，究其根源，不是知名度不高，而是其在情感寄托、人文关怀上下的功夫不足。简而言之，就是没有抓住旅游消费者的痛点。旅游消费者在历次的都江堰放水过程中，都只是旁观者，而不是参与者。任何旅游的策划与营销，归根溯源，都是要把旅游消费者从旁观者转变成深度介入的参与者。

如何让都江堰清明放水节具备“情怀”，吸引全国旅游消费者的关注？我给出了简单的策划建议。

一、策划背景

（一）上善若水

老子在其《道德经》（第八章易性第八）写道：“上善若水。水善利万物而不争，处众人之所恶，故几于道。居善地；心善渊；与善仁；言善信；政善治；事善能；动善时。夫唯不争，故无尤。”水的“德行”由此上升了到形而上的哲学高度，成为几千年中国传统文化的精髓。

可以说，没有都江堰，就没有“天府之国”。

都江堰的横空出世，为秦国并吞八荒、囊括四野提供了坚实的物质基础，亦为青城山之钟灵毓秀、清幽雅致提供了“神性之水”。它与老子“上善若水”的哲学理念相得益彰，是孕育青城山道家文化的生命“羊水”。

一山一水，山环水绕，正是水文化与道文化的双剑合璧，促成了今天都江堰•青城山的世界文化遗产、5A 级景区的崇高地位。

（二）山水基因

中国人的文化基因里，乐山乐水是不可或缺的部分。无论绘画、书法、雕塑、建筑、音乐抑或舞蹈，无不彰显出中国人几千年来所沉淀的厚重山水文化风范。

（三）返璞归真

现代人进入了快餐消费时代，快节奏、碎片化的都市生活，迫使越来越多的人渴望亲近自然，走近山水，追求一种人的自然化，向往生态的文化休闲、体验与度假旅游。

（四）知其然不知其所以然

都江堰自北宋以降，形成了一年一度的放水大典等一系列浓墨重彩的文化节庆活动。然而，很多人只知有座都江堰，不知都江堰之文化细节，大有一种“雾里看花，水中捞月，云深不知处，身在此山中”的朦胧感。相比对青城山的如数家珍，旅游消费者对都江堰的认知仅仅是皮毛，从而导致了都江堰的名号世人皆知，而其内容知之者寥寥的尴尬局面。

综上背景考虑，我们紧扣都江堰的文化特质，对都江堰的旅游文化内涵进行解构与重构，特别是策划两大活动，以线上线下活动的联动提升都江堰旅游品牌的知名度和美誉度。

二、策划策略

（一）以“节”为点——点线互动，面面俱到，一阴一阳谓之道

围绕放水大典，推出联动都江堰与青城山的第一阶段的营销。

围绕“春天·送你一座都江堰”的旗号，联动线上线下，以 flsh 模拟都江堰放水大典，进行网上虚拟体验，赋予都江堰放水大典两个寓意：其一，冲刷一切不如意，而今迈步从头越；其二，泽被未来、滋润人生（生财运、福运，得财气、福气，洗心净心平常心，健康有福）。

用户参与虚拟放水体验后，写下寄语，告别过去，祈福未来，祝福亲朋好友并可自发分享本游戏。

后期组织方可以选寄语写得最好的 10 人“郡守”，作为全体参与互动的网民代表，将寄语写在纸上，带往都江堰，参加放水大典。

在放水大典上，将网民寄语中告别不如意的寄语放入岷江，冲刷而去；将网民寄语未来健康福运的寄语带往青城山，放入既定位置，祈求福佑（为第二阶段的营销打下基础）。

本阶段互动活动，资源整合，有针对性地吸引北京、上海、广州等一线城市旅游消费者，以及四川周边都江堰主要客源地旅游消费者，通过多种激励手段，让他们参与到网上互动活动中来，实现一传十十传百的口碑营销效果，让都江堰放水大典深入每一位受众的心中，让青城山成为每一位受众的牵挂。

在第一阶段活动的基础上，推出第二阶段营销。

紧扣“秋天·送你一座青城山”的主题。依旧是联动线上线下，基于第一阶段的营销举措，回顾 2014 年，网民写下自己前往都江堰·青城山实地体验的游记攻略。后期，由网民推选出写得好的 10 位“郡守”，前往青城山，找到第一阶段网民们写下的寄语，并代表网民进行“祈福还愿”。

两大阶段的营销，前后呼应，你中有我，我中有你，珠联璧合，从旅游消费者心理诉求、广大网民行为习惯上着手，有的放矢，带动网民对都江堰·青城山之深入了解与认知，实现都江堰·青城山之旅游品牌深度曝光，带来可观的旅游营收。

（二）交互推广——多维互动传播，深度诠释品牌

在对都江堰旅游文化，尤其是水文化的聚拢、归纳、重塑与传承上，网络营销只是这个工程的一个工具。但是，工具运用得当，将会成为都江堰旅游品牌引爆水文化繁荣的助推剂，将会有力地促进都江堰旅游文化的传承与传播。

（三）文化感召——宣扬文化情感，实现精神感召

通过两大阶段都江堰·青城山品牌营销活动，高度切合都江堰·青城山之“拜水都江堰·问道青城山”的品牌口号，又深度传递都江堰·青城山“水文化，道文化”等丰富多彩的文化，最终实现都江堰·青城山旅游对全国旅游消费者的精神感召。

综上所述，都江堰为水，为阴；青城山为山，为阳。第一阶段策划以都江堰为主、青城山为辅；第二阶段以青城山为主、都江堰为辅。两个阶段，一阴一阳，阴阳和谐，既充分展示了都江堰·青城山之文化内涵，又附和了中国传统文化及当今文化主流，前后呼应，相得益彰。

拜水都江堰，问道青城山。

华夏几千年的文化传承便是在这一拜一问之中，源远流长，生生不息。

拜是敬天地神明，是天地与我并生，万物与我唯一的天人合一。问，是孜孜以求，为我所用，是对拜的得体回应。一拜一问，成就了中国人的山水性格。也成就了都江堰与青城山。

我认为，任何营销策划，只要做好这一拜一问的功夫，就够了。

人生醉美不过花好月圆

——策划山东青州

青州市地处山东半岛中部，为古“九州”之一。因地处东海和泰山之间，位于中国东方，“东方属木，木色为青”，故名“青州”。

青州从 20 世纪 80 年代初开始种植花卉，到现在已有近 40 年的历史，花卉种植规模越来越大，到目前，已形成“一片（黄楼镇花卉片区）”“四区（城区花卉种植区、东高镇花卉种植区、王坟镇花卉苗木区、云门山花卉种植区）”的种植格局，尤其是始办于 1987 年的“青州花卉博览会”，号称中国规模最大、档次最高、影响最广的国家级花事盛会，被称为中国花卉界的“奥林匹克”，至今，已成功举办了 6 届。

然而，如此有历史文化底蕴和花卉芬芳的青州，却在中国大旅游的舞台上沉寂着。试问读者诸君，几人得知有青州？青州旅游品牌的知名度低，旅游品牌价值更不用提了。

中国旅游目的地的三大通病：

一是产品同质化，只知模仿，模仿是画虎不成反类犬，不知创新。

二是在游客纷至沓来时，旅游收益依旧原地踏步，不知如何提升旅游消费者的人均消费水平。

三是一味追求品牌知名度，忽略品牌价值，宁愿花大钱，大搞基建，景区大门比天安门还要宏伟，却毫无生气，不接地气，死气沉沉。

中国旅游为什么会出现这三大通病？不是缺钱，不是缺资源，也不是缺政策，更不缺广泛的市场需求，而是缺人才。

在新媒体发展如火如荼的时代，旅游品牌知名度和旅游品牌价值，孰先孰后？不胜枚举的旅游目的地经营者肯定选择花大钱投放央视，以地毯式的密集轰炸，寄希望于赢来络绎不绝的旅游消费者，大赚一把，面子上风风光光。

那些在央视投放广告的旅游目的地，宣传片内容空洞，清一色都是湖光山色风光这边独好的架势，受众早已审美疲劳。

在知名度不高的情况下，更需要主攻提升品牌的价值，以品牌价值，促升品牌知名度。

一、策划背景

（一）中国旅游的三驾马车

中国旅游业的发展，已从过去“到此一游”的观光游，发展成以“三驾马车”，即以“休闲、体验与度假”为主的体验游。

中国旅游经济的发展，已从粗放式的观光旅游经济模式，发展成为精细化的旅游体验经济模式。

谁在未来的旅游经济大发展、大趋势、大潮流中驾驭住了“三驾马车”，谁就能立足于中国旅游的大舞台上，光芒灿烂。

（二）中国古城旅游文化分析

五千年华夏文明，孕育了星罗棋布的古城。古城旅游开发，如火如荼，要在众多古城中脱颖而出，就不得不另辟蹊径，不走寻常路。

现阶段的中国古城旅游，仅仅是把古城作为一种旅游吸引物来看待。比如大理之风花雪月，丽江之艳遇，阆中之书香，平遥之晋商，等等。人们到了古城，已经背离了古城的存在意义与价值。比如丽江，人们眼里只有艳遇，没了历史的厚重。从经济上看，是赚了，从历史传承与文化发展上看，则是短视的幼稚行为。抛开古城的历史承载作用以及其思想文化内涵来做旅游，就是舍本逐末，不负责任的表现。其实，古城旅游的最高境界是让人们重新回归到一种人性化的理想生活状态。

古城不能仅仅等同于旅游目的地，旅游也不能成为古城保护开发的最终目的。古城要开发旅游，必须跳出古城看古城，站在一个更高的角度审视古城旅游的开发模式。这个更高的角度，就是古城作为人性化生活城市所具有的美学高度和哲学深度。

（三）青州古城旅游破局

青州，得名甚早。据《尚书·禹贡》的记载，青州为九州之一。“海岱惟青州”，可见，青州历史文化之厚重，非同寻常。

阿基米德曾说过：“给我一个支点，我可以撬动地球。”青州旅游破局，正需要这样的一个支点，撬动整个青州的旅游大发展。

中国人的骨子里，喜大国寡民、安土重迁、和谐共存，几千年以来，概莫例外。而且，青州主打“东方花都·文化青州”的主题。

综上，我们找到了撬动青州文化大旅游发展的支点，即一种人性化的生活状态，一种诗意的栖居——花好月圆。

《大梵天王问佛决疑经》（又名《问佛决疑经》，有二卷本和一卷本两种。该书曾在古代中国出现，之后失传，又复于日本出现。近代有学者前往日本，将这本被日本视为国宝的真经又再次请出，带到中国，收在《万续藏》第八十七册。内容叙述世尊于灵山会上拈金婆罗花，迦叶尊者破颜微笑，世尊乃说我有正法眼藏、涅槃妙心、实相无相、微妙法门，付与摩诃迦叶。后世禅徒乃谓此事为禅的起源。“拈花微笑”的典故即依据本书）记载：尔时大梵天王即引若干眷属来奉献世尊于金婆罗花，各自顶礼佛足，退坐一面。尔时世尊即拈奉献金色婆罗花，瞬目扬眉，示诸大众，默然毋措。有迦叶破颜微笑。世尊言：“吾有正法眼藏，涅槃妙心，即咐嘱于汝。汝能护持，相续不断。”时迦叶奉佛敕，顶礼佛足退。

这是一则在中国禅宗史上十分著名的公案，如来拈花不言，迦叶尊者展颜微笑。拈花的动作与微笑的神情，在这里达成了某种绝妙的沟通与和解，古往今来，无数学者在解读这一则公案的时候，无不使出浑身解数，引经据典，大杀四方。就我而言，第一次看到这则公案时，只觉得天上地下，六合八荒，都在佛祖拈花一笑、迦叶展颜微笑中变得花好月圆了。正是，拈花一笑正花好月圆。

宋·晁端礼《行香子·别恨》词：“莫思身外，且逗尊前，愿花长好，人长健，月长圆。”

古往今来，这个成语被用来比喻美好生活。青州要做的旅游，就是一种能彰显“美好生活”的旅游。

花好月圆，美好生活。它符合中国几千年传统文化，符合中国人的国民格调与审美追求，符合党与国家和谐社会及“中国梦”的理念，更符合青州旅游品牌的形象定位！

花好月圆，美好生活，即青州的DNA。

二、策划思路

任何营销手段，务必要与旅游消费者互动起来，在互动中传递产品感觉、品牌形象，提高旅游消费者对景区的体验度。

任何营销活动，务必要与景区实际情况相结合，在恰当的解构与建构中，最大限度地亲近旅游消费者，加深消费者记忆度。

综上所述，本次青州的策划思路为：基于提炼出来的青州旅游品牌DNA“花好月圆，美好生活”，结合青州“东方花都，文化古城”的城市感觉，主打“情感营销”牌，面向周边大中小城市的70后、80后、90后目标消费群体，借助互联网线上线下（OTO）这两个拳头，以九月中秋节、十月国庆节、10月13日重阳节为杠杆，撬动青州旅游的秋季营销攻势，为青州2014年的营销宣传打响极具现实意义的第一枪。

每个人都曾有过花好月圆的时候！

每个人都向往着花好月圆！

每个人都渴望、向往一种人性化的美好生活！

你有多少年没有和亲朋好友团聚了？

你还记得花好月圆时，陪在你身边的人是谁吗？

今年，花好月圆，你又想到了什么？有什么话要说？有什么事要做？

2013，花好月圆，不要留下遗憾。

……

“大美青州·花好月圆”。紧扣主题，实施一系列活动，让青州“东方花都，文化青州”的品牌形象深入旅游消费者的心里，为青州的旅游发展奠定坚实的群众基础。

三、结语

此次青州市旅游营销策划，结合青州实际情况，具体问题具体分析，以一个主题活动，贯穿两个系列阶段活动，通过线上线下的形式互动。以“酝酿一种人性化的生活状态，孕育一种诗意的栖居”，让青州成为中国众多具有古城特色的旅游目的地中的翘楚，成为中国唯一、第一，专业为旅游消费者提供“美好生活”之旅的旅游目的地。

如此一来，青州就活了。青州活了，也就火了。

青州旅游提炼出“花好月圆”的人性化与诗意化的生活状态，提炼出“美好生活”的基本原则，将促使青州市旅游从粗放的观光游向着精细化的“三驾马车”发展。

此次营销策划的活动，吹响了青州市旅游发展与前进的号角，扬起了催促“三驾马车”拉着青州旅游疾驰的鞭子。

怀旧主义的饕餮盛宴
——策划江西九江

九江，简称“浔”，古称柴桑、江州、浔阳，是一座有着 2200 多年历史的江南名城，号称“三江之口，七省通衢”与“天下眉目之地”。

提起九江，不得不说它所承载着的丰富历史文化。1200 年前，白居易被贬为江州司马，某夜在浔阳江头夜送客，忽闻琵琶声，与琵琶弹奏者，一位充满故事的美人妇，聊起了各自的人生故事：“浔阳江头夜送客，枫叶荻花秋瑟瑟……我从去年辞帝京，谪居卧病浔阳城……商人重利轻别离，前月浮梁采茶去……满座重闻皆掩泣，座中泣下谁最多，江州司马青衫湿。”越过唐朝的繁华，再早 400 年的东晋，有个浔阳柴桑人陶渊明曾为彭泽县令，他拒绝为五斗米折腰，归园田居，躬耕自足，留下了《桃花源记》《归去来兮辞》《归田园居》等诸多传世诗文。再回首，崔颢在其《长干行》中写道：“君家何处住？妾住在横塘。停船暂借问，或恐是同乡。”将九江那浪漫主义情怀描摹得淋漓尽致。李太白：“日照香炉生紫烟，遥看瀑布挂前川。飞流直下三千尺，疑是银河落九天。”更是以一种瑰丽绚烂的笔触描述了九江的浪漫主义情调。毛泽东：“天生一个仙人洞，无限风光在险峰。”则是大气磅礴，展现着九江的蓬勃激昂。……不胜枚举。

“九派浔阳郡，分明似画图。”从中国最大淡水湖鄱阳湖到世界文化遗产庐山、佛教净土宗发源地东林寺、江西“千岛湖”庐山西海、“九寨沟”龙源峡，等等，无不彰显和昭示着九江这座城池的大美。

一、策划背景

现代营销越来越注重情感，情感营销成为现代营销里不可或缺的一部分。

而在情感营销的过程中，九江推出“跟着课本游九江”的主题，抓住的是情感营销中的怀旧因子，盯住的目标消费群体是1976—1990年这个时间段出生的年轻一代，也就是70后、80后与90后这三代人，其中以80后为主要消费群体。而未来5到10年内，旅游消费的主力军也恰好是这拨人。

30岁以上的70后、80后是时下旅游市场消费的主力，相比经济基础较为薄弱的90后，70后、80后更舍得花钱，更注重出游品质。

因国家政策和成长环境的差异，80后的个性特征、价值观与“80前”出生的市场消费主体有着明显的区别，80后是中国特有的独生代消费群体。随着年龄的增长。该特殊消费群体已成为消费市场的重要组成部分，尤其是旅游消费市场。其所蕴含的巨大消费潜能已日益成为各类企业的重要营销目标。[36]

九江未来的旅游消费群体，建议以“掌控80后，吸引70后，不放过90后”为指导思想，将这三代旅游消费群体纳入九江旅游消费群体的研究对象中，旅游营销、策略等都应在这个指导思想的范畴下实行。

（一）中国人为什么爱怀旧？

（1）受几千年农耕文化熏陶，中国人骨子里安土重迁、落叶归根的观念孕育了国民性格中浓郁的怀旧因子。

（2）近年来全世界范围内的经济危机，中国不可避免地受到影响，加之改革开放四十多年来，各种问题集体暴露，房奴、蚁族、贫富差距扩大化背景下的“二代文化”等，导致中国人尤其是以80后为代表的年轻一代，在精神和物质上承受着巨大压力。

（3）怀旧能给人以舒适、亲切的情感关照，能缓解巨大的精神压力，并成为人们疲惫心灵的庇护所。

（二）什么是怀旧？

怀旧，它是80后的一种集体无意识活动。他们拥有共同的情感记忆和记忆符号，而且会通过怀旧唤起他们的共同兴趣，并且可以带来高度一致的认同，从而形成对曾经一起经历、共享、建构以及传承的事物的共同回忆，特别是在经历了一段时间后，在特定环境与行为的指引下，这段记忆被唤醒，当事人则会产生强烈的共鸣、认同与超乎想象的热情。[37]

“跟着课本游九江”便是在人们集体怀旧的特定环境与行为的指引下，以“课本”这种共同的记忆符号，打开年轻旅游消费者市场。

二、策划布局

不得不说，单凭“课本”来吸引游客还不够。一方面，课本中涉及九江的课文不多；另一方面，涉及九江的能引发消费者怀旧的经典课文也不多。那么，怎样围绕这一主题，在现有经典课文的基础上，将九江做成年轻人认同与追随的旅游城市？需要做以下几点布局。

（一）提炼怀旧符号

1. 音乐符号

建议九江各景点、步行街、小吃城等，有针对性地播放 70 后、80 后记忆中的经典音乐，如《小芳》《歌声与微笑》《童年》《让我们荡起双桨》等，再具体点，凡是有坐船项目的景点，就可以放《让我们荡起双桨》。从听觉上，提炼 70 后、80 后旅游消费者的怀旧符号。

2. 影视符号

众所周知，70 后、80 后记忆中的电影、电视剧是他们永远忘不了的怀旧符号。《庐山恋》《小街》《少林寺》《霍元甲》《射雕英雄传》《血疑》《聪明的一休》《铁臂阿童木》，等等；建议九江选出若干广场，以“露天电影”的形式播放他们记忆中的影视剧和动漫。从视觉上，提炼 70 后、80 后旅游消费者的怀旧符号。

3. 文学符号

除了做好课本中提到的九江的课文功夫外，还要提炼出让 70 后、80 后念念不忘的经典课文。建议九江从官方或民间，搜集 70 后、80 后曾用过的课本，或作为礼品出售给游客，或作为道具进行导游词讲解。例如到庐山，导游拿出语文课本，翻到李白《望庐山瀑布》一文，开始讲解，既能勾起游客回忆，又能激发游客的兴奋点，远比嘴上说说要有效果得多！

4. 饮食符号

建议九江有针对性地提供 70 后、80 后记忆中爱吃的一些零食，如大白兔奶糖、泡泡糖、萨琪马、棉花糖、爆米花，等等。另外，可号召相关酒店、饭馆做 70 后、80 后主题客房、饮食。

5. 玩具符号

建议九江制作一些 70 后、80 后曾热衷的玩具，如竹蜻蜓、纸飞机、东南西北折纸、智能拼图板、胶皮弹弓、玻璃弹珠等，既可以作为旅游纪念品出售，也可以作为互动活动增加景区娱乐项目。

（二）打造怀旧载体

在提炼了怀旧符号的基础上，打造承载怀旧的载体，比如，之前很火的 Li lei & Han meimei T 恤，采用的就是把怀旧内容运用到商品上进行销售。怀旧营销的传播方式有病毒式营销的特点，具有引起公众或一个群体的高度关注，而后自行传播的能力。建议九江以帽子、T 恤等做载体，承载 70 后、80 后的怀旧情绪。如此，既能吸引消费者，又能实现旅游产品的销售收入。

（三）酝酿怀旧氛围

将课文和景点紧密联系起来，比如庐山，可以安排小学生朗诵李白、苏东坡等的诗篇，别的涉及课文的景点，如《爱莲说》《琵琶行》等，要将课文听觉化。

另外，70 后、80 后经典音乐、影视动漫、零食、玩具等，也是酝酿怀旧氛围必不可少的组成部分。

（四）丰富怀旧产品

以课本为核心，围绕音乐、影视、动漫、玩具、零食、游戏、服装等方面，整合九江各大景点、各种旅游资源，最终形成一套九江 70 后、80 后怀旧主题旅游产品。

1. 音乐怀旧产品

卖复古录音机、磁带。

2. 影视动漫怀旧产品

卖老电影光碟（海报）、卖动漫书、小人书。

3. 玩具怀旧产品

卖各种手工制作的工艺旅游产品，如竹蜻蜓等。

4. 零食怀旧产品

卖泡泡糖、大白兔奶糖等具有代表性的零食。

5. 游戏怀旧产品

组织网络 CS 对战、红色警戒对战等。

6. 服装怀旧产品

印有 70 后、80 后各种经典记忆符号的主题衬衫、T 恤、帽子、背心等。

三、结语

当一个人变得爱回忆往事，那么，他 / 她便老了。

怀旧可以疗伤，可以是以史为鉴知兴替，可作为旅游策划的工具。

拆字法中见真情

——策划云南九乡

九乡风景区（全称九乡风景名胜区）位于宜良县九乡彝族回族乡境内，是云南新兴的以溶洞景观为主体，洞外有山水峡谷风光、民族风情、人文景观、配套齐全的大型综合性风景旅游区。

2013年夏，我从香格里拉考察归来，在昆明与九乡风景区负责人会面，并前往九乡进行了为期两天的考察调研。

在讲九乡风景区的营销策划之前，我们先来看毗邻九乡的石林是如何做营销的。

《孙子兵法》势篇云：“善战者，求之于势，而不责于人，故能择人而任势。”荀子《劝学》云：“登高而招，臂非加长也，而见者远；顺风而呼，声非加疾也，而闻者彰。假舆马者，非利足也，而致千里；假舟楫者，非能水也，而绝江河。君子生非异也，善假于物也。”主题为“寻找我的阿诗玛”的大型石林网络相亲会，便是充分发挥了“求之于势”“善假于物”的策略来创造态势和借用态势，继而发挥出了最好的“势”效益，为石林带来了可观的旅游经济效益。

“寻找我的阿诗玛”大型石林网络相亲会，借我国传统的情人节“七夕”，借助当下人们关注最多的“剩男”“剩女”“齐天大剩”等热门话题，借“非诚勿扰”等大型相亲电视节目的火热，以“不一样之白天黑夜都能相亲”“不一样之资料反复看”“不一样之真实与隐私都保证”的宣传策略，辅之以新媒体时代流行的微博营销，一方面，良好的互动性吸引了大众的好奇心，增加了活动的人气及参与人数；另一方面，加强了人们对“阿诗玛”文化品牌的了解，塑造了阿诗玛品牌文化的形象，使阿诗玛的文化品牌深入到每个人的心中，吸引了一批中、青年游客对石林“阿诗玛”文化的关注。

石林2012年的全年营销策划，全方位地整合了新媒体资源，向精准目标受众人群进行强势曝光宣传，吸引受众关注、参与。在活动舆论引爆上，以主打新媒体矩阵为核心，并在活动的前中后期整合新浪网、搜狐网、腾讯网、网易网、新华网、中国旅游网、中国网、中华网及各地方新闻网站，通过各类形式报道传播本活动内容。运用石林官方微博及诸多微博大V将活动连续传播，并要求牵手成功的获奖情侣在七夕游石林的时候，进行实时微博直播活动，形成第二次传播。

石林已经形成了比较完整的品牌体系，在全国乃至世界范围内已形成鲜明的旅游形象，是世界自然遗产和世界地质公园。石林的旅游产业、服务、品牌形象接近成熟，提升石林的服务形象，传递石林的完美品质成为营销重点。乐途旅游网立足于品牌传播、品牌营销和品牌巩固，本着石林“一诗、一影、一歌、一舞、一节、一绣”的资源特色，以三大活动“重金征集‘石林形象宣传推广语’”“寻找我的阿诗玛”以及“中国石林国际火把狂欢节”，由面到点，点、线穿插，形成“草蛇灰线，伏脉千里”的立体布局，将石林的品牌推到了一个新的高度。

与石林毗邻的九乡，在资源上与石林有着重复之处，时刻面临着石林的竞争压力，如何走出石林的阴影，自成一派，是九乡必须考虑和解决的问题。

一、策划缘起

品牌，是一个永恒的话题。景区要想长远发展，就得时刻关注景区的品牌运营。

如上所述，与九乡毗邻的石林，已经形成了比较完整的品牌体系，在全国乃至世界范围内形成了鲜明的旅游形象，然而，石林依旧孜孜不倦地在品牌形象上下苦功夫，以求进一步升华、深化、强化并巩固其品牌形象。

品牌的发展历程，可归纳为四个时期：品牌创建期、品牌发展期、品牌成熟期、品牌巩固期。

通过实地考察调研，得到如下几点结论：

九乡品牌不成熟，知名度和美誉度不高；旅游创收处于粗放型阶段；捆绑石林进行营销宣传，借势营销后劲乏力。

综合分析九乡，本着“以资源为中心，以市场为导向，以创意和收效为出发点，以游客为中心”的原则，特提出以下九乡2013年营销策划建议。

二、九乡品牌包装

从文化及旅游层面，重新解读、包装宜良和九乡。

综合九乡特色旅游资源和产品，结合九乡所属“宜良县”，展开了一次“拆字法”策划。

“宜良”二字，宜者，适合、舒适；良者，善良，美好。与旅游结合，即宜人，宜情，宜心，宜居——宜旅。

宜人：宜良旅游环境美好，气候和温度令人舒适；

宜情：宜良旅游让人情绪放松，情感舒适；

宜心：宜良旅游使人心情愉悦，心情惬意；

宜居：宜良山清水秀，适宜居住，适宜休闲、度假和养生。

由“四宜”得出，宜良之旅为“宜旅”，即最适宜有情人旅游的目的地。

良人，良朋，良会，良心——良游。

良人：宜良人善良、热情、好客；

良朋：宜良是好朋友之间的最佳聚集地；

良会：宜良是商旅会议、会晤、朋友聚会游、情人蜜月游的最佳地；

良心：宜良的服务是良心的服务，让每一个游客满意不是宜良的追求，让每一个游客惊喜，才是宜良的追求。

由“四良”得出，宜良之旅为“良游”，即最具美好体验的旅游目的地。“宜旅良游”，以人为本，注重体验。

因此，我们提出“情缘九乡”的品牌概念，主打情感牌。

人类有三大情感，爱情，友情和亲情。这三种情感，与九乡旅游资源、宜良品牌形象相切合。

（一）爱情九乡

取九乡谐音——爱久弥香，九九女儿红，芳香四溢之意，寓意爱情爱久弥香。

九乡有众多的古遗址，历经亿万年。在九乡，可以一眼万年，寓意爱情天长地久，永不凋零。

九乡有众多景观与爱情有关，如情人谷（翠荫峡），雌雄瀑布等。

九乡作为外景地，曾拍摄过很多经典电影，其中有的电影充满动人的爱情故事，如成龙的电影《神话》。

（二）友情九乡

取九乡谐音——得酒香，与九乡少数民族相结合，将其热情、好客、爱喝酒的酒文化宣传出来。是不是好朋友，是不是好兄弟，先喝三碗再说。

地上没有走不通的路，江河没有流不走的水，彝家没有喝错了的酒。酒是好朋友，是好兄弟之间盟誓的保证。

到九乡，进酒乡，闻酒香，喝酒香，醉九乡。

（三）亲情九乡

九九重阳，是为敬老节，九九高寿，是为感恩、祝福。

《汉书·扬雄传下》言："九九大运，与天终始。"九为大运，为好运，为与天齐。

古时赠献之礼，以九数为贵，凡献寿祝年，臣下贡物，多用九九，以取吉祥之义。

乡，与祝寿、感恩、祝福、福运、吉祥有关。因此，九乡是晚辈孝敬父母必去的旅游目的地。

三、九乡品牌宣传

通过实地考察，整个宜良旅游已经初步形成"北有九乡、中有南盘江、南有竹山"的文化旅游产业格局，宜良已经全面构建起昆明东部的"大九乡"文化旅游经济圈。

鉴于"大九乡"概念品牌的提出，亟须做整个"大九乡"品牌的曝光。

借助宜良的旅游品牌包装及九乡品牌的情感包装，以九乡为龙头，带动整个宜良"大九乡"旅游的品牌宣传，继而将宜良、九乡推到全国人民眼前，推到中国旅游大舞台上。

九乡·宜之旅（品牌宣传）；

九乡·良之游（品牌宣传）；

九乡·情之旅（品牌＋活动）。

（一）爱久弥香

七夕的时候，以线上线下活动为支撑点，进行宣传曝光。

（二）友情久香

国庆前后，线上线下活动同发力，进行宣传曝光。

（三）亲情九乡

重阳节的时候，以线上线下活动，助推九乡品牌宣传。辅之以相关节庆活动，以宣传品牌为中军，多种节庆活动并举，实现宜良、实现九乡、实现“大九乡”旅游品牌的大曝光，从而提升品牌的知名度和美誉度。

“地上看石林，地下看九乡”，九乡捆绑石林进行营销宣传，在品牌初创期，是一个好办法。现如今，九乡品牌蓬勃发展，“大九乡”概念品牌整体上线，再捆绑石林进行营销宣传，就会有些捉襟见肘。所谓，树大好乘凉，然而，再大的树也有凋零枯萎的一天，届时，九乡怎么办？老话说，求人不如求己，九乡必须从捆绑式营销中走出来，走出属于自己的一条品牌大道，走出属于自己的一条营销大路。

九乡，走一条情感的品牌大道。

九乡，走一条情感营销的大路。

风情万种的摸你黑

——策划云南临沧

但凡来云南旅游的人都会选择“老三样”，大理、丽江、西双版纳。而这些景点经过多年的商业化运作，已经逐渐失去了云南所独有的风味，变得和别的地方没有什么两样，导致了在这些地方旅游的期望值和在别的地方旅游的期望值不相伯仲，从而失去了核心竞争力。所以，我们在进行云南旅游开发的时候，不能走老三样的路，要走出自己的路，用创新激活云南新的旅游看点和卖点。如何激活，关键有两点：一是改变游客传统的云南印象，二是整合云南旅游资源新奇点。二者结合，同气相求，同声相应，就能为云南旅游的又一次繁荣奠定基础。

临沧就是在这一时代背景下，被提到了策划议程上。

临沧地处滇西南，东依玉溪、昆明，西靠德宏、保山，南邻普洱、西双版纳，北有大理、楚雄。其中，大理、普洱和西双版纳直接对临沧旅游施加了强大的竞争压力。在整个云南旅游大发展、旅游资源春兰秋菊难分轩轾的背景下，临沧如何集中优势兵力，做到人无我有人有我优，在云南旅游大舞台上，绽放风采，一鸣惊人，吸引全国旅游消费者的目光，这是不得不仔细思考的一个问题。

临沧旅游，已经时不我待，我们需要在五个维度上做到优先搭车，即顺序上优先考虑；时间上灵活掌控；推介上重点关注；公关上特别照顾；电子书传播上首要提及。

针对临沧旅游营销宣传的“五大搭车策略”，为临沧在本年度云南省旅游局搭车营销中，争取到广阔的宣传空间、充裕的宣传时间，为临沧其他营销动作开辟出一条九天揽月之路。

（一）**本色品牌——依托佤族精粹文化，传播原汁原味旅游**

越是民族的，越是世界的；越是世界的，越是民族的。民族旅游，是旅游业中不可或缺的部分。民族旅游，归根结底，是民族文化的体验游。

我们这个时代的少数民族文化正被重新想象、重新解构与重新建构。从表层上说，传统文化得以延续甚至彰显，但实质上，它是传统文化的重新生发，即在原有基础上的重新建构。

研究表明，中国旅游消费者对“自然”的旅游概念很感兴趣，可以从以下几个方面看出：

1. 生活的自然化

寄希望于远离快节奏、重污染、碎片化的城市生活，向往田园牧歌、悠闲自在的原野生活。

2. 旅游的自然化

更看重原生态，更注重体验原汁原味的各种文化风情，如民族文化、民俗文化、饮食文化等。

3. 人的自然化

不再走马观花一日游，而是深度的体验、休闲、度假游，进而放松身心，实现人的自然化。

4. 自然的人化

即要求旅游目的地能充分调动自身的各种资源优势，以切合现代旅游消费者追求自然化的心理诉求，实现自身旅游效益的最大化。

另外，经过缜密的营销谋划，我们发现，临沧天时地利人和，完全具备了运作“色彩营销”的一切条件。

黑色——

佤族以黑为美，越黑越健康，主打摸你黑狂欢节。在整个云南随处可见摸你黑的情况下，将临沧佤族的摸你黑狂欢节做成临沧的云南的乃至中国的少数民族经典节庆，让旅游消费者一看到摸你黑，就联想到临沧佤族。

红色——

临沧乃“滇红”发源地，茶文化悠深古远、闻名海内外，拥有迄今为止保存最为完好的世界上最大的 5500 多亩古茶树群，有迄今为止所发现的世界上最古老、最大的古茶树王，更是荟萃了古老的茶道、茶艺、茶经、茶礼、茶俗、茶歌、茶舞等茶文化精华。红色为中华人民共和国之国色，以临沧“滇红之乡”为依托，借助互联网，以“红动中国”为营销突破口，掀起一场有关临沧，有关滇红的红色网络营销风暴。

绿色——

在中国的五行学说中，绿色是木的一种象征，它是植物的颜色；绿色是春季的象征，在中国文化中有生命的含义；绿色还代表和平、宁静、自然、环保、生命、成长、生机、希望、青春……现代旅游消费者向往绿色自然，临沧之民俗生态游、民族风情游、翁丁的茅草屋、北回归线原始森林、“中国十佳绿色城市”，等等，无不切合绿色临沧的生命脉动。

综上，以整个临沧为大面，各旅游产品为主线，独特的佤族文化体验游为支点，点线面三位一体，撬动整个临沧旅游的大发展。我们还提出了“大美临沧·自然的色彩”这一概念，掀起临沧旅游的“颜色革命”。

（二）交互推广——多维互动传播，深度诠释品牌

在对临沧旅游文化，尤其是佤族文化的聚拢、归纳、重塑与传承上，网络营销只是这个工程的一个工具。但是，工具运用得当，将会成为临沧旅游品牌引爆与佤族文化繁荣的助推剂，将会有力地促进佤族文化的传承与传播，并以此为杠杆，撬动整个临沧旅游的大发展与大繁荣。可以从以下几个方面展开交互推广：

（1）建立临沧旅游品牌在新媒体平台的营销矩阵；

（2）打造临沧旅游品牌系统；

（3）打造临沧互动活动专题；

（4）整合互联网资源，全方位诠释推广临沧旅游品牌；

（5）基于临沧互动活动的社会化媒体的交互推广；

（6）基于临沧新闻公关的互联网主流媒体软文营销；

（7）基于临沧品牌巩固的电子书（动态与静态结合）营销；

（8）基于临沧旅游话题的 SNS 社区、论坛的精品话题营销；

（9）基于线上线下（OTO）互动体验活动的多维度推广临沧旅游；

（10）组织在互联网有影响力的旅游达人，以“旅游头人”“旅游魔巴”

的形式，深入临沧，体验临沧旅游产品，并于线上传播临沧旅游品牌，实现深度口碑营销。

（三）文化感召——宣扬文化情感，实现精神感召

通过一系列临沧品牌营销活动，深度传递临沧茶文化、少数民族文化、民俗文化等丰富多彩的文化，实现临沧旅游对全国旅游消费者的精神感召。

二、营销创意承载

（一）营销承载一：建构“临沧摸你黑·摸摸更健康”品牌旅游系统

1. 为什么做（why）

摸你黑源于临沧佤族，众所周知。然而云南各地少数民族亦有摸你黑，临沧摸你黑就面临了“四面楚歌”的困境，必须要把临沧摸你黑做成“你有我优”的精品旅游产品，让消费者到了云南不去临沧摸你黑就没有真正地体验到摸你黑的文化精髓。最终实现将临沧摸你黑打造成类似彝族火把节、傣族泼水节的少数民族经典节庆。

2. 怎么做（how）

摸你黑寓意健康、长寿、吉祥、美丽、好运、开心与幸福等。通过记忆度高、传播性强的口号（“临沧摸你黑·摸摸更健康”），把临沧摸你黑搬到互联网，让网民进行网上虚拟体验，加深其对临沧摸你黑文化精髓的认知，从而带动网民前往临沧进行实地体验。比如，网民可以将自己的脸摸黑，将照片传到乐途宣传临沧的专题，祝福自己；可以将朋友照片摸黑，祝福朋友；可以借助这个活动对父母长辈送上祝福；可以将爱人照片摸黑，祝福爱人，等等，以此掀起互联网的摸你黑祝福狂欢。

（二）营销承载二：“临沧滇红·红动中国”主题品牌旅游分享活动

1. 为什么做（why）

中国的国色为红色，红色代表激情、热忱、生命力。把临沧滇红与中国红结合，赋予滇红茶于国格，将临沧滇红上升到“国茶”的境界，未来三到五年内，实现临沧滇红在茶叶行业内，犹如茅台之于白酒行业，更胜似洋河大曲蓝色经典系列。临沧滇红亦可打造出一系列红色经典系列，如爱之红，情之红，心之红等。

2. 怎么做（how）

基于位置的服务 (Location Based Service，LBS)，运用相关技术手段，以一幅巨型中国地图，让全国三十多个省市自治区的网民参与到“临沧滇红·红动中国”的互动分享活动中来。比如，北京网友发布：“我在北京，我喝临沧滇红，我要红动中国！”北京的版图就会变红，其他省市以此类推，最后整个中国版图全部变红（临沧不能也红，要在所有红色中，突显出临沧的地理位置，让网民记住临沧是谁，临沧在哪里）。

（三）营销承载三：“秘境临沧·魔巴行动”旅游达人体验传播活动

1. 为什么做（why）

临沧是边境，又是少数民族聚居区，充满神秘色彩。让旅游达人以“旅游魔巴”的形式融入临沧边境文化、佤族文化，亲自到临沧进行实地体验，通过边体验边发布游记攻略的形式，主动传播，实现临沧口碑的多维度传播。

2. 怎么做（how）

达人（魔巴）发游记攻略，影响网民旅游行为。

（四）营销承载四：发布《世界佤乡·天下茶仓》之临沧佤族与滇红茶道文化旅行电子书

以图文并茂的电子书，介绍临沧佤族风情与滇红茶道、茶艺，让游客争相传播。

（五）营销承载五：发布《边地风光·大美临沧》之临沧魔巴行动旅游体验电子书

通过“魔巴行动”，向未去过临沧的朋友讲述临沧大美及临沧之神秘等魅力风采。

（六）营销承载六：发布《大美临沧·自然的色彩》之临沧四季色彩旅游电子书

整体上，详细介绍临沧“自然的色彩”，让临沧成为第一个将“七彩云南”之色彩落实到位的城市，网民一提起“七彩云南”，便会想起临沧之色彩。

挂一漏万，还有很多实操，在此点到为止。

当然，临沧地处云南边境，又是少数民族聚居区，充满神秘色彩。抓住神秘二字展开，亦是可以的。

浪漫邂逅，抛起你的红绣球

——策划湖北三峡人家

三峡人家，位于长江三峡中最为奇幻壮丽的西陵峡境内，三峡大坝和葛洲坝之间，跨越秀丽的灯影峡两岸，面积14平方千米，由三峡人家、龙进溪、天下第四泉、灯影洞、石令牌、石牌古镇、抗战纪念馆七大景区组成。

三峡人家的宣传主题口号是“大美之地，三峡人家”。围绕这一口号，结合三峡人家现有旅游产品，通过“凉城美景、洞房花烛、饕餮盛宴”三个版块即“美景、美色、美食”，以“三美”之美，彰显三峡人家作为“大美之地”的文化内涵和旅游气质。

一、“凉城”美景

为什么叫“凉城美景”？

长江沿线，有三大火炉之称的重庆、武汉和南京。而三峡人家无疑是长江沿线最清凉的地方，是宜昌周边省区市人们消夏避暑的最好去处。

整合三峡人家各处美景，提炼其精华，赋予其独特鲜明的气质和个性，定制minisite专题页，以“‘凉城’美景”展开图文并茂的专题介绍。

古帆船的沧桑美，乌篷船的古典美。

土家族的风情美，吊脚楼的建筑美。

长江水的清秀美，纤夫的雄壮美。

川江号子的苍凉美，巫山笛的幽邃美。

高腔山歌的辽阔美，三峡风景的灵动美。

楚风的雄浑美，巴蜀的神秘美，抗战的悲壮美。

人文之美和自然之美，集中于三峡人家，不可谓不是集长江大美于一体。

人文美以自然美为依托，相互映衬——

溪水淙淙，江水滔滔，瀑布潺潺，水水相融，纵横交错。海水般湛蓝的溪水被群山环绕；青山翠竹，郁郁葱葱，苍翠挺拔，烟雾弥漫；古帆船静泊水中，乌篷船欸乃一声山水绿；水车在水里转动，怡情欢畅；吊脚楼掩映在竹林深处；纤夫在川江号子的嘹亮声中前行……青石、小桥、流水、质朴的山歌，厚重的纤夫……无不彰显了大美之地的三峡人家。

唐朝著名文学家柳宗元在其散文《小石潭记》中这样写道："隔篁竹，闻水声，如鸣佩环，心乐之。伐竹取道，下见小潭，水尤清冽。……青树翠蔓，蒙络摇缀，参差披拂。潭中鱼可百许头，皆若空游无所依，日光下澈，影布石上。佁然不动，俶尔远逝，往来翕忽。似与游者相乐。……坐潭上，四面竹树环合，寂寥无人，凄神寒骨，悄怆幽邃。"这无疑是对三峡人家之美景的最贴切描述。

"两岸猿声啼不住，轻舟已过万重山。"乘着古帆船，穿行在三峡人家，水岸的山间，有猿猴嬉戏、鸣叫。

夜晚，就住在吊脚楼里。吊脚楼是建筑群中的小家碧玉，小巧精致，清秀端庄，古朴之中呈现出契合大自然的大美。它是一个令人忘俗的所在，散发着生命的纯真，没有一丝喧嚣与浮华。走近三峡人家的吊脚楼，俗世的烦恼会烟消云散，困顿的胸怀会爽然而释。如果对大城市的奢华和浮躁感到厌恶，应该切身地去体验三峡人家土家族的吊脚楼所呈现的"天人合一"的美妙境界。

二、洞房花烛

整合三峡人家土家族风情，以"洞房花烛"为题，介绍三峡人家的风俗习惯，尤其是婚礼习俗（抛绣球、对山歌、拜堂成亲、洞房花烛），在新媒体平台进行详细介绍和推介。

清秀的土家族姑娘，她们凤冠霞帔，娇小玲珑，楚楚可人。

土家族素来有哭婚之说，姑娘出嫁前要练《哭嫁歌》，要哭众亲友，还要提前两天不饮食，叫作“不思茶饭”。据说，新娘在婚礼上的哭嫁歌是衡量女子才智和贤德的标准，谁家的姑娘不善于哭，就会被认为是才低贤劣。在哭嫁歌中，新娘要将新郎和媒人一一埋怨一遍，而且哭的时间在出嫁的 7 ～ 20 天就开始了，到新娘被送上花轿时，才算结束。

在三峡人家景区，你能看到改良版的土家族婚礼。新娘虽然不哭，但你能看到被绣球选中的游客“新郎官”因为激动、生疏等造成的种种有趣的事情。

如果你想洞房花烛，就去三峡人家。

土家族姑娘的绣球，让你体验一番拜堂成亲、洞房花烛的美妙。

洞房花烛彰显的是三峡人家之美人美色。

三、饕餮盛宴

整合三峡人家的美味食品，图文并茂，在新媒体平台以“饕餮盛宴”进行推荐和宣传。

饕餮盛宴彰显三峡人家之美味美食。舌尖上的三峡人家，绝对让你的舌头上瘾。

羊肉格格：一蒸到位，只吃第一顿，如果留到第二顿再吃，就失去了那种鲜美味道。

柑橘做菜：用橘子做菜，像陈皮牛肉、陈皮鱼块、柚香陈皮翅、柚香肉、橘汁鱼片等。陈皮具有理气、助消化的功能，做出来的菜不仅爽口，还有利于健康。

野生鱼鲜：野生鱼鲜香味长，肉嫩养生，营养价值极高，能增强人的记忆力，提高身体免疫力和抗病毒能力。常用于做菜的鱼类品种有江团、江鳗、中华鲟、鲶鱼、黄辣丁、水密子等。江团，非常嫩，没有鳞，用来清蒸或做汤；水密子的鱼鳞是软的，做菜时不用刮鳞，见热自动脱落，鱼肉香嫩，但鱼刺很细、很多，这种鱼一离开长江水就会死；中华鲟，这种鱼绝对可以称得上是人类的老祖宗了，经过亿万年的进化，肉非常有质地，但现在做菜的仅限于人工繁殖的中华鲟；桃花鱼，是一种软体动物，至今大概有一亿多年的历史，就像海里的海蜇一样，这种鱼一般做汤，很鲜，人们形象地把它比喻成桃花水母，因为在桃花盛开时，这种鱼也会反射出相同的颜色。

特色小吃：干锅煸炒山羊芋，放点辣椒面、葱花，很有味道。“合渣”祛灾星，该菜是典型的农家菜，当地农家生小孩或过满月时，就会做一大锅合渣，遇见一个人就让他吃一碗，当地人管这叫“吃灾星”，意思是说吃了后，就会把小孩的灾星带走，至今当地农家仍沿袭这个习惯，已成为一种独特的地域文化；蒸豆腐，有几百年历史，豆腐用豆瓣、香料、料酒等腌制后再上笼蒸，拿出来吃，味道很独特；炒河虾，用长江里的小河虾，合着萝卜丝或泡菜炒，味道鲜美绝伦；泡菜小鲫鱼，江里的鲜活小鲫鱼，用筷子串上，烤后加上泡菜在锅里一焖，味道绝对原汁原味；姑姑宴，流传于明末清初，美味无比。另外，三峡人家的美食还有樟茶鸭、坛子肉、豆腐渣烧猪头、鲜嫩竹筒、酸菜黄辣丁、软炸斑鸠等，都是最富民间口味的菜品。

三峡人家可以开发出一款美食，取名“三峡人家菜”，让游客亲自下厨、亲自品尝。也可以开发多款“感情菜”，分别取名郎情意切、洞房花烛夜、两小无猜，花前月下……主打情侣、夫妻牌。还可以开发出“恋恋红尘”系列菜肴，取名暗恋、初恋、热恋、失恋。

结合三峡人家的风景、山水、民族风情，依托旅游媒体的传播平台，肯定大有卖点。

四、建议

1. 增加一个旅游产品

当游客乘船进入三峡人家之际，要以对唱山歌的形式来获取进入景区的资格。

男游客要和土家姑娘对山歌，赢了才能进入景区。

女游客要和土家小伙对山歌，赢了才能进入景区。

当然，所有的游客最终都能进入景区。增加这一环节，不过是给游客一个先声夺人的效果，调动游客的情绪，让游客还未进入景区，就已经迫不及待了。

2. 拍一部抛绣球的微电影

21 世纪是互联网的世纪，新媒体是时下最火爆的网络宣传工具，基于新媒体的微电影是宣传中的宠儿。做微电影的宣传效果远大于做一个院线数字电影的效果。

微电影的成功案例，不胜枚举。三峡人家作为一个先锋的经营旅游景区的企业，不会不知道微电影的功效。而且，三峡人家有足够的元素来做微电影。仅仅“抛绣球”这一元素，就能做一部感人的微电影。

一座桃花源的子午卯酉

——策划重庆酉阳桃花源

2013 年 4 月，贵州，贵阳，国内旅交会。

我第一次见到重庆酉阳旅游局的乔广志局长，谈起桃花源，各自心中皆有块垒，遂一拍即合，我前往酉阳进行了考察调研。

一、区位现状

酉阳土家族苗族自治县，位于重庆东南武陵山区，渝、鄂、湘、黔四省（市）在此接壤，是渝东南重要门户，交通便利，是土家族苗族的重要聚集地，被誉为土家文化的摇篮，融巴人文化、土司文化、桃源文化于一体，酉阳形成了鲜明的地方文化风貌。

二、旅游发展分析

从内外两方面来看，酉阳都面临着巨大的竞争压力。内部，承受着重庆其他景区的巨大压力；

外部，无论是四川、贵州，还是湖南，都是旅游资源丰富且独具特色的旅游目的地，从知名度和美誉度上，酉阳都面临巨大的压力。

立足整个中国桃花源旅游市场，酉阳作为中国众多桃花源旅游目的地之一，面临着湖南（常德）、湖北（十堰）、河南（南阳）、江苏（连云港宿城）、江西（九江）及安徽（黄山）等多处桃花源旅游目的地的竞争压力。

桃花源旅游市场，犹如春秋战国，一片混战，都在极力证明自己才是桃花源的“正统”原型，渴望实现一统天下。

老子说，以不争达到无所不争，以无为达到无所不为。用在营销上，即在某些层面，战术放弃，有所不争（为）；某些层面，则要高度重视，无所不争（为）。

枪打出头鸟，朱元璋奉行“高筑墙，广积粮，缓称王”的战略方针，终成大事。

三、旅游发展机会

十八路诸侯，逐鹿中原，势均力敌，鹿死谁手？我看谁都有机会，酉阳桃花源的机会更大一些。

桃花源，从心理学、文学、美学、哲学及宗教层面看，已经在中国人心中打下了“美好”“恬淡”“祥和”“健康长寿”的烙印。陶渊明文本中记述为“阡陌交通，鸡犬相闻”“黄发垂髫，怡然自乐”，充满了老庄哲学的韵味。

简而言之，桃花源，是“和谐”“天人合一”的典范，是“人的自然化”，是“自然的人化”。

现代都市生活，快节奏，高压力，作为旅游消费主力军的中青年，渴望放松心情，回归自然。

每个人的心中，都有一座桃花源。

酉阳旅游发展，本着 PEEST［P：Political（政治）；E：Economic（经济）；E：Ecological（生态）；S：Social（社会）；T：Technology（技术）］理念，本着“以资源为基础，以市场为导向，以创意和收效为出发点，以游客为中心”的基本原则，形成以酉阳桃花源为中军，其他旅游景区两翼齐飞的旅游战略布局。

四、方案目的

挖掘酉阳桃花源旅游精神内涵，传播酉阳旅游品牌特质。

尝试探索“1+X”（桃花源＋城市休闲、乡村度假、民族旅游）的酉阳桃花源旅游营销新模式，即“桃花源模式”。

立足新模式，借助新方式，依托互联网，打好酉阳旅游营销牌。

五、方案内容说明

（一）创意简述

以事件营销为抓手，将“中国最美故事”征集事件化，将“中国最美故事”微电影化，将微电影事件化，多管齐下，形成事件“蝴蝶效应”。

立足酉阳桃花源精神内涵与美学特质，围绕创意，环环相扣，建构酉阳桃花源营销方案框架。

（二）创意纲要

1. 创意一：酉阳·桃花运

说明：酉，命格里“子，午，卯，酉”分别代表“正南，正北，正东，正西”四个方向，当“四象交会”，桃花就会盛开，桃花运来，此时求感情最好。

阳，伏羲先天八卦，乾为阳、纯阳，为天。酉为西，西为离，离为火。

酉阳桃花源有伏羲洞，伏羲制八卦。

酉阳，即离卦和乾卦组合的“同人卦”。同人卦阐释“和同”之原则，主张破除一家、一族、一人之私见，求同存异、大公无私，以道义为基础，天下大同，切合党和国家提倡的“和谐”理念，亦切合婚姻爱情、友情亲情之和睦团结。酉阳桃花源是美人社会的典范。

执行：整合营销，互动并举。微博为主，专题为辅。求桃花运，说桃花运，寻桃花运。《诗经·桃夭》曰：“桃之夭夭，灼灼其华……宜其家室……宜其家人。”以桃树的枝叶茂盛、果实累累来比喻婚姻生活的幸福美满。可在七夕之时，组织“酉阳·桃夭”活动。

目的：将酉阳桃花源的品牌内涵全网普及，地毯式轰炸宣传，为接下来的“中国最美故事”的征集奠定基础。

2. 创意二：酉阳·桃花缘

说明：千秋北斗，瑶宫寒苦，不若神仙眷侣，酉阳漫游。有缘千里来相会，桃花开，缘分至。吸引全国网民与酉阳结缘，与桃花结缘，讲述他们心中的桃花缘，为“中国最美故事”的上演拉开帷幕。

执行：社会化营销，全网营销，整合营销，多种营销手段，齐头并进，归为一个事件营销，将这一场桃花缘演绎得淋漓尽致。

目的：征集“中国最美故事”，深入发酵酉阳桃花源的品牌精神内涵，促使酉阳桃花源的品牌理念深入全国网民的心中。

3. 创意三：酉阳 • 桃花行

说明：经过评选，“中国最美故事”闪耀登场，针对故事，可将其摄制成微电影、微视频、MV 等。

执行：酉阳提供一切外景场地，提供食宿，给予拍摄协助。

目的：以“桃花行”的形式，将“中国最美故事”拍摄成微电影，登录各大视频网站（优酷，爱奇艺等），对酉阳、酉阳桃花源进行多维度宣传。

4. 创意四：酉阳 • 桃花源

说明：“问渠那得清如许，为有源头活水来。”《桃花源记》中的：“黄发垂髫，怡然自乐”，是一派享尽天伦之乐的景象。

源，师长源，父母源。孝敬，感恩，是中华民族的传统美德。

现代年轻人要么远离家门，要么工作繁忙，陪伴父母的时间很少，抓住相关节庆活动，如中秋、重阳，以事件营销的形式，让酉阳桃花源成为舆论聚焦的热点，成为中国感恩、孝文化的先行者。

执行：节庆营销，事件营销。

目的：让酉阳桃花源成为舆论聚焦的热点，成为中国感恩、孝文化的先行者。让“中国最美故事”拥有厚重的现实基础。

六、方案综述

经过品牌定位，提炼出酉阳桃花源的品牌 DNA，结合市场需求，以创意包装活动，借助多种营销手段，在互联网的世界，促使酉阳扛起中国“桃花源”的盟主大旗。

此即为“以不争达到无所不争，以无为达到无所不为”。不争（为）谁是真正的桃花源，只争（为）做对旅游消费者有好处，对当地居民有好处，对国家有好处的事情。

此即为“高筑墙，广积粮，缓称王”的营销战略。高筑墙，提炼品牌内涵，夯实品牌基础，做实品牌形象。广积粮，多种营销手段并用，实现宣传效果的最大化。缓称王，不说我是陶渊明笔下的桃花源，不考据，不争论，埋头做事，所谓空谈误国，实干兴邦是也。

七、一个联盟的诞生

陶潜一篇《桃花源》，惹得后世多少考据与纷争。很多地方都争相论证自己才是真正的桃花派、正宗的桃花派，或是《桃花源》原型……

公说公有理，婆说婆有理。纷纷攘攘，莫衷一是。

当下中国打着桃花源旗帜的景区有数十家，其中叫得出名号的有湖南（常德）、湖北（十堰）、河南（南阳）、江苏（连云港宿城）、江西（九江）及安徽（黄山）、重庆（永川、酉阳）等十余家。多家纷争，犹如“战国十雄”，你争我抢，无不想极力证明自己才是“桃源正统”。

常言道，孤掌难鸣，这十余家桃花源景区，单拎出任何一家，都力不足以支撑起桃花源之精神价值与美学意义。

古人亦云，兄弟齐心，其利断金，想要做大事，做桃花源的大事，单凭任何一家桃花源景区都是自不量力，蚍蜉撼大树。

从对小国寡民，天下大同的追求，到党和国家提出的和谐社会，无不在倡导一种“黄发垂髫，怡然自乐”的生活状态。简言之，无论小国寡民，天下大同还是和谐社会，归根结底，都是对“美人社会”的向往与追求。

抛开这些暂且不谈，先谈桃花源到底是什么？代表了什么？她的 DNA 是什么？

首先，桃花源已不再是狭义的地理化坐标，而是广义的一种精神象征。指涉了“和美”“大同”“健康长寿”“天人合一”暨“人的自然化”“自然的人化”。

其次，桃花源是一种符号，“美人社会”的符号。

最后，桃花源不属于任何组织或个体，她属于全民族，乃至于全世界。

综上所述，只有在明确上述三点的基础上，组成“统一战线”，成立中国桃花源景区大联盟，我们才能终止“战国纷争”的狭隘局面，迈入“大桃花源”时代，实现共赢、利益同享，也能更好地促进桃花源的发展壮大。

八、一种模式的尝试

（一）桃花源模式

理解事物的唯一方式是对模式进行思考，而不是对人。

怎样迈入“大桃花源”时代？

答案是基于对模式进行思考，提炼出“桃花源模式”，即在谋篇布局中，建构中国桃花源景区大联盟，统领中国大小所有桃花源景区，有福同享有难同当，共进退。

坚持桃花源模式不动摇，以桃花源模式推进联盟整合。

（二）美人社会

旗帜鲜明，纲领明确，革命才能胜利。

打出“美人社会”的旗帜，祭出“美人社会”的纲领。以旗帜和纲领，解构、建构并指导大联盟的前进方向。

游击营销战多方借力，运动营销战围点打援，打响桃花源景区大联盟作为中国唯一提出“美人社会”经营理念的景区的第一枪，迅速抢占桥头堡。创造新闻，吸引眼球，聚焦媒体舆论、热议，提升知名度、美誉度。

（三）利益共享

革命愿景（奋斗目标）很重要，没有愿景，没有动力。愿景即“中国桃花源联合申遗”。以愿景，促成大联盟的完善，提升大联盟的凝聚力、向心力与战斗力。

桃花源申遗，未必可行。但申遗的过程，大有文章可做。

“今亡亦死，举大计亦死，等死，死国可乎？”一家桃花源踉踉跄跄举步维艰，必死无疑。多家联盟，举大计不一定成功。与其举步维艰坐吃山空，不如轰轰烈烈闹出点动静，一鸣惊人，当今世界殊。

具体利益共享方式，按下不表。

九、饭要一口一口吃，路要一步一步走

（一）蝴蝶的翅膀（前期）

一只南美洲亚马孙河流域热带雨林中的蝴蝶，偶尔扇动几下翅膀，可以

在两周以后引起美国得克萨斯州的一场龙卷风。

中国桃花源景区大联盟的事件营销，关键点便在于选择哪个爆点作为蝴蝶的翅膀。

申遗！桃花源申遗！中国数十家桃花源结成战略联盟申遗！

这就是蝴蝶的翅膀。这对翅膀的扇动，将刮起一股桃花源的风暴。

怎么个扇动？

传统媒体先行以省级报纸为阵地，发表中国桃花源景区大联盟申遗文章。新媒体跟进，就申遗一事，实现全网络信息覆盖。传统媒体再次跟进转载桃花源申遗文章。

（二）地毯式轰炸（中期）

蝴蝶的翅膀已经扇动，地毯式覆盖轰炸立刻助力跟进。主流重点网络媒体跟进报道；主流旅游门户网站专题营销跟进；主流重点社区、论坛公关跟进；主流 SNS 媒体宣传跟进；双微互动宣传跟进；微电影事件营销跟进。

（三）精确制导（后期）

权威专家学者专访解读桃花源申遗可行性；网络意见领袖撰文议论桃花源申遗可行性；微博网民正反双方争论桃花源申遗可行性；召开中国桃花源申遗高峰论坛探讨桃花源申遗可行性；召开中国桃花源景区大联盟峰会探讨成立联盟事宜；中国桃花源景区大联盟成立新闻发布会。

十、利益共享方式概要

团队能不能搭建起来，房子能不能盖起来，关键在利益分配是否合理。

要筹备建立中国桃花源景区大联盟，成败与否就看两个方面：一是酉阳县政府能否撬动重庆市政府，以政府主导，红头文件的方式邀约别的景区；二是中国桃花源景区大联盟利益分配是否兼顾各家，皆大欢喜。

匆匆忙忙，慌慌张张，无以成事。

凡事稳扎稳打，步步为营。

每一台车都应该有一个 lover

——策划湖北九宫山

九宫山位于湖北省咸宁市通山县城东南，处于“三峡”“三国”“武（汉）岳（阳）庐（山）”旅游线中心。九宫山历史悠久，因南朝晋安王陈伯恭兄弟九人避战乱建九座行宫于此，故得名。1645 年，明末农民起义领袖李自成殉难于九宫山，闯王陵已成为全国重点文物保护单位和全国唯一保存下来的农民起义领袖陵寝。

一、策划背景

（一）创新自驾游

众所周知，自驾游是旅游业中的一种重要方式。然而，近些年来的自驾游，不外乎走马观花似的来去匆匆，缺乏创新、创意，导致其吸引力逐渐下降。

因此，在众多自驾游目的地的竞争中，谁的自驾游活动更具创新性，更有创意，谁就能更大程度地吸引旅游消费者，实现旅游效益的最大化。

（二）具体问题具体分析

我认为，九宫山的最大品牌当属闯王陵。要做自驾游，就要做符合九宫山精神气质的自驾游，绝对不做随大流、从众的自驾游！

李自成一生，有两大称号：闯将，闯王。

闯：从门，从马，马出门貌，寓意激情、英勇。

自驾游：自驾游群体，十之八九都是年龄在 20 ～ 45 岁之间的中青年，正是人一生中最具闯劲、最有激情的阶段。

因此，将自驾游与九宫山最大品牌李闯王相结合，酝酿并提炼出属于九宫山自驾游之“激情、英勇、闯荡”的精神气质。如此，才符合九宫山的“国情”，才能吸引广泛游客，才能烘托九宫山的品牌。

（三）**做“活”自驾游**

现在的自驾游，都忽视了一个最重要的组成部分，即车子。

有车之人，谁不爱惜自己的车？！

九宫山自驾游，一定要将车子作为绝对的“主角”！从以往自驾游只注重人，转移到既注重人，也注重车上！

以往自驾游：人—人（只有人与人的互动）；

九宫山自驾游：人—人—车—车（多维互动）。

二、策划谋略

《汽车总动员》这部好莱坞电影，年轻一代，耳熟能详。

七夕，中国传统情人节，妇孺皆知。

九宫山自驾游，应借势营销，借《汽车总动员》、七夕之势，由互联网牵线搭桥，来做汽车的文章，即为你的爱车找 lover。

通过拟人化的车与车互动，进而带动车主之间的互动，实现九宫山自驾游的营销宣传及旅游效益的最大化。

本策划，既有利于线上传播（微博、博客、社区、旅游门户网站等），又有利于线下活动开展。通过 O2O（线上线下）营销模式，整合互联网资源，最大效益地宣传九宫山旅游品牌、产品。

本策划，即便完全只做线上的虚拟牵线搭桥传播互动活动，也可以带动九宫山旅游创收，实现九宫山旅游品牌强势曝光。

机不可失，时不再来，“为你的爱车寻找 lover”这一创意营销，一旦被其他自驾游目的地捷足先登，九宫山将失去一次极佳的营销机会。

线下玩法较多，例如：

（1）车辆结婚仪式——由车主互相赠送定情信物，系在各自车子上。（可以是红布、中国结、平安符、同心结等）。

（2）智力闯关（汽车知识竞猜）——捉对厮杀，由车主代表车子比赛，决出冠军情侣。(赠送 1000 元加油卡)。

(3) 一路平安——采摘(苹果),需考虑九宫山一带有无采摘果园。

(4) 爱情维修站——车主之间分享汽车美容保养维护等经验和知识,九宫山方面也可以请有关汽车美容保养专家来做讲座。

除以上 4 个互动,还可以视具体情况,加入一些户外拓展游戏,比如地雷阵、杀人游戏、三国杀等。

三、一次“拟人营销”的尝试

所谓拟人化营销,即赋予动物人的情感,或赋予一切事物人的情感,让其具有形而上的互动性,有助于增加其与消费者之间的亲近感。

举个例子:加州纳帕谷 Middle Sister 酒庄根据葡萄的品种特性,组建了一个虚拟的“女人帮”,把他们酿造的 12 款葡萄酒分别命名为“舞会皇后”(灰比诺)、“冲浪小妞”(长相思)、“甜美小清新”(莫斯卡托)、“自作聪明者”(霞多丽)、“老好人”(黑比诺)、“恶作剧制造者”(赤霞珠)、“永远的酷”(梅洛)、“野蛮女友”(马尔贝克)、“叛逆红”(增芳德、梅洛、赤霞珠和西拉等品种的调配型红酒)、“邪恶白”(霞多丽、白诗南和琼瑶浆等品种的调配型白葡萄酒)、“热心肠”(甜红酒)、“魅力女孩”(起泡酒),酒标上相应地印着各种“范儿”的女孩画像,并编撰一系列故事描述其味道、风格以及与食物搭配的建议。由于市场反响良好,该酒庄还推出了酒标版厨房围裙、T 恤衫、手提包和钥匙扣等衍生产品。

九宫山此次的创新自驾游——为你的爱车物色一个 lover,就是把汽车拟人化,赋予汽车人的情感。这和好莱坞电影《变形金刚》有异曲同工之妙。

试想,让《变形金刚》里的汽车人谈起恋爱,会带来什么效果?

花花世界鸳鸯蝴蝶

——策划江西婺源

在中国，有两个地方的油菜花，最引人入胜。一为云南罗平油菜花，一为江西上饶婺源油菜花。前者静如处子，宣传力度向来适可而止，大有出世间的隐士之风；后者动如脱兔，在近些年江西全省轰轰烈烈的宣传趋势下运转得风风火火，一派入世间的作风。此二者，孰优孰劣，一时难分轩轾。

婺源为江西上饶市下属县城，位于江西省东北部、上饶市北部，是古徽州六县之一，也是徽州文化的发祥地之一。

婺源素有“书乡”“茶乡”之称，被外界誉为“中国最美的乡村”其乡村之美，在于浑然天成的和谐，“青山向晚盈轩翠，碧水含春傍槛流”。村村是画，步步皆景。山水间缥缈着的朦胧雾纱、古意盎然的民居、石径、廊桥，青山绿水环绕其间，全然剔透着一派水墨丹青的韵味。

东、西、北三条旅游精品线路，彼此呼应，相得益彰。

东线主要有江湾、篁岭、李坑、汪口、晓起、江岭、庆源。江岭以油菜花胜，江湾则以徽派建筑与山水风景为最，其中，晓起作为徽派建筑的代表村落给人厚重朴实的质感。

西线是婺源良好生态环境的浓缩，鸳鸯湖景区是世界最大的野生鸳鸯栖息地，湖光山色。文公山风景区是文化与生态并重的江南文化名山，因山腰葬有朱文公祖墓，故名文公山。

北线景区以原汁原味的明清古村落和田园自然风光为主。思溪延村、长滩摄影地、彩虹桥、灵岩洞、大鄣山卧龙谷等景点都是自古以来文人墨客会聚之地。正是“物华天宝，人杰地灵”。

我于 2012 年夏秋之际，为婺源做了一次策划，由于种种原因，仅是走马观花，隔靴搔痒，诸君姑妄看之。

一、策划背景

中国是一个农业大国，农村人口近9亿，占全国人口70%；农业人口达7亿人，占产业总人口的50.1%。[38] 党和政府多年以来，一直孜孜不倦，全心全力解决“三农”问题。“三农”问题的解决与否关系国家和民族能否长治久安，它不仅是农民兄弟的期盼，也是目前党和政府的大事。

近年来，乡村旅游的大发展，为“三农”问题的解决提供了契机，发展乡村旅游，助力“三农”，为建设社会主义和谐社会及社会主义新农村提供动力支持，最终实现经济效益、社会效益和生态效益的共赢。

调研表明，中国大陆白领阶层对于休闲旅游的热情近年来持续高涨。75%的受访者表示，他们计划在个人和家庭的休闲旅游上投入更多的资金。中国大陆旅行者在2012年计划旅行的人均花费达1415美元，和日本游客的人均计划花费1431美元几乎持平，却远远高于香港和台湾两地。中国大陆游客计划的休闲旅行频次为每年4.2次，基本上是每季度一次。[39] 在这样的需求心理、时代背景下，中国这些年来的旅游发展已经由单纯的观光游逐步向休闲度假游转型。休闲旅游势必成为未来旅游的主导。而在休闲旅游中，乡村旅游占据了很大份额，乡村旅游是休闲旅游的重头戏。

二、策划缘起

前文说过，新时代的旅游业，其发展方向越来越呈现以“体验”为主、观光为辅的特点。旅游业成了体验经济（experience economy）的重要组成部分，人们愿意更大程度地为自己的感觉，或者仅仅为获得快乐而投资和消费。体验经济，是世界经济发展的又一次浪潮。[40] 发展旅游体验经济，是当下、未来旅游行业发展的必然选择。

乡村旅游，是旅游体验经济中不可或缺的一部分。发展乡村体验旅游，是大势所趋。

文化体验，是休闲旅游的底色、核心与魂魄。摒弃文化体验来谈休闲旅游，休闲必将变得苍白。没有文化体验的休闲，不可称其为休闲。

经过多年的长足发展，婺源旅游“中国最美乡村”的旅游宣传主题口号深入人心。务必指出的是，“中国最美乡村”不仅仅是外在的形体美，还必须有内在的精神美。目前，婺源的乡村旅游，在形体美上，已经做足功夫，但在精神美上，还有待进一步深化和提高。婺源旅游精神美的支撑点，乃是文化，务必立足于乡村文化体验、乡村文化互动，做足乡情、乡趣。

综上分析，我们找到了策划婺源的 DNA：

（1）婺源“三农”旅游；

（2）婺源“三下乡”旅游；

（3）婺源——花花世界鸳鸯蝴蝶。

三、策划谋略

（一）婺源旅游的“三农”

“中国最美乡村”美在哪里？

美在“三农”——美在农村，美在农民，美在农业。“三农”共美，天下大同。

1. 美在农村

“美在农村”，重在体验。总体以观徽派建筑，体验徽商文化、感悟徽商精神为主。

“美在农村”，其一，凡进入婺源的旅客，摒弃现代交通，“骑牛而行，策马而行，随羊而行，放舟而行”。行在青山秀水间，行在古村巷陌间，黄发垂髫，怡然自乐，酝酿一种归园田居，牧童短笛，渔舟唱晚的意境。

“美在农村”，其二，以李坑村为主，串起婺源众村落，在其街巷溪水贯通、九曲十弯，青石板道纵横交错，石、木、砖各种溪桥沟通两岸的“小桥、流水、人家”的基础上，融入戴望舒《雨巷》及歌曲《小芳》《小薇》的意境——雨巷、青石板、丁香姑娘、油纸伞、辫子粗又长——喊出“到婺源看小芳”的口号，主打婺源美女经济。

跟着羊群，骑着老水牛，或牵着马儿，划着小船，行在婺源的秀水青山间，古村巷陌之间，听着录音机放着20世纪的《小芳》，此情此景此人，有一种“古道西风瘦马，断肠人在天涯”的感觉，给初到婺源的人，一种怀旧、惆怅之美。

“美在农村”，其三，蒲松龄的《聊斋志异》与婺源有莫大关系，发现的两篇《聊斋志异》跋，以及作为《聊斋志异》影视剧拍摄地都在婺源，为婺源开发聊斋之旅奠定了基础。而且，婺源明清以降，徽派建筑的“高宅、深井、大厅”等特色，更是增添了一种幽邃、神秘、诡异、庄严的氛围。与山东淄博聊斋城的纯搭景相比，婺源具有建筑特色、文化及氛围上的优势。婺源“聊斋之旅”定在夜晚，开拓婺源旅游的夜游项目。夜幕降临，夜深人静，古村落的深宅大院里，点着昏暗的灯笼，配着聊斋志异的各种背景音乐，游客置身于此情此景中，邂逅一段又一断聊斋故事，遇见一个又一个狐妖美女（婺源美女做狐妖打扮）……

“美在农村”，其四，露天电影是60后、70后、80后三代人关于乡村的共同记忆。婺源旅游的“夜游”项目，增设露天电影项目，聚集游客观看，放映设备要与20世纪的设备相同，放映环境也和20世纪类似，放映的电影以20世纪的电影为主，比如《南征北战》《庐山恋》《女篮五号》等，结合“聊斋之旅”，可放映诸如《倩女幽魂》《青蛇》等片。游客在以古民宅、宫宅、宗祠、庙宇、廊桥、牌坊等徽派建筑为主的古村落，在这种神秘怀旧的氛围下，看露天电影，既怀旧，又应景，何乐而不为？

2. 美在农民

婺源旅游之“美在农民”，重在体验。以“到婺源做一次农民”为口号，主打返璞归真，归园田居牌。

“美在农民”，其一，生活互换。湖南卫视有一档节目叫《变形记》，做得非常成功，究其原因，乃是将电视节目连续剧、故事化、戏剧化。借鉴到旅游，城市游客为何不可以与农民互换一下生活？城市人到农村做几天农民，农民到城市做几天市民。城市之家与农民之家结成“一家亲”“友谊之家”，促进城乡和谐，何乐而不为？

“美在农民”，其二，私家山宅。由政府搭建平台，选择品质优秀、区位优越的房舍在游客需求者中进行统一宣传，也可以到全国各大城市进行宣传。游客向农民租房，支付租金，房东（即农户）可以为游客提供物业、餐饮和保洁等服务，同时，还可以配以私家果园和私家菜园等服务项目。在宣传中，农民空余的房舍和其周边优越的环境质量相捆绑，作为游客休闲、休养、写生、聚会等第二生活空间，传达出一种追求生活的品质、诗意与创意的价值观。如此，既增加了当地农民的收入，使空置资源得到再利用，丰富了婺源乡村旅游产品，也使得游客在婺源的休闲时间增加，繁荣了当地的经济。

婺源旅游，“美在农民”，应在此基础上，大力挖掘婺源民间生活习俗，将婺源各种民风民俗整合起来，提炼成极高的艺术形式，再现给广大游客。

3. 美在农业

春耕夏作，秋收冬藏。

根据文化和旅游部2002年颁发的《全国工农业旅游示范点检查标准（试行）》，所谓农业旅游，是指以生活场景为主要吸引物的旅游活动，是农事活动与旅游相结合的农业发展形式。

很多人只知“三农”的概念，不知“三农”之实质。随着中国城市化的迅猛发展，越来越多的人不了解农村，不了解农民，更不了解农业。

婺源旅游，“美在农业”。利用农村的自然风光作为旅游资源，提供必要的生活设施，让游客从事农耕、收获、采摘、垂钓、饲养等活动，享受回归自然的乐趣。

“美在农业”，其一，婺源油菜花，全国知名，可开辟专门园区，供游客参与油菜花的种植、收获、压榨菜花油等，对油菜花从种植到最后的成油，有一个丰富多彩的了解。

“美在农业”，其二，婺源茶叶，是徽商的主要经营种类，可开辟专门茶园区，参与种植茶活动，并将该区域取名为“宾客茶园”。把每一个种植茶叶的游客进行登记在册，邀请游客来年再次到婺源看望自己亲手种下的“茶树”。以茶为纽带，在婺源和游客之间建立感情（情感营销），从而有一批又一批回头客，达到每一个游客都是婺源亲人的效果。视游客情况而定，命名每一株游客种下的茶，让每一个游客都能在种茶的过程中得到寄托，在婺源留下牵挂。情侣种下的是“在一起”；家庭游客种下的是“阖家欢乐”；白领游客种下“工作顺利”；学生游客种下“学业有成”……等游客种植的茶树长成，游客还可以回来亲自采摘、品尝。酝酿一种参与互动的良好氛围，提高游客到婺源旅游的积极性，让婺源在游客心中留下美好印象。婺源县有关部门，设计制作婺源旅游明信片、贺卡，明信片、贺卡统一名称为“婺源舍不得你”，免费赠送给到婺源旅游的游客。

“美在农业”，其三，农场游戏。近些年来，开心农场、阳光牧场等SNS游戏，几乎俘虏了中国广大在校学生以及中、高产阶层的人士。表面上看，从购买种子到耕种、浇水、施肥、喷农药、收获果实再到出售给市场的整个过程，游戏趣味性地模拟了作物的成长过程，是城市居民的一种休闲方式。但实质上，折射出了当今中国社会城乡二元的重重矛盾以及短暂性的和解。城市和乡村的二元矛盾，通过“乡村旅游”得到了凸显。婺源可开辟若干农场，作为“游客自留地”供游客使用，让游客从虚拟的游戏中，回到真实的农业活动中，最终实现城市高压的乡村释放。

婺源旅游，“美在农业”，一是要提高农业旅游的可参与性，让游客下地干农活，上树摘蔬果，下海捕鱼虾，上马牧牛羊；二要提高农业旅游的科技含量，在保持“农味”特色的基础上，加大科技在农业旅游项目上的应用；三要丰富农业旅游产品的内容，尽可能多地综合粮、果、蔬、畜、渔、草、花等农业资源要素，以丰富的产品组合吸引游客，延长其停留时间，提高其消费水平。荷包红鲤鱼，江湾雪梨等特产，都应大力发展为农业旅游。如此，不仅可以丰富城乡人民的精神生活，优化投资环境等，而且达到了农业生态、经济和社会效益的有机统一。

（二）婺源旅游的“三下乡”

游客到了婺源，观光体验，他们得到了旅游的休闲与惬意，得到了放松和休息。

婺源除了得到经济利益（门票、住宿、交通、购物等收入）外，还能得到什么？还应该得到什么？

游客来自全国乃至世界各地，分布在各个领域，或是教师、学者、专家，或是工程师、技术人员，各行各业。除了要看到他们带来不菲的经济利益，还要看到他们的精神文化价值，并且将他们的精神文化价值转变为婺源大发展大繁荣的智力支持，以旅游换智慧，这是婺源首创，全国首创。这是基于现实、可操作、可实现的超前观和理念。

1. 文化下乡

以旅游换知识。游客将书籍、影视作品等赠送婺源，组建“游客图书馆”“游客电影院”“游客学校”等，将文化知识带给婺源人民群众，换取在婺源的旅游门票。

2. 科技下乡

以旅游换科技。游客以耕作技术、农药技术、生态环保技术等换取婺源旅游，带给婺源人民群众丰富的科普知识。

3. 卫生下乡

以旅游换卫生。游客提供卫生指导，扶持婺源乡村卫生组织，培训婺源乡村卫生人员，参与和推动当地合作医疗事业的发展。

以旅游资源，换智力支持。婺源旅游的“三下乡”，需要政府部门的大力扶持，需要当地人的积极配合，更需要来自全国各地的游客的大力支持。如此，才能使精神文明与物质文明两手都抓，两手都硬。

（三）花花世界鸳鸯蝴蝶

婺源是花的世界，油菜花、桃花、野花、百花争艳，其中以油菜花为最胜。有花就有蝴蝶，有花就有蜜蜂。花海蜂蝶，正是春情大发。

20 世纪 90 年代，有一首歌唱道：花花世界鸳鸯蝴蝶。婺源就是一个“花花世界”，它既是花的世界，也是一个繁华、吃喝玩乐的地方，不管是本意还是其他意思，都能吸引不同的游客前往，花的世界，吸引喜欢看花的游客；花花世界，吸引哪些喜欢激情的游客。将婺源打造成一个“花花世界”，从视觉符号的传播学上看，具有极强的传播意义。

婺源有个鸳鸯湖，据初步统计，湖区共有动物 89 种，其中哺乳类 17 种，爬行两栖类 22 种，鸟类 50 种。鸟类又分为水鸟类 14 种，山林鸟类 36 种，尤以鸳鸯居多，最多时达 2000 多对，占全世界已知野生鸳鸯数量的 2/3，是亚洲乃至全世界最大的野生鸳鸯越冬栖息地。

鸳鸯从古至今，代表着友情和爱情（现特指爱情）。花花世界有个鸳鸯湖，正好应了那句歌词——花花世界鸳鸯蝴蝶。

将婺源的花海与鸳鸯结合，再融入月老祠、彩虹桥等“廊桥遗梦”，婺源就是一座爱情的天堂。

诗云：“十里平湖霜满天，寸寸青丝愁华年，对月形单望相护，只羡鸳鸯不羡仙！”届时，打着“神仙眷侣，江湖百年”的旗号，将婺源打造成中国最具爱情氛围的旅游胜地。各种相亲活动，各种相遇于江湖，各种爱恨情仇，婺源都有丰富的承载物去运作它。

四、结语

婺源“三农”旅游是一个体验、互动、个性、参与、休闲的旅游愉悦过程，是适应旅游者日益高涨的精神文化需求以及婺源实现可持续发展的需要而产生的一种新的旅游产品。婺源发展“三农”旅游，要与优化乡村生活环境相结合，并调动乡村居民的积极性；要切合“城里人”的休闲、体验、文化需求；既要标准化，又要多样化，并与周边其他景点组合成线。

婺源之“三下乡”，是以旅游换智力支持，即便没有实施到位，就宣传这一点来讲，也将引起全社会广泛的话题热议，为婺源带来轰动性的舆论效益，打响婺源的知名度和美誉度。

婺源的油菜花，人尽皆知，婺源的鸳鸯却是知之甚少，将花与鸳鸯组合成旅游产品，强强联合，再赋予它特定的精神内涵，必定是一个优秀的旅游产品。再与新媒体展开合作，充分发挥其优势，通过线上和线下（O2O）活动，全面支持和配合婺源旅游之宣传与推广。

行笔至此，点到为止，愿婺源旅游，蒸蒸日上！

人生如戏不如人生入戏

——策划重庆武隆

武隆区位于重庆市东南部，东邻彭水县、酉阳县，南接贵州省道真县，西靠南川区、涪陵区，北与丰都县相连，处乌江下游，在武陵山与大娄山结合部，境内有“世界自然遗产”和“国家5A级旅游景区”。

武隆营销，在中国几乎形成了一种独特的“武隆模式”——把影视、戏剧，大型实景演出与自身特色相结合，实现传播效益最大化。我有幸参与，见证了武隆旅游营销的奇迹。

一、策划背景

1915年，在国际巴拿马博览会上，中国送展的茅台酒，无人问津。某工作人员眉头一皱，计上心来，便提着一瓶茅台酒，走到展览大厅最热闹的地方，故作不慎把这瓶茅台酒摔在地上。酒瓶落地，浓香四溢，招来不少看客。人们被这茅台酒的奇香吸引住了。这一摔，茅台酒出了名，被评为世界名酒之一，并得了奖。

现在的武隆，便是这茅台酒，急需一次“主动性打碎”，让它的芬芳四溢，香飘万里。

怎么个打碎法，才能做到让武隆走到中国旅游大舞台上，走到亿万游客的面前？我们从四个方面来看。

（一）归纳

将武隆旅游资源及其优势进行归纳——

1. 自然景观

芙蓉江国家重点风景名胜区、仙女山国家森林公园、武隆岩溶地质公园（含仙女山、天生三桥地质公园园区和芙蓉洞、芙蓉江地质公园园区）、千里乌江画廊、龙水峡地缝、黄泊渡、白马山；武隆南方喀斯特已被列入《世界遗产名录》，成为中国第六处，也是重庆唯一的世界自然遗产。

2. 人文景观

主要有唐代齐国公长孙无忌墓(衣冠冢)、李进士故里大型摩崖石刻、西汉时代的汉墓群、贺龙将军戍守屯兵的贵址、经国亭等。

其中，武隆重点开发打造了仙女山、芙蓉江、天生三桥、龙水峡地缝、芙蓉湖景区，创建了芙蓉江国家重点风景名胜区、芙蓉洞和天生三桥国家4A级旅游区、中国优秀旅游城区以及国家地质公园，芙蓉洞、天生三桥和箐口天坑被国家正式纳入2006年世界自然遗产申报名录。

3. 交通便利

武隆交通便利，水陆交通干线纵横交错，四通八达，是重庆1小时经济圈辐射渝东南和黔东北的重要交通、商贸枢纽。国家一级干线渝怀铁路与渝湘高速公路横贯武隆全境，拥有国道319线，省道203、303、904线以及武隆到贵州道真、务川省际高等级公路。武隆港为重庆市重点港区，乌江航道可通航1000吨级船舶。规划中的重庆三环高速路、南涪铁路也经过武隆，仙女山旅游机场建设正在稳步推进。

4. 生态良好

武隆的森林覆盖率达47%，高于重庆绝大多数区县。武隆多森林和瀑布，多高山、江河，负氧离子含量达每立方厘米10000~20000个。空气中负氧离子浓度是空气质量好坏的标志之一，被誉为"空气维生素"，有利于人体的身心健康，能促进人体新陈代谢、预防流感、增强机体抗病能力。

5. 政府支持

为了拓展旅游市场，武隆区2009年任命了16位旅游局副局长，让他们分别赴全国"叫卖"武隆风景，可见，武隆政府对发展武隆旅游的支持力度之大，全国罕见。

综上，武隆系列景点可归纳为"洞天福地"四个字。

（1）洞天

洞以芙蓉洞为主，囊括一切与芙蓉有关的景点——芙蓉江、芙蓉湖，形成芙蓉系列之“洞体系”。天以天生三桥为主，外加箐口天坑及仙女山，形成“天体系”。

（2）福地

以龙水峡地缝为主，囊括千里乌江画廊、黄泊渡、白马山外加系列人文景观如长孙无忌墓(衣冠冢)、李进士故里、大型摩崖石刻、西汉墓群、贺龙将军戍守屯兵的遗址、经国亭等。

（二）演绎

大前提：旅游软硬件齐全、品质优越，是知名旅游地。

小前提：武隆旅游软硬件齐全、品质优越、产品独特。

结论：武隆是知名旅游目的地。

着眼“芙蓉”“仙女”“避暑”“人文历史”等卖点，演绎出别出心裁的营销创意，将武隆打造成中国乃至国际知名的旅游目的地。

（三）分析

张艺谋的电影《满城尽带黄金甲》在武隆取景，短期内确实带动了武隆的旅游收入，随后武隆又与张艺谋合作推出《印象武隆》，武隆“借鸡生蛋”的策略并没有带来一种长期的、稳定的经济效益。原因有二：

一是，以电影而走红的旅游目的地，有《阿诗玛》的云南石林，有《刘三姐》的广西桂林，有《五朵金花》的大理，有《大红灯笼高高挂》的乔家大院，有《卧虎藏龙》的蜀南竹海，有《指环王》的新西兰，有《勇敢的心》的爱尔兰……这些因电影走红的旅游目的地，是因为它基于的影视剧是不可多得的经典之作。武隆与张艺谋合作的《满城尽带黄金甲》，本身不具备这个前提条件，要想达到像《阿诗玛》那样带红云南石林的效果是不可能的。

二是，走影视带红旅游地的路子，已经不是什么新路子。凡事需要第一，也需要唯一。与张艺谋合作的景区作品，前有杨丽萍的《云南印象》，后有《印象丽江》《印象刘三姐》等，再作《印象武隆》已经不具有新意，即便能带来一时的经济效益，也非长久之计。拾人牙慧，除非能别出心裁，匠心独运，否则只能适得其反。

另外，武隆旅游资源整合有以下几方面不足：

（1）从景区建设上看，武隆不缺乏在全国打得响的特色景区，不缺乏有性格的景点，但缺乏包装能力。

（2）从客源市场上看，90% 的游客为重庆市内游客，市外游客仅占 10% 左右，且主要来自西南等地。

（3）从消费结构看，消费结构不合理。武隆目前仍然以门票经济为主，旅游购物占旅游六要素收入比重相当小，只占 5%，娱乐项目消费很少，只占 5%，特别是夜间娱乐消费几乎可以忽略不计。“食住行游购娱”六要素中，“购”和“娱”亟待提升。而“购物”和“娱乐”，往往对一个旅游目的地的兴衰起到决定性作用。

从以上归纳分析中可以看出，武隆在旅游软硬件方面完全可以与其他知名旅游地相媲美，其风景秀丽程度并不比九寨沟、张家界差。

那么，怎样才能让“武隆是知名旅游地”这一结论成立？

鉴于此，针对“洞天福地”的旅游产品，结合各节庆，策划系列活动，通过 O2O（线上线下）营销模式，强势宣传推广武隆旅游品牌。

我们特提出“事件营销 + 游戏营销”策略。立足“娱乐”，整合武隆旅游资源，将武隆推到全国旅游市场的大舞台上，闻名天下。

当今时代，是互联网的时代。互联网上，SNS、微博等新媒体强势崛起。基于这些新媒体开发的游戏层出不穷，火热无比。前有“开心农场”偷菜的大红大火，今有“三国杀”的如火如荼。

武隆地处川蜀之地，历史上属于三国时期的蜀国，武隆何不借时下“三国热”的春风，强势崛起？虽然武隆最近协助拍摄关云长败走麦城，走华容道，但武隆依然陷入了以影视剧走红的老路。

针对此，我们提出“事件营销 + 游戏营销”的双剑合璧模式。打出“武隆三国杀，勇闯华容道”的旗号。

三国杀，华容道，将电脑上的虚拟游戏，搬到现实中进行。以前只在网上玩无法见面，现在变为玩家面对面。

二、策划策略

（一）“武隆三国杀，勇闯华容道”主题活动

武隆选出特定的旅游景区，比如仙女山、龙水峡地缝，举办“武隆三国杀，勇闯华容道”的主题活动。届时，邀请全国各大媒体前往采风造势；由相关活动组织方联合起来，宣传、组织广大三国杀玩家、年轻网友、驴友前往武隆，参加“武隆三国杀，勇闯华容道”的主题活动；与此同时，由武隆政府上报，邀请吉尼斯世界纪录组织前往，一同见证世界上参与人数最多，规模最大的游戏活动。

“武隆三国杀”活动胜出方，将获得武隆赠予的“全年免费游武隆”的代金券五张。“勇闯华容道”最后的获胜者，将获得曹操蜡像一座，关云长蜡像一座及“半年免费游武隆”代金券三张。

举办该活动，有三大优势：

（1）独家首创“事件营销 + 游戏营销”双剑合璧模式；

（2）吉尼斯世界纪录的创造，让武隆再多一个世界级的名号；

（3）空前盛况、人数最多、规模最大的“三国杀”“华容道”竞技游戏。

试想，如果该主题活动成功举办，武隆将不再是重庆的武隆，而是中国的武隆，世界的武隆，而且该活动可以逐年举办。

第一年的冠军将和下一年的冠军对决，冠军对决，激动人心。

“华容道”81 步谁能成功问鼎？

通过“游戏 + 挑战活动 +O2O+ 互动”，充分地调动网民的好奇心、参与心，引起网民传播，媒体报道，形成口碑效应。

另外，还可以举办“清凉一夏，切水果”比赛，将网上风行的“切水果”游戏运用到现实中。

（二）天生三桥，天造地设

世界有很多国家有天生桥，中国有很多地方有天生桥，但同一个地方，同一个位置，同时拥有三座天生桥的，只有武隆。

天生桥和爱情有关，和永恒有关，和山盟海誓、海枯石烂有关。

立足天生三桥，将其打造成中国男女爱情的盟誓地、见证地。

打出“天生三桥，天造地设”的主题宣传口号。将“天生三桥”包装成爱情的天堂，围绕天生三桥，进行内外部环境布置，酝酿出中国最浪漫之地的氛围。

打造各种天生三桥样式的爱情纪念品，比如项链、连心桥、小摆件、挂件等。

天生三桥，爱情鹊桥！天生三桥是三座爱情的桥梁，借助天生三桥的爱情文化内涵，推出爱情祈愿祝福活动，有利于传播和巩固武隆旅游文化品牌，并将天生三桥的 DNA 强势推出，形成全国著名爱情经典景观。

综上所述，只要全力以赴，付诸实践，我们将在不久的未来，见证“武隆将不再是重庆的武隆，而是中国的武隆，世界的武隆”这一伟大梦想的实现。

“芙蓉仙女，梦幻武隆”的旅游主题口号值得商榷，建议把“梦幻武隆”改为“天生武隆”。在这个世界上，如梦如幻的景区太多了，但是天生的景区，同一个地方、同一个位置，同时拥有三座天生桥的，只有武隆。武隆不是天生的，还有哪个地方敢说自己是天生的？因此，何不叫“芙蓉仙女，天生武隆”？此口号，有“芙蓉仙女”集天地之大美为一体，有“天生武隆”集天地灵气于一体之势，大气磅礴，气势雄伟。

从资源优势到产品优势的蜕变

——策划福建

2012年夏，福建省旅游局组织了《福建旅游品牌形象及市场营销策划方案》招投标工作。

我就方案中设计的旅游资源优势如何向旅游产品优势转化及其策划谋略的部分，展示给读者诸君。

一、神圣的妈祖朝觐

（一）简介

常言道，凡有华人的地方，必有妈祖庙。

自北宋始，妈祖成为广泛流传于我国沿海地区的传统神祇，历经几千年融合厚造，其信奉范围日渐扩大，我国沿海沿江甚至沿河地区都建有妈祖庙，尤其在港、澳、台地区，信仰妈祖的人非常多。台湾地区全岛共有大小妈祖庙510座，其中台南一地即有116座，信众1700多万。妈祖信仰已传播到美国、巴西、阿根廷、法国、丹麦、日本、韩国、越南、泰国、新加坡、马来西亚、印尼、印度等近30个国家。据不完全统计，世界上有妈祖信众2亿人，妈祖庙近4000座，形成了从我国沿海地区到世界各地影响颇大的妈祖文化信仰，成为中华民族文化中不可分割的一部分。

（二）分析

福建莆田，妈祖信仰的发源地，妈祖的故乡。

妈祖是莆田人的精神内核，长久以来，更是形成了“莆田系”这一社会学意义上的称谓。从读书为文到经商致富，蔚为壮观。

然而，虽经三十多年苦心经营，福建依然没有将妈祖文化捏合到位，没有将妈祖文化升华为妈祖信仰，更没有将莆田提炼成妈祖信仰的“麦加”“耶路撒冷”，从而导致了在同质化竞争的重重包围中，没有突围成功。

（三）策略

谨以此，今后福建妈祖旅游资源之大发展，务必抓住以下两点：

（1）打造并贯彻“妈祖在这里诞生”的妈祖信仰之核心灵魂；

（2）以莆田为中心，整合全福建妈祖旅游资源，从软硬件上，将莆田锻造为妈祖信仰的“麦加”“耶路撒冷”，从而带动福建旅游业的发展。

二、动人的惠女风采

（一）简介

福建泉州，有一道靓丽的风景线——惠安女。

20 世纪 50 年代，惠安妇女集体修筑了一个大水库，这是新中国妇女能顶“半边天”的一个重要见证。60 年代，8 名惠安女跨海开发大竹岛的佳话曾名闻全国。改革开放以来，有成千上万的惠安妇女随丈夫到深圳、珠海等地创业。惠安妇女不仅精于务农，而且善于务工。毫不夸张地说，惠安妇女的勤劳本色是中国妇女的楷模。惠女做男人应做的粗重活，她们的吃苦耐劳精神在中国女性中是少见的，而在当时惠女的社会地位和家庭地位是极卑微的。

如今的惠安女，服饰美丽依然，心灵美丽依然，只是改了过去只会料理家务、做粗活重活的形象。机关干部、成功的企业家、文学艺术创作者、能工巧匠，各行各业的佼佼者中，都有美丽惠安女的身影。惠安女正大步走出惠安、走向世界，独具特色的惠女民俗文化，惠女精神正逐渐被世人所熟知。

（二）分析

泉州市政府工作报告对泉州市旅游业进行了布局，即呈现“一中心、两轴、三大特色产业集群”的战略布局。泉北“惠女风情”滨海休闲旅游就是三大旅游特色产业集群之一。

泉州市政府在下一盘很大的棋，然而单纯将“惠女风情”定位在“滨海休闲旅游”上，并没有切入惠女的精神内核。试问，滨海休闲旅游，泉州能比得过大连、北戴河、青岛、海南诸地吗？即便在滨海休闲中加入惠女风情表演，也远没有做到人无我有，人有我优。惠女在全国范围内的认知度依然不全、不广、不高。

（三）策略

仔细发掘惠女的历史、精心把脉惠女的现状，及全盘运筹惠女的未来，结合福建旅游业的大环境，借势泉州政府部门旅游政策，为将“惠女”名片“高广全”散播全国乃至世界，特提出以下两点策略：

（1）惠安是个有典型母系社会遗存的地区。务必抓住这一点，向全国乃至世界打出一张牌——“最后的母系社会”。

（2）惠安妇女的勤劳本色是中国妇女的楷模。务必抓住这一“惠女精神”之实质，亮出第二张王牌——“中国的半边天”。

成功打出这两张牌后，点缀于惠女服饰、饮食、习俗等，再辅之以泉州的历史底蕴，围绕“海上丝绸之路”“基督教”“伊斯兰教”等历史、宗教文化，最后形成以“惠女”为主的泉州大旅游局面。

三、神奇的客家土楼

（一）简介

客家土楼，也称客家土围楼、客家围屋，主要分布在福建省的龙岩、漳州、永定，广东梅州的大埔县、潮州饶平县。

在我国的传统住宅中，福建永定的客家土楼独具特色，有方形、圆形、八角形和椭圆形等形状的土楼共有8000余座，既科学实用，又有特色，规模之大，造型之美，构成了一个奇妙的世界。

1000多年前，中原地区烽烟四起，战乱与屠杀驱赶了客家人的先祖，他们越过北方的广阔平原，携带细软，向长江南岸大规模逃亡。这个过程自魏晋南北朝开始，经过隋唐之末，到明清之交，竟然长达一千余年。直至他们在中世纪晚期抵达亚细亚大陆的东南端，被太平洋的海水所阻拦，沿着海岸线上定居下来，最终形成了今天的客家人。

2006年，“福建土楼”建筑群被联合国教科文组织列入《世界遗产名录》，成为中国第36处世界遗产。

（二）分析

“福建土楼”虽然被列入《世界遗产名录》，这个荣誉也为福建旅游带来了极大的促进作用。但是现如今的福建土楼，面临着别处土楼的同质化竞争，发掘出来的土楼旅游，依然停留在陈旧的面貌上，没有深化，没有升华。

（三）策略

神奇的客家土楼还有很多值得挖掘并吸引游客的“点、线、面”，福建土楼要更上层楼，获取更大的经济效益和社会效益，当进行一番谋篇布局。

（1）打好历史牌。把历史上著名的客家人集中一处，建立蜡像馆，陈列客家人物。太平天国的洪秀全、冯云山、洪仁玕、萧朝贵、杨秀清、韦昌辉、石达开到捻军首领赖文光等，都是客家人。剿灭太平天国的曾国藩，也是客家人。从洪秀全起，到孙中山，再到毛泽东、朱德、邓小平、叶剑英等都属于客家人体系。在这一点上，福建客家文化要兼容并包，走出狭义客家文化的局限，打出“集天下客家于福建”的旗帜。

（2）打好政治牌。在三个客家人领袖中，有两个躺在水晶棺里（毛泽东、孙中山），唯一的例外是洪秀全。这三个人，大破大立，大开大合，开启了中国近现代史上轰轰烈烈的伟大变革，建立了三个按时间排列的政体——天国、民国、共和国，锻造了客家人政治梦想的尘世倒影。福建土楼，基于此，可构造“客家三国志”，向四海宾朋展示客家人的政治才华，继而弘扬客家文化。

（3）打好“福字”牌。福建现如今的旅游主题口号——福山福地福建游，立足于福字，结合客家人的生生不息，轰轰烈烈，发起一场将“土楼”改名为“福楼”的“改名运动”。如此变动，势必引起学界、政界、旅游界还有别的行业的轰动效应，福建借机运作一场以“福建土楼改名福楼”的事件营销。即便最终迫于内外压力，改名未果，经此一闹，福建土楼，天下闻名。

四、光辉的古田会址

（一）简介

1929年12月28日至29日，红四军第九次党的代表大会在上杭县古田村召开，即著名的古田会议。会上由毛泽东同志起草的著名的古田会议决议的第一部分——《关于纠正党内的错误思想》，是中国共产党及其领导的人民军队建设的纲领性文献，其精神至今仍有重要的现实意义。

古田会议会址位于福建省龙岩市上杭县古田村采眉岭笔架山下。

（二）分析

古田会议虽在中共党史上占据重要一席，与遵义会议一样深刻地影响了中共的历史、中国的历史进程，但它的知名度远远比不过遵义会议。人们谈起古田会议绝大多数都不知道古田在哪里，人们对古田的认识还仅停留在古田＝古田会议，对古田所在的龙岩市的其他旅游资源的数量及稀缺性，人们知之甚少。全国仅有的“红旗不倒”的两个地方之一，毛泽东思想的重要发祥地，红军长征出发地之一，全国著名的“红军之乡”“将军之乡”“知青的第二故乡”，等等，大多数人根本不知道在龙岩。从旅游角度来看，古田会议名气很大，古田乃至龙岩旅游名气很低，原因就在于龙岩的旅游资源与旅游知名度严重不匹配。

古田是以红色旅游为主打的旅游产品，在乡村旅游和生态旅游方面却显得薄弱而无突出的特色性、新颖性和创新性。生态旅游和乡村旅游项目与同区域其他同类旅游产品之间大同小异，服务内容缺乏特色和风味，吸引力不强。个体难于突围，就需要作为整体的龙岩一马当先，带动古田等红色旅游资源集结地又好又快地发展。只有把龙岩的旅游资源做好了，古田的旅游才会上去。

（三）策略

龙岩旅游最需要的一是整合资源，形成一个统一的旅游概念和主题，既不能只有古田会议，又不能搞大而全；二是红色旅游要与普通老百姓产生紧密关系，要回答一个问题：别人为什么一定要来？

龙岩作为红色圣地对公务员和官员有吸引力，但对其他人，它的吸引力在哪里？需要升华和延伸古田会议的意义和功能，让龙岩与消费者产生紧密关系，非来不可！

山海关的旅游口号，“万里长城从这里入海”。那么龙岩何不这样宣传自己：“万里长征从这里开始”。在龙岩建立一个独特的巨型脚印，寓意红军万里长征第一步所烙下的脚印。

五、奇特的水上丹霞

（一）简介

水上丹霞位于福建三明市的泰宁，泰宁丹霞是东南诸省中丹霞地貌面积最大的地区之一，面积达 252.7 平方千米，于 2005 年 2 月获世界地质公园称号。与金湖相邻的泰宁古镇，不仅有江南保存最为完好的明代民居建筑珍品、全国重点文物保护单位尚书第建筑群，还有保存较为完好的明清街巷和民居。

（二）分析

“中国丹霞”以六地捆绑的形式申报世界自然遗产，虽然在规模和影响力上优势明显，但在申遗成功后的一段日子里，仍然未能引起广大游客的兴趣。

中国的丹霞地貌非常多见，这本身对游客构不成太大吸引，再加上景区在旅游推广和线路包装上的缺位，使丹霞游的游客仍以周边客源为主，而且游览方式单一、周边缺少可连线的景点也是制约丹霞游发展的两大因素。目前丹霞景区除了陆路行走就是水上漂流，并且基本都是纯观光性质，一些游客因觉得缺少新鲜感而放弃了丹霞游。

泰宁已经连续举办了四届丹霞文化节，然而泰宁依然小众，难于实现突围。

（三）策略

泰宁拥有世界自然遗产“中国丹霞”组成部分、世界地质公园等两块世界级旅游品牌，还有国家 5A 级景区、中国十佳魅力名镇等 18 项国家级旅游品牌。

丹霞处处有，地质公园处处有，5A 景区处处有，但是，古镇却不是处处都有的。泰宁古镇作为中国十佳魅力名镇之一，有“汉唐古镇、两宋名城”之美誉。可以打“古镇牌”，继而带动水上丹霞旅游热。泰宁有“隔河两状元、一门四进士、一巷九举人”之说。而且福建书院文化底蕴不错，有书院 517 座，仅次于江西、广东、浙江，位居全国第四。

山海关古城打军事牌；丽江古城打小资牌；凤凰古城打民族牌……

那么，泰宁古城就打“书院”牌。将全福建历史上出名的大小书院聚于泰宁，全力打造中国独一无二的书院文化古城。

春姑娘，偏何姗姗其来迟

——策划云南昆明

昆明，因其夏无酷暑、冬无严寒、气候宜人，具有典型的温带气候特点，有美称曰“春城”，是云南省会，云南省唯一的特大城市和西南地区第三大城市（仅次于成都、重庆），是云南省政治、经济、文化、科技、交通中心，是西部地区重要的中心城市和旅游、商贸城市，亦是中国面向东南亚、南亚、东盟开放的重要枢纽城市。

昆明，春城。

人们普遍对“春城”的认知都停留在概念的认知上。这种认知是模糊的，“暧昧的”。

昆明最大的问题，就是没有把“春城”的概念与自身的旅游资源、旅游产品相结合。

春城是春城的，昆明是昆明。

春城接不了地气，与旅游消费大众有隔膜。

如何让“春城”这一概念落地生根发芽开花结果，是现阶段昆明旅游开发必须面临和解决的问题。

我在策划昆明的案子中，建议打出“新媒体旅游”的旗号。对昆明全部的旅游资源进行整合，对全部的旅游产品进行盘点，去粗取精，去伪存真，以“春城”为核心，打造“春城”旅游名牌。并结合创意活动，首次提出“春姑娘”的概念，将“春姑娘”作为昆明旅游品牌形象大使，打出“春情”“春色”两张牌。

全案不做赘述，以下是本案的部分，仅作抛砖引玉，希望读者诸君能窥一斑而知全豹。

一、背景介绍

在我看来，2014 年，是中国智慧旅游的元年。

中国旅游历经观光游、文化体验游，跃升到了以智慧旅游为基准的“思想旅游”阶段，宣告着中国旅游全面迈入了智慧时代，随之而来的旅游发展模式，经营思路以及盈利模式都将面临根本性的战略调整。

“智慧旅游”时代，就要从智慧旅游的高度，结合昆明的实际情况，从战略、战术层面深化昆明旅游的营销宣传模式。

随着 4G 牌照的下发与普及，可以说，2014 年是新媒体的爆发年。新媒体营销、新媒体电影、新媒体论坛……此起彼伏，层出不穷。各行各业纷纷试水新媒体，收获了经验与教训。

旅游行业也应该加快步伐，加入新媒体的大军，我曾不止一次在多种场合呼吁打造“新媒体旅游”。

所谓新媒体旅游，狭义上是指运用新媒体进行旅游品牌、产品等的营销宣传。广义上的新媒体旅游，是指以新媒体思维或互联网思维进行旅游行业（大旅游）的整合。

云南作为全国旅游发展的楷模，在“新媒体旅游”的实践上不能不走在前列，昆明作为云南省会，更应如此，责无旁贷。

二、昆明旅游业现状分析

昆明作为云南省会城市，肩负云南省旅游发展大计的重担，建议第一时间抢占智慧旅游营销阵地的制高点，抓好营销宣传平台的选择与投放工作。

经过综合分析与研究，我们发现，昆明旅游发展现状主要集中在以下几个方面：

（一）“春城”概念亟待落地

人人皆知，昆明是春城，然而，这一概念长久以来，一直停留在形而上的层面，没能最终落实到旅游产品、线路之上，同时也没能将昆明五大旅游片区与“春城”高度融合。这便导致了昆明在全国旅游消费者的心中，只有

“春城”的认知，少有“春城”的体验这一尴尬局面。“中国春城”的旅游经济价值没有得到很好的挖掘，亟须通过新媒体的智慧化营销，让“中国春城”接上地气，生根发芽，开花结果。

（二）品牌价值亟待提升

品牌知名度可以通过央视等传统媒体的地毯式轰炸宣传来提升，然而，品牌价值，涉及昆明与旅游消费者之间的互动，光凭被动的传统广告宣传，是很难奏效的。在昆明品牌价值提升这一块，新媒体是不二选择，因为新媒体自身的特性，决定了能实现昆明与全国旅游消费者之间良好有效的互动。而基于新媒体的乐途目的地品牌互动营销系统，正是所有旅游品牌价值提升平台中，最能承载并实现昆明和旅游消费者之间有效互动的最佳载体，以双边互动，深度提升昆明旅游品牌价值，赢取最大化的社交红利。

（三）旅游信息亟待聚合

被裹挟到信息时代的潮流中的昆明旅游，其品牌、产品及形象，零散不成体系，无法形成聚合效应，亦无法将昆明所有的旅游景区景点、旅游美食、旅游工艺品等一系列的独具昆明风格的旅游特色产品聚合起来，导致旅游消费者对昆明旅游停留在模糊认知、有限了解的不利局面。

（四）信息过剩损害品牌形象

在信息大爆炸时代，信息过剩，导致旅游消费者不能第一时间省心、省力、省时地抓住关于昆明旅游的有效信息。昆明旅游信息的过剩，带来良莠不齐的信息洪流，既降低了消费者对昆明的旅游期望，又损害了昆明自身的旅游品牌形象。在信息过剩时代，信息的稀缺才能带来价值。昆明旅游亟须提炼、整合自身的旅游信息，聚合方阵，形成稀缺性，创造旅游需求情境，刺激消费，实现利益最大化。

（五）产品过剩导致竞争乏力

随着中国旅游业的不断发展，旅游产品过剩导致相互间的同质化竞争越演越烈。昆明旅游如何做到让自己的产品是人无我有，人有我优，从众多同质化旅游产品中脱颖而出，突出重围，杀出一片黎明，是昆明所有旅游从业者不得不考虑的现实问题，亦是昆明旅游品牌发展亟须思索的问题。

三、昆明旅游品牌营销策略

昆明旅游品牌营销策略，当以新媒体平台聚合昆明之“吃、住、行、游、购、娱”等旅游综合服务资源，将碎片化的信息整合、加工、再创造，形成主线突出、亮点频现的“珍珠链式”营销模式。统筹昆明各旅游产品与周边配套资源，以四大营销策略，结合独具创意的互动活动，打通昆明旅游品牌的“三点一线”。

（一）口碑营销

昆明新媒体旅游实践，以一个智慧化的系统为承载，该系统是一个基于互联网的社交平台，其产生的社交流势必带动旅游消费者对昆明的持续关注、分享与传播，实现一传十十传百的口碑效果。

（二）大数据营销

昆明新媒体旅游系统，其以强大的互联网技术支撑与服务支撑，将实现对旅游消费者行为习惯的数据积累与分析，并评测出昆明哪一个点、哪一条线、哪一个产品、哪一种美食最受旅游消费者青睐，最终借此形成数据分析报告，提交备案，为昆明旅游营销决策提供数据及智力支持。

（三）内容营销

昆明新媒体旅游系统，其所承载的每一项内容，皆由专业人士进行精编细选，达到每一张昆明之图片必是全互联网最高清、精美、耐看、有故事的；每一篇（本）昆明电子书（游记攻略）皆耐读性强、记忆度高、趣味性强，是一本人人珍藏的故事会；每一个昆明短视频，让旅游消费者过目不忘，仿佛身临其境……

（四）创意策划

以昆明旅游品牌互动营销系统为营销阵地，立足昆明旅游特色和实际情况，策划实施创意互动举措。

1. 创意之一：交换温暖

以“温暖”作为春城的感觉（如艳遇之于丽江，风花雪月之于大理，一家人之于普者黑），从视觉、听觉、嗅觉、味觉、触觉，眼耳鼻舌身几个层面，高度提炼昆明作为中国春城的旅游感觉，实现在互联网上交换温暖的势头。

世界上有三种人最幸福，生活在云南的人，在前往云南路上的人，想去云南的人。

世界上有三种令人难忘的温暖，去过昆明旅游的温暖，在去昆明路上的温暖，想去昆明旅游的温暖。

有一种温暖叫昆明——

（1）我想你的样子（以昆明新媒体旅游系统呈现）

有很多人曾经去过昆明，或此时此刻正在昆明旅游，他们一定对昆明有话要说，昆明人给他们什么样的温暖？昆明这座城给他们什么样的温暖？昆明的花香／美食等带给他们什么样的温暖？让他们通过游记攻略，写下在昆明遇见的温暖（吃住行游购娱），以实质上对昆明旅游的认知分享给那些没有去过昆明的人。

（2）这是你的美丽传说（互动式的昆明旅游品牌系统呈现）

没有去过昆明的人，昆明这座春城给你的感觉是什么样的？你觉得昆明的温暖应该是什么样的？别人告诉你的春城的温暖是什么样的？用一段话，140 个字，写下你所听见的有关昆明旅游的想象上的认知。

（3）我把我唱给你听（互动式的昆明旅游品牌系统呈现）

唱一段（首）你认为最温暖的歌送给昆明，或自己写一首温暖的歌唱给昆明听。以声音的刺激，以音乐的力量歌咏昆明旅游的感觉，拉近网民与昆明的距离。

（4）请把我的笑脸留下

想去昆明旅游的人一定很多，但不一定有足够的条件前往昆明。来吧，把你最温暖的笑脸拍照传给昆明，昆明会留下你的笑脸，并为你提供 3000 元温暖基金和昆明旅游门票，欢迎你来昆明体验温暖。

以微笑的图片，以微笑的感染力，提升昆明旅游的感染力，拉近网民与昆明的距离。

“有一种温暖叫昆明”创意互动策划，以情感营销为抓手，抓住人们内心深处对温暖的渴望，吸引全国网民，抒发他们对昆明，这座中国春城的温暖的情感。

2. 创意策划之二

借助创意活动，让“中国春城”既有形而上的城市理念，又有形而下的迷人体验。

以“春姑娘”作为昆明旅游宣传代言人，让昆明“中国春城”的概念深入旅游消费者的心中。

以美女效应，带动全国舆论对昆明旅游的关注。

首届昆明“春姑娘”评选——

（1）姑娘漂亮

通过互联网，告诉全国受众，昆明正在评选春姑娘。

凡是 18 岁到 28 岁之间的姑娘，均可报名。

报名提交一张生活照，一段才艺展示视频，一段竞选昆明春姑娘的竞选宣言。

（2）你是我的春姑娘

经过系列活动，产生 4 位春姑娘，分别代表昆明的春夏秋冬，彰显昆明的旅游品牌形象，让昆明中国春城的形象感知拟人化。

（五）三点一线

三大营销策略，结合“有一种温暖叫昆明”及“你是我的春姑娘”创意互动活动，打通昆明旅游的“三点一线”：

1. 三点

（1）亮点——在这里发现昆明旅游之最亮点；

（2）看点——在这里欣赏昆明旅游之大看点；

（3）卖点——在这里共享昆明旅游之大卖点。

2. 一线

一线，即“体验线”——旅游消费者沿着昆明旅游的“三点”，拥有完美体验昆明的旅程，实现完美体验“中国春城”的愿景。

有了春姑娘，昆明之旅游形象，也就有了一个抓手。

春姑娘，作为昆明旅游品牌形象中最核心的“像”，运用得当，必将带来可观的旅游经济效益，提升游客平均消费水平。

智慧旅游的真相与真像

——智慧旅游的初心浅析

一、智慧旅游的真像

智慧旅游的口号喊了好多年，官方层面，文件下达了一个又一个，各种论坛、会议开了一个又一个，各种“智慧城市”粉墨登场……最终对智慧旅游的真正践行却是浅尝辄止。学术层面，各种论文层出不穷，却大多停留在科技主义的泥淖中，跳大神般，大喊大叫，自鸣得意，对智慧旅游的理论基础的健全完善，几无建树。

理论产生方法，理论产生德行。理论基础畸形，导致了智慧旅游的口号式忽悠与践行的茫然。

这是一个旅游走向智慧的精彩时代，这又是一个对智慧旅游忽悠高于践行和探索的糟糕时代。

到底，什么是智慧旅游？它有着什么样的哲学性理论？

真正的理论都在解决糟糕时代的糟糕问题，都在表现精彩时代的昂扬精神。

现阶段，无论官方抑或民间，都一根筋地将智慧旅游囚禁在狭义的工具主义笼子里，这个笼子用宏大的政治抒情、叙事手段，宏大的长篇累牍以及宏大的互联网科学主义（云计算、物联网、大数据、智能化等）铸造。查遍这个笼子，除了感觉到政治威权和科学主义的冰冷外，我们没有感觉到半点人文主义情怀。

王国维先生云：“可爱者不可信，可信者不可爱。”

智慧旅游在科学主义和人文主义上的对立与脱节，是当今智慧旅游毫无情怀，忽悠大于践行的根源所在。

由此观之，现阶段的智慧旅游只是科学主义的智慧，不是人文主义的智慧。而智慧旅游的终极形态，毋庸置疑，一定是科学与人文的智慧。换而言之，智慧旅游，它是科学主义和人文主义这一对矛盾的完美契合。

科学主义层面的（理论与技术）智慧旅游，已经被广泛阐述和践行，无须赘述。

二、人文主义与旅游

在中国，“人文”一词，最早见于《易·贲卦·彖传》。“彖曰：贲亨，柔来而文刚，故亨。分刚上而文柔，故小利有攸往，天文也。文明以止，人文也。观乎天文，以察时变。观乎人文，以化成天下。”暂且抛开西方人文主义不谈，也抛开中国到底有没有人文主义不谈，仅看《易经》中的这句“观乎人文，以化成天下。”即可知，人文，乃是：“各美其美，美人之美，美美与共，天下大同。”（费孝通语）。这是我所认知的人文，它在这里，不需要构成“主义”，也不需要做东西方人文主义的比较研究，更不需要做学究式的争论，只要我们明白，它在这里不加主义，比任何主义都充满情怀（仅是为了与科学主义形成对比，我们姑且在其后面加上“主义”一词）。也即它要让全天下的人都变得充满情怀，实现“美美与共”美好目标，而旅游只是实现这一目标的其中一个必不可少的桥梁。

旅游学是旅游史的总结，旅游史是旅游学的展开。

智慧旅游同属于旅游学和旅游史的范畴，它是旅游学发展到一定阶段的必然产物，同时，又是旅游史发展到一定阶段的总结和展开。

撇开智慧旅游的世界范畴，就智慧旅游的中国范畴而言，旅游行业依旧没人从旅游学和旅游史的辩证角度，以科学主义为骨架，人文主义为血肉，去架构中国旅游学发展到智慧旅游阶段的物质载体，让这一载体充溢中国旅游史发展到智慧旅游阶段的精神关怀与智慧情怀。

在笔者看来，改革开放以来，中国旅游的发展，大体经历了三个阶段。其一，1978—1989年之间的“到此一游”阶段。该阶段的中国旅游，是有闲阶层的奢侈需求，是暴发户之间攀比之风的集中体现，留名题字的风尚，掀起了中国旅游的附庸风雅之风。其二，1989—2000 年之间的“走马观花”阶段。此阶段的中国旅游从特权旅游、暴发户旅游逐步迈入大众化旅游，是中国旅游大众化的肇始，此时之旅游，以炫耀式的“我去过多少个地方”“我在哪里拍过照”等为风尚。其三，2000—2012 年之间的“审美文化游”阶段。这一阶段，随着医疗、卫生、教育、科学技术等的持续发展，中国旅游真正迈入了大众化旅游时代，各种人造文化景观、文化旅游节应运而生，随之而来的是中国旅游之休闲、度假与体验的三位一体大发展大繁荣。

综上三大阶段，第一、第二阶段是“观光游”阶段，第三阶段是“文化体验游”阶段。

中国旅游历经观光游、文化体验游，跃升到了以智慧旅游为基准的“思想体验游”，也即“思想旅游”。

在由观光游、文化体验游发展到以智慧旅游为基准的思想旅游的辩证发展过程中，观光游是“以物观之”，着重强调已是审美对象却未被审美的“物”。文化体验游是“以我观之”，强调的是审美主体的“我”对审美对象“物”的文化性审美并带来一种享受性体验。思想旅游则是“以道观之”，强调的是以智慧为准绳、以思想为立场的“道”，它已经从单纯的文化性审美升华到思想性的“道”的审美范畴。这一发展历程，是结合了人与人、人与社会、人与自然、人与自己的多重关系的人文智慧在旅游史上的集中体现。

人与人方面，着重强调旅游者之间的相互关系，既是一种自我完善、互利共赢的关系，也是一种“各美其美”“美人之美”的关系。

人与社会方面，则放眼于人类社会逐渐科技化后所带来的各种“技术病”，这些病变严重损害着人类社会的健康发展。人们在发展旅游的过程中，逐渐体悟到，技术的发展，无法带给人类幸福，幸福并非导源于技术手段的日益高妙，而是导源于人类自身灵魂的充裕。君不见，智能化的当下，智能手机、平板电脑等移动客户端，逐渐取代了人与人之间的面对面沟通，人类无意识地陷入到了科技主义带来的“便利泥淖”中。智慧旅游的兴起，不是要加强“社会的虚拟化”，而是要促使人们回归到一种健康的生活方式中，以保持自我。

人与自然方面，这是一对相互的关系，包括“人的自然化”“自然的人化”。旅游的发展是二者之间最完美的一种体现。人投身于大自然，放松身心，与天地山水融为一体，是人的自然化的一种表现；人在开发旅游景区、景点、打造旅游景观及旅游文化，可以理解成是自然人化的一种表现。越来越科技化的现代社会，快节奏的现代生活，城市病侵入到每一位生活在城市中人们的灵魂里，他们急需一场人的自然化，急需一场能帮助他们很好地“自然化”的“自然的人化”（旅游地便是这一需求的必然产物）。

以上人与社会，人与自然两个层面，彰显的更多是“美美与共”的人文主义思潮。

人与自己的方面。更多地集中在人“寻找自己”“发现自己”以及“认识自己”的“寻与悟”的过程中。旅游，一种放逐自己似的旅游，越来越得到现代人的追捧，在放逐与自我的双重流放中，人们寻找着自己，发现着自己并开始认识自己。

在中国旅游进入以智慧旅游为基准的“思想旅游”阶段后，中国旅游消费者进行旅游，已不再是单纯地满足物质和生理需求，更多的是满足精神、心理和思想的需求。旅游经济已经不再是简单的消费经济，而是上升到了现代服务业的最高端形式的“体验经济”。

基于现代体验经济的精神消费主旨，将旅游目的地的产品经济、商品经济、服务经济，精准、独到地整合提炼成第四种经济形态——体验经济，并融合动态与静态两大体验模式，呈现人与人，人与社会，人与自然的多重体验式互动。但是目前，众多旅游互联网平台都没有做到这一程度。

现阶段主打的智慧旅游，我们从互联网上的众多旅游网站来看，有四个主要方面。

第一方面，从设计美学上看，大多数网站无法设计出一种符合当下旅游消费者享受并热爱的平台布局，更多见的依然是停留在web2.0时代的传统网站布局。

第二方面，从功能美学上看，大多数网站无法实现社交化的交互并存，更无法将旅游目的地信息通过聚合、细分等手法，有趣、耐看、耐读地呈现于旅游消费者面前。

第三方面，从体验模式上来看。大多数网站没有集成两大体验模式，也即无法通过以讲故事的方式将主人公的悲欢喜乐与旅游目的地的自然风光、民俗风情融为一体，达到情景交融的艺术境界，让旅游消费者产生心理上的情感共鸣，从而在内心深处获得一种更为深刻、更为丰富的心理体验。

第四方面，从内容方面来看。旅游图片亦不具有质量高清、品质一流、可读性强、故事性强、趣味性强、记忆性强的特点。游记攻略，亦大多是走马观花似的流水账记录，缺乏文化内涵、故事性、可读性、耐读性以及情感性……

我认为，人文主义的精神关怀和智慧情怀，主要从“六流”来看。

（一）**人气流**

一个优秀的智慧旅游产品，至少应该聚集四类人，即旅游达人、公共精英、政府人士及旅游大众。其中，旅游达人、公共精英及政府人士的存在，从答疑解惑上，满足了旅游大众在信息过剩、产品过剩的当下对旅游的精准诉求。

旅游达人：读万卷书行万里路，应网罗天下旅游达人，以 DGC（达人创造内容）带动旅游大众 UGC（用户创造内容），实现达人与大众的口碑互文。

公众精英：旅游行业，大专院校，知名专家、学者，以独到、独特的视角，传递与时俱进的旅游新动态，解答专业的旅游知识，为旅游目的地品牌注入权威因子。公共精英的存在，让旅游大众在信息大爆炸中选择旅游消费时，有了参考标准。

政府人士：国家有关协会、部门及各级旅游局的工作人员，以专访、答疑等形式，从宏观层面，拿捏国家与旅游行业相关大政方针，并准确传达，从政府层面，坚定旅游消费者对目的地的旅游需求。

三大名师，名师指路，从官方、民间两个纬度，为旅游大众提供专业性、权威性的答疑解惑服务。四类人聚集而成的人流，汇聚成一条充满活力与生命的智慧旅游河流。

（二）**财气流**

所有的努力和付出，在旅游互联的时代，都需要得到回报，不求回报便不可称之为生意，亦是对社会、大众的不负责任。乐途目的地品牌互动营销系统，聚焦“用户体验”，践行“用户至上”的理念。在粉丝经济大行其道的今天，通过优越的用户体验，为目的地聚合大量的既在与潜在“粉丝”，即“想去”的用户。目的地真正的财源，不在“去过”的用户，而在“想去”的用户。

优秀的智慧旅游产品，必须基于科学主义的技术手段，在中国旅游史上，还没有诞生一款充满人文主义情怀的智慧旅游产品，能让旅游消费者和旅游目的地互动起来，并融入目的地之间、旅游大众之间的互动，集成中国旅游发展史上的一次“民族的融合”智能主版，实现买方市场与卖方市场之间的交互式信息化，最终促成所有旅游从业者之间的合作共赢，这不能不说是一种缺憾。

（三）信息流

互联网时代，信息大爆炸，信息不再具有稀缺性，由此导致的信息过剩，让众多旅游目的地信息如墨入大海，无迹无踪，亦无人问津。

当下，将碎片化的旅游目的地信息高度聚合，去伪存真，去粗取精，打造旅游目的地信息之精准性、稀缺性、价值性，从而引导消费，是一切目的地必须要做的一件事情。

如果说人气流和财气流是智慧旅游的肌肉，导源于肌肉的、有的放矢的UGC（图片、视频、文字、声音等）则是遍布肌肉组织的各类血管。那么，经由这些血管孕育而生、汩汩流淌的就是智慧旅游的新鲜鲜血，也即具有稀缺性的信息流。

谁掌握了信息的制高点，谁就赢得了时代，而稀缺性，正是信息的制高点。

掌控稀缺性的信息流，是赢得智慧时代的终极武器和不二法门。

（四）社交流

人类的社会生活形态是社交化。

随着互联网的高度发展，人类社交生活从现实向虚拟发展，逐渐形成了两大社交生活形态，即现实化社交和虚拟化社交。两大社交形态你中有我，我中有你，现代人成了生活在“网”上的“蜘蛛”。

优秀的智慧旅游平台（产品或系统），其庞大的人气流在创造内容、消费内容、分享内容的过程中，以趋近于零投入的宣传成本，能实现全天候360°无缝社交的传播效益最大化，为旅游目的地及旅游大众带来了丰厚的社交红利。

另外，优秀的智慧旅游系统（平台或产品），必能为旅游目的地及旅游大众带来丰厚的社交红利，然而，其必须基于一个最基本的核心原则，即诚信原则。

目的地内容再现与宣传形式的诚信；旅游名师言说体系的诚信；旅游服务与支付的诚信；旅游大众评价体系的诚信。

有且只有建立一个完整的诚信系统，社交红利的实现才有道德和法律意义上的保障。

（五）数据流

世界已被数据“淹没”。毋庸置疑，数据将成为信息革命的又一次革命，并不容置喙地成为这一革命的载体。

无论是官方还是民间，我们强调大数据时，总是一边倒地把目光聚焦在它的大与无所不能上。相反，我认为，导源于信息大爆炸（信息过剩）的大数据，我们要抓的依然是数据的稀缺性。

这个时代，最不缺的就是数据。任何人都能集聚海量的数据，任何人都能运用先进的技术手段从海量的数据中抓出任何符合科学主义的冰冷数据。然而，不是谁都能从大数据中抓取稀缺性的数据的，更无须说具有人文主义情怀的数据。

稀缺创造需求，需求孕育价值，价值决定价格。

随着中国旅游业的不断发展，旅游产品过剩导致相互间的同质化竞争越演越烈。如何做到让自己的产品人无我有，人有我优，从众多同质化旅游产品中脱颖而，杀出一片黎明，是所有旅游从业者不得不考虑的现实问题，亦是所有旅游目的地亟须思索的问题。解决这一问题的核心点，便是数据的稀缺性。

智慧旅游系统（产品或平台）所孕生的大数据，是人气流、财气流、信息流和社交流共同聚合后的必然产物。它是有生命的、有情怀的数据流。用户至上是它的生存准则，个性化旅游目的地是它的奋斗目标，个性化旅游产品是它的历史使命。

通过对智慧旅游系统大数据的稀缺性抓取、研究与分析，为旅游消费者、旅游目的地、旅游从业者，提供充满人文主义情怀的决策依据，是智慧旅游系统数据流的核心原则。

（六）智慧流

中国的智慧旅游是大智慧的旅游。

优秀的智慧旅游系统，除了是一个智慧系统外，它还应该是一个依托科学主义的技术手段，贯彻“以人为本”的人文主义情怀。融会贯通人气流、财气流、信息流、社交流和数据流，形成具有中国“思想旅游”特质的智慧流，从智慧地发展，智慧地运维，智慧地营销，智慧地旅游，智慧地评述等方面，引领中国智慧旅游的健康发展。

综上所述，我们可以发现：

智慧旅游，绝对不是单纯的科技主义在旅游行业的“土豪”似的体现。

智慧旅游，它更多甚至十之八九是“人更深刻地认知社会、自然与自我”的集中体现。

智慧旅游，科学主义只是它的一副骨架，我们理应把更多的热情聚焦在能彰显其灵魂实质的“人文”方面。

人文主义与旅游的相互关系，是我们这个时代发展智慧旅游绕不过的一组深刻关系。

三、智慧旅游的真相

“智慧旅游向何处去”是我们这个时代的中心问题。它不仅仅体现在科学主义的技术手段革新上，更体现在中国人文主义思想文化领域的革命上。智慧旅游的人文主义思潮一天不掀起，智慧旅游就失去了群众基础，无从谈起；智慧旅游的人文主义理论一天不建构，就失去了指导思想，陷入口号的忽悠中原地打转。

毋庸置疑，只有形成属于中国人文主义思想文化的智慧学说，拥有符合中国旅游特质的智慧流意识，以及践行中国智慧旅游的充满情怀的产品，才能真正实现中国智慧旅游质的飞跃。

不必讲过多的道理，也不必谈论过多的主义，只要有情怀，那么，智慧的河流必流淌不息，泽被中国旅游、世界旅游。

鸡毛与令箭的暧昧

——智慧旅游的本源初探

互联网的发展，如大江西来，裹挟着行行业业，一路驰骋，翻山越岭，此起彼伏，带来悲欢离合、喜怒哀乐。旅游业在互联网的裹挟中，一路前行，显得“智慧又愚蠢”。

有一部电影叫《雪国列车》，世界末日，在“永动机”的牵引下，一列车永不停息地运行在铁轨上（全球铁轨相连，形成一个网状闭环），不知道要去往何方，不知道何时停息。

互联网正如这“雪国列车”，在科学主义的“永动机”牵引下，不知疲倦地奔跑着。从PC互联，跑到移动互联，再辐射出去，延伸出物联网，形成了囊括四野、并吞八荒的局面。

未来，可以预见的是，我们将失去虚拟与现实的必然区隔。用一句话说，即互联网比现实还现实，现实比互联网的虚拟还要虚拟。我们必将迷失在虚拟与现实的迷津里，不知庄周梦蝶，蝶梦庄周。届时，互联网的哲学问题与宗教问题，将会层出不穷。

这不是危言耸听，君不见我们在科学主义的笼罩下，一个个都变成了互联网时代的“弗兰肯斯坦”，智慧又愚蠢。

这个问题太宏大，暂且不论，我们先看看互联网时代的旅游业出现了什么问题。

我将身处互联网时代的旅游业所处的状况叫作“旅游互联”，这旅游互联，发展到今天，在中国大地，产生了一个宏大的旅游叙事——智慧旅游。

我们“智慧”的是，沉醉于科学主义带来的巨大眩晕中，从智能化上，为旅游的发展，提供各式各样的技术性便利。

由于过度沉溺于技术的眩晕中，以至于不辨南北，抛弃了旅游的核心本质——人文主义的孵化器。

我们所谓的智慧旅游，它仅仅停留在“技术层面”，连“智能”也远未抵达，遑论“智慧化”？！当下的智慧旅游，仅仅只是一个“噱头”罢了。

互联网时代，到底什么才是真正的“智慧”？到底什么才是真正的智慧旅游？这已经不是旅游业的问题，而是身处整个互联网时代的所有行业，所有互联网从业人员乃至全人类都应该思索的问题。

前文说过，真正的理论都在解决糟糕时代的糟糕问题，都在表现精彩时代的昂扬精神。

智慧旅游在科学主义和人文主义上的对立与脱节，是当今智慧旅游毫无情怀、忽悠大于践行的根源所在。

由此观之，现阶段的智慧旅游只是科学主义的智慧，不是人文主义的智慧。而智慧旅游的终极形态，毋庸置疑，一定是科学与人文的智慧。换言之，智慧旅游，它必然是科学主义和人文主义这一对矛盾的完美契合。

当务之急，我们需要通过不断的探索与升级迭代，为智慧旅游架构一个清晰的逻辑：

（1）智慧旅游——硬件——科学主义；

（2）智慧旅游——软件——人文主义；

（3）科学主义——云计算，移动互联，旅游互联，物联网等带来的技术性变革；

（4）人文主义——旅游在提供服务的人性化，旅游者在旅游时的修行化，以及旅游对其他行业和参与者的见识、阅历及思想的促进，并逐渐扩展到宏观生活的方方面面，最后是作为人文主义复兴的孵化器。

概括而言，智慧旅游的“智慧”，从小的层面来说，是指全体旅游从业人员素质与修养的提升；从大的层面来讲，是带动“族群”思想、文化与气质的提升。智慧旅游“族群”智慧的体现，抛砖引玉，可以从以下几个方面来展开：

（1）民族的智慧化。民族文化交流与融合，涉及国内民族的交流，国与国之间各民族的交流融合。

（2）政治的智慧化。基于外交政策，以旅游促进政治文化的交流，在求同存异中，以一种非正式的、相对轻松活泼的形式，保障各种政治体制的有效沟通。比如中国与诸多国家的旅游友好年。

（3）文学的智慧化。人类文明史，究其实质，乃是一部“迁徙”史，人类文明（社会生态的建构）无不在全球范围内的“迁徙”“游走”中逐渐形成、发展与完善。强调旅游促进中国文学与世界文学的发展，在游记、攻略以及旅行类文学作品乃至一切在路上的文艺创作。文学拒绝闭门造车，文学的生命力导源于“在路上”。

（4）经济的智慧化。旅游从经济层面，加深国内外经济贸易的来往，带来物质与精神的双重提升，旅游经济已经成为商品经济的重要组成部分。

（5）人的智慧化。中国几千年以来，从儒道墨、儒道释到近现代中西结合互为体用，无不彰显和遵循一个核心原则，即实现“人的智慧化”。

曾子《大学》有云：“知止而后有定，定而后能静，静而后能安，安而后能虑，虑而后能得。物有本末，事有终始。知所先后，则近道矣。古之欲明明德于天下者，先治其国；欲治其国者，先齐其家；欲齐其家者，先修其身；欲修其身者，先正其心；欲正其心者，先诚其意；欲诚其意者，先致其知；致知在格物。物格而后知至，知至而后意诚，意诚而后心正，心正而后身修，身修而后家齐，家齐而后国治，国治而后天下平。”

窃以为，旅游之道，有“七证悟”（知，止，定，静，安，虑，得），有“奇经八脉”（格物，致知，诚意，正心，修身，齐家，治国，平天下），统一于“体用相生”上（体为内圣，用为外王）。

综上所述，智慧旅游的关键在于“知所先后”和“知其所止”。

智慧旅游—科学主义—智能化—强调为人提供方便，隶属于器物美学的范畴，是“外王”的功夫；

智慧旅游—人文主义—智慧化—强调提升人的思想力，隶属于人文美学的范畴，是“内圣”的功夫。

旅游互联的时代，我们可以愚蠢，不“知所先后”，但不可不见我们的“愚蠢”，不可不检讨与修正我们的“愚蠢”，更不可不“知其所止”。

旅游互联的智慧，亦即智慧旅游，便导源于对愚蠢的正确处理上。

《孙子兵法》上说：“激水之疾，至于漂石者，势也。”又说：“善战者，求之于势，不责于人，故能择人而任势。”

后　　记

大概八九岁的时候，经常听到愤怒的成人们在争吵时说一句话："白刀子进红刀子出。"这强烈刺激的画面感，鲜明张扬的动作暴力美学，狂野的色彩变幻张力……在我心里留下了惊世骇俗的印迹，不可磨灭，永不磨灭。

当"白刀子进红刀子出"这句话融入了时间的元素后，陡然变得浪漫和沧桑起来。浪漫的是，随着年龄的增长，对时间的恐惧时常折磨着自己，并常在这折磨的恐惧中觉得浪漫，因为有一种无可名状的快感在里面。沧桑的是，对未来出路的烦忧，对糟糕现状的不满，对过去幼稚的遗憾，时间被切割成昨天、今天、明天三把杀猪刀，刀锋所到之处，尽是沧桑，你都找不到自己，唯有一种刀口上迷路的彷徨。

大学专业是旅游管理，毕业后一直徘徊在两条路上，一是旅游策划师，一是自由撰稿人，两条路都走得踉踉跄跄。每当夜深人静时，总觉得自己差着一口气，渴望接地气却又总是撞得鼻青脸肿。

我有时候总想问问你们，也问问自己，用卡鲁亚克《在路上》中的话来说，就是："你的道路是什么？乖孩子的路，疯子的路，五彩的路，浪荡子的路，任何的路……"

越过美国垮掉派的《在路上》，也越过金斯伯格歇斯底里的《嚎叫》，我们看到在古老的中国，有一部伟大的魔幻超现实主义作品《西游记》，它是一切"垮掉派""在路上""寻找自我"的祖宗。还记得电视剧版本，它的主题曲这样唱道："一番番春秋冬夏，一场场酸甜苦辣。敢问路在何方，路在脚下。"人生至难至艰至苦都在这"脚下"二字上了。

2013 年 7 月 7 日，我去九江考察调研，拜访了净土宗圣地东林寺，在游览参观的过程中，看着善男信女烧香礼佛，南来北往游人如织熙熙攘攘、青衣僧人少长咸集面无表情，无来由就困得不行，干脆于竹林的长椅上，倒头便睡，就当着来来往往的游人，当着礼佛诵经的和尚，当着片片竹叶的婆娑，睡去。朋友后来说，她那时站在一旁，看睡去了的我，有一种山穷水尽、天人合一的感觉。现在想来，只觉得惆怅。是的，三十岁之前，你就远离了世界万物。

南怀瑾先生在其《原本大学微言》中以一种看破红尘却又痛心疾首的口吻说道："人生一世，不外乎自欺，欺人，被人欺。"是的，在囫囵吞枣中历经此三个阶段，我们也就草就了自己的所谓人生。

呜呼，洒家狼藉京师，正是混饭混日子，自欺欺于人，可不哀耶。

在这样的一种生命况味里，作为旅游策划师，于山水美景及人文情怀的厚爱中，接了上百个案子，所成者也就三五个，真是羞愧得很。一笔一画，累积起来，至今已40余万字。本想有朝一日别离时，一键格式化了算逑。然而，在这个世界上，有很多事情是非做不可的，正如有许多地方是非去不可的，有很多人是非爱不可的……

人活一世，总是有许多事情是我们非做不可的，然而，由于精力有限，时间有限，我们在面临这些非干不可的事情时，总会一筹莫展。不是做不了，而是太杂乱无章，不知道这"毛衣"的线头在哪里。

近些日子，由于机缘巧合，遂将这几十万字的方案翻检出来，勉强找到了"线头"，开始大刀阔斧，删繁就简，加入了一些个人谬论，凑足30万字，大言不惭，号为"专著"（行笔至此，顿觉汗如雨下，全是惭愧），仅作这些年我当旅游策划师的见证罢了。

在撰写这些策划案的过程中，难免参考了诸多资料，有些未标出处，有些甚至忘了出处，悉数一锅端了，想来令人汗颜。对一切资料的原创者，鄙人于此表示万分感谢。

这是我的第一本有关旅游策划的"专著"，个中难免愚蠢又贻笑大方之处，还望诸君海涵并斧正。然而，对那些大学刚毕业、初出茅庐又有志于旅游策划的新手，本书不失为一部颇有诚意的"前车之鉴"。本书可能无法让你从新手成为行家，但一定能让你于旅游策划的路上有所领悟。

我27岁的时候又大言不惭地说了一句话——

“把日子过小了就是幸福。”

我没有说怎么样才会不幸，如果你愿意，大可说：“把日子混大了就是不幸。”未尝不可。

有多少人正幸福着，有多少人正遭逢着不幸。

用幸福来终结幸福，用不幸来终结不幸。

让我们回到开头吧。

时间是把杀猪刀，白刀子进红刀子出。它强烈刺激的画面感，鲜明张扬的动作暴力美学，狂野的色彩变幻张力……在我心里留下了惊世骇俗的印迹，不可磨灭，永不磨灭。时间之无情在于无声处摧毁一切，而这也正是时间值得我们感激的地方。

感谢时间，感谢在本书的创作过程中给予我支持和鼓励的人们，你们给我的，或不给我的，都是好的。

——2014 年 7 月　写于北京

——2020 年 3 月　修订于北京

参 考 文 献

[1] 圣经 [M]. 中国基督教三自爱国运动委员会，中国基督教协会，2007.

[2] 庄子 . 庄子今注今译 [M]. 北京：中华书局，1983.

[3] 王睿，刘继华 .“水浒故里”四县携手引爆水浒游 [N]. 齐鲁晚报，2015-04-16（B02）.

[4] 刘承训 . 科学“水浒学”的建立势在必行 [J]. 怀化学院学报，1986（1）：50-56.

[5] 王学泰 . 从《水浒传》看江湖文化 [J]. 上饶师范学院学报，2008，25（10）：5-15.

[6] 章任贤 . 叛徒的自白——评宋江的诗词 [J]. 安徽大学学报：哲学社会科学版，1975（2）：37-38.

[7] 邵雍 . 皇极经世导读 [M]. 北京：中央编译出版社，2011.

[8] 许慎 . 说文解字：附检字 [M]. 北京：中华书局，1963.

[9] 袁珂 . 山海经校注 [M]. 成都：巴蜀书社，1980.

[10] 何宁 . 淮南子集释（上、中、下）[M]. 北京：中华书局，1998.

[11] 郑茜 .2011 年中国少数民族文化评析 [N]. 中国民族报，2011-01-07（011）.

[12] 马翀炜 . 文化符号的建构与解读——关于哈尼族民俗旅游开发的人类学考察 [J]. 民族研究，2006（5）：61-69.

[13] 朱晓萌 . 从苗族银饰的构成艺术探究其内在价值 [D]. 天津：天津工业大学，2007.

[14] 杨珊 . 阆中古城旅游深度开发与保护 [D]. 成都：成都理工大学，2008.

[15] 岳勇 . 古城阆中旅游开发市场分析及营销战略研究 [D]. 成都：电子科技大学，2009.

[16] 黄瓴．城市空间文化结构研究 [D]. 重庆：重庆大学，2010.
[17] 刘征．山地人居环境建设简史（中国部分）[D]. 重庆：重庆大学，2002.
[18] 张仲军．历史文化名城阆中古城街区街道空间分析 [D]. 长沙：湖南大学，2010.
[19] 付蓓，李秀，王静．对历史文化城镇保护原则中“原真性”的思考——以四川阆中古城保护为例 [J]. 西南科技大学学报：哲学社会科学版，2007，24（1）：20-23.
[20] 邵亚，罗萍嘉．阆中民居 [J]. 室内设计与装修，2003（10）：98-100.
[21] 徐旭生．中国古史的传说时代 [M]. 北京：文物出版社，1985.
[22] 方晶．光照、温度等因子对卷丹百合种子萌发特性的影响 [J]. 北方园艺，2011（4）：91-92.
[23] 林左鸣．广义虚拟经济——二元价值容介态的经济导论 [J]. 管理学家－广义虚拟经济研究，2009（1）：5-25.
[24] 江用锋．景区网络营销与微电影 [N]. 中国旅游报，2012-04-10（007）.
[25] 莫永华，李志英，仇雪梅．后现代视域中的媒体技术观探究 [J]. 现代教育技术，2009，19（10）：28-30.
[26] 李文明，吕福玉．虚拟文化体验与真实体验文化——基于体验经济的网络文化产业发展路径 [J]. 文化产业导刊，2011，25（5）：44-49.
[27] 徐文明，莫振良，乐平．释迦牟尼的接班人——弥勒佛 [N]. 中国民族报，2005-02-08（003）.
[28] 徐文明．漫话弥勒佛 [J]. 世界宗教文化，2001（4）：39-41.
[29] 岑学吕居士．虚云和尚自述年谱 [M]. 北京：宗教文化出版社，1995.
[30] 王先谦．荀子集解 [M]. 北京：中华书局，1988.
[31] 曹雪芹．红楼梦全解本 [M]. 北京：中央编译出版社，2011.
[32] 梁振华．电视剧《赵氏孤儿案》：经典的现实烛照与艺术重塑 [N]. 文艺报，2016-03-27（01）.
[33] 王弼．老子道德经注 [M]. 北京：中华书局，2011.
[34] 金风．软文操作的硬功夫 [J]. 企业改革与管理，2004（2）：62-63.
[35] 汤华泉．唐代诗人与宣城关系考 [J]. 安徽大学学报：哲学社会科学版，

2008，32（1）：53-57.
[36] 白凯，严艳，高言铃 .“80 后”消费群体人格特质对其旅游偏好的影响研究 [J]. 北京第二外国语学院学报，2011（1）：68-75.
[37] 黄先仁 . 企业营销策略：怀旧营销的力量 [N]. 企业家日报，2013-10-14（018）.
[38] 王淑秀，沈秀敏，程斌 . 从理念与文化层面上解读“农家书屋”工程的涵义 [J]. 农业图书情报学刊，2010，22（11）：203-205.
[39] 袁远 . 奢华游或将成为高端旅游新方式 [N]. 中国贸易报，2012-07-03（A8）.
[40] 周骅 .“体验经济”初显端倪 [J]. 理论与当代，2004（1）：42.